战国

一部改革史

顾伯冲◎著

中国财经出版传媒集团
中国财政经济出版社

图书在版编目（CIP）数据

战国：一部改革史 / 顾伯冲著．—北京：中国财政经济出版社，2015.7

ISBN 978 - 7 - 5095 - 6088 - 4

Ⅰ．①战… Ⅱ．①顾… Ⅲ．①中国历史 - 研究 - 战国时代 Ⅳ．①K231.07

中国版本图书馆 CIP 数据核字（2015）第 053524 号

责任编辑：洪 钢　　　　责任校对：王 英
责任印制：刘春年　　　　版式设计：丁丁图文

中国财政经济出版社出版

URL：http://www.cfeph.cn

E - mail：cfeph@cfeph.cn

社址：北京市海淀区阜成路甲 28 号　邮政编码：100142

营销中心电话：010 - 88190406　北京财经书店电话：010 - 64033436

北京时捷印刷有限公司印刷　各地新华书店经销

787×1092 毫米　16 开　20 印张　226 000 字

2015 年 7 月第 1 版　2015 年 7 月北京第 1 次印刷

定价：38.00 元

ISBN 978 - 7 - 5095 - 6088 - 4 / K · 0030

（图书出现印装问题，本社负责调换）

本社质量投诉电话：010 - 88190744

反盗版举报热线：88190492　88190446

自序

第三只眼看第一次大改革

中国历史上曾出现大规模或较大规模的改革几十次，小规模的就不计其数了。开始于2500年前的战国变法运动，无疑是中国历史上第一次大规模的且对后世影响巨大的改革。其间所体现的伟大、曲折、艰辛、坚忍，所揭示的特点与规律，所显示的经验与教训，现在都成为了一个个与我们渐行渐远的故事，但许多改革者的姓名、事迹、品格、声誉等都随着他们的生命，渗入中华大地，渗入文明史册。

现在如何看待和评价历史上那一场场改革运动，并不比当时的人们轻松，大到改革的掌舵者，小到被改革的草根阶层，都蕴含着他们的价值判断、他们的情感取向，而这些又是与他们的利益观和利益感紧密相连的。改革总是牵动着所有人的利益，有的发了“改革财”，有的被边缘到最底层。因此，评价史上的改革，总是在殷鉴着当下的新政，润物细无声地左右他们的话语。

触动利益比触动灵魂还难。蹚在改革的洪流中看过去的改革，能做到不畏浮云遮望眼吗？也许有，那绝对是少数人。在庸常的社会里，绝大多数人都是在自己的利益观中生存的。回眸历史时，难免伴随着复杂的感情。理性的反思只有克服被当下的利益左右，才能“旁观者清”，才能比较接近历史的实际。因而，要清醒地看待史上的改革，必须睁开清纯的第三只眼。

人只长两只眼睛，不可能有第三只眼睛。如有，那就是神了。传说，马王爷有三只眼，多出的那一只眼睛长在脑袋后面；杨二郎有三只眼，是长在脑门上的，据说可以看穿孙悟空的七十二变。

第三只眼神在哪里？神在能看到常人看不到的东西。其实，它原本与另外两只眼睛一样，都具有原始的本真，就像婴儿有天眼开着似的，比较容易看到大人两只眼里看不到的事物，只是后来世事的纷扰，那两只本来清纯的眼睛被无限红尘污染了，一只变色于名，另一只遮挡于利。

由此看来，能长有第三只眼睛，不管是有形还是无形的，实在是太可贵了。

战国变法这出好戏，以及其中的名与利、是与非、美与丑、苦与甜，还有那些时哭、时笑，时扼腕叹息、时击节称快的故事，一直为人们所津津乐道，为后来的改革者提供了无穷的营养。与其说这是一部离乱史，不如说是中国史上第一次大改革史。因此，无论何时何地，我们只有恢复孩子般的纯真，只有像孩子一样精神明亮、目光清澈，才能从最平凡的事物中注视到神奇与美丽。背叛童年的成人算什么人呢？浑钝、失明、功利、毒靡……值得尊敬的成年人一定是那种“直至成年依然童心未泯的人”。

改革，既是一个永恒的历史主题，又是让当政者如履薄冰、生死决择的重大课题。触摸战国变法这个敏感话题，心情总是跌宕起伏，但努力让自己“会当凌绝顶，一览众山小”，睁开第三只眼，冷眼看八卦。身虽不及，心向往之。

培根说“历史使人聪明”，其前提是历史必须是真实的，长期生活在历史谎言中的民众只能日益愚昧。历史幽默的黑色在于，总是不动声色地撕碎那些企图迷惑历史的大伪面具。虽然人类历史上有不少扑朔迷离的偶然现象，可这并不能掩盖住起着深层作用的必然规律。认真总结这一历史经验，对于我国当下的深化改革无疑有着重大借鉴意义。

这本拙作，并非是纯粹的历史知识普及读物，也非纯学术著作，当然离开了历史知识，离开了前人的学术成果，要想完成这个创作是永远不可能的。正是站在这两者的基础上，用最纯真的目光读着战国变法运动的来龙去脉，读着历史的沧桑变迁，读着改革家昨天的故事，读着文明也读着野蛮，读着血泪也读着欢笑，读着卑污也读着高尚。

历史虽然逝去，但并不独立于现实。它就像一个开放的容器，其容量的大小，取决于我们能够放入多少内容。作为后来人的一个重要任务，就是将丰富斑斓的过去放在这个容器之中，极力延展过去的边界。

改革，本是一个沉重而又敏感的话题，写作时刻提醒自己：力图轻松，但绝不是戏说；做到通俗，却蕴含着思索。

此乃序。

顾伯冲

2014年4月2日

目录

第一章 波澜壮阔的变法大潮

002 战争是“催生婆”

016 就这样席卷而来

033 最乱的时代，最好的舞台

第二章 殊死变革为哪般

040 不想眼睁睁等死

046 励精图治当自强

053 王位才是真正的“圆心”

第三章 道路是核心

062 成也法家，败也法家

070 忽而老路又上邪路

077 地域文化是隐形“导航器”

第四章 既得利益：变法不能承受之重

092 贵族本有“种”

099 戒不掉的“鸦片”

107 革命还是妥协，这是个问题

第五章 人才兴，则变法成

118 比拼的就是“头儿们”
131 能识人，善用人
143 用对手击败对手

第六章 治病除病根

154 体制才是要害
162 修修补补难长久
170 政治有多清，变法走多远

第七章 得民心者得天下

180 百姓看中的是实惠
190 铁血缰绳
200 血腥的“福祉”

第八章 战略：乱云飞渡谁从容

208 以不变应万变 VS 用万变应不变
218 弊在赂秦
228 结盟是把“双刃剑”

第九章 靠的就是眼光

242 号准社会的脉
249 看准了就痴心不改
258 等死也要半途而废

第十章 历史并不如烟

268 横扫六国试锋芒
279 千年余响
287 功过任人评说
295 历史是叫人明白的

第一章
波澜壮阔的变法大潮

“这是最好的时代，也是最坏的时代。”

英国作家查尔斯·狄更斯在其描述法国大革命的长篇历史小说《双城记》中是如此开篇的。诚哉斯言，好和坏，从来都是同生共存的，就像有“天使”就有“魔鬼”一样。每个时代都会表现出它的两面性，而且都很突出，这无不印证了事物辩证统一的道理。

战国，是一个令人魂牵梦绕又需要解释的时代。用查翁的这句名言示喻中国的战国时期，那是最为贴切不过的。从社会秩序而言，战国是中国历史上最为混乱之时，老百姓能活到明天也成了一个最大的奢望；从思想解放而言，战国则是最爽、最带劲之际，更是一个明媚的改革春天。

战争是“催生婆”

战国变法运动的“催生婆”不是白衣天使，而是一个魔鬼，并且是人类良知共识的魔鬼——战争。

自公元前475年到公元前221年，战国254年的历史，仿佛是绑在战车上跌跌撞撞前行的。

无论作为编年史中的时代名称，还是作为当时诸侯列国的统称，最早发明“战国”一词的司马迁老先生，真是一个聪明绝顶的文豪，只有寥寥两个字，就把那个纵横捭阖、连年征战的年代的社会形态说得那样准确、生动。“战”字后面常常跟着一个“乱”字，那个时代就是这样：邦无定交，土无定主；朝联婚姻，夕结冤家；明为盟友，暗为仇敌。真可谓战乱不休。

战国，整个中国像一锅东北乱炖一样，之前比较井然的秩序和朴实的良知，伴随着野心和杀戮、雄心与抱负，都扑腾扑腾地下锅了。

有言道：危机是改革的酵母。大概历史上许多社会大变剧的前夜，都会有刻骨铭心的阵痛。

那时，诸侯列国的头头们好像中了邪似的，相互间杀戮的规模空前激烈，仅见诸史册中的战争就有200多次。一次交战动辄就是几十万大军，相持数月甚至数年，战线绵延百里，双方伤亡人数都是成千上万，甚至几十万。尝过战国战火滋味的孟轲在《孟子·离娄上》中，对那时战争场面是这样描写的："争地以战，杀人盈野；争城以战，杀人盈城。"这样的规模和场面，如果让春秋时代的兵卒看着或听着，准能吓个半死。

春秋是贵族主宰的时代，前后295年间，先后发生较大规模的战争也有数百次，形成5个大国。贵族有土地、有奴隶、有地位，自己世袭下来的果实由自己来保卫，战争是由少数养尊处优的贵族亲自去打，不用那些不相干的人来帮忙。只有他们可以驾驶马拉的战车，配备青铜武器，而大多数老百姓只有在站旁边拿着木棒摇旗呐喊的份，即便你再怎么骁勇善战也没有用武之地，真是"空有一身武艺"啊！

为什么呢？战争是件光荣的事情，也是很体面的事，因而流血而不嗜血，有血性而无血腥，为的是不断争夺霸主地位，以对方服软、屈服为目的。服输之后，签订条约或协议，双方就相互遵守。因此，在这种战争中，双方在战场上也遵守着贵族的原则，打的是有限战争。说白了，那时候的战争主要目的在于争个头衔，要个名义，颇有几分西方的骑士风度，彼此间很讲究规矩。

比如，在一次小规模的战争中，一位将领在拼杀中看到了对方的君王，便下令暂停拼杀，先向敌方的君王行礼致敬，当这套礼仪事毕后才再开始厮杀。宋襄公因恪守贵族战争的公平原则，在自己的部队已经严阵以待的情况下，非要等到对方军队完成渡河、排兵布阵以后才开打，结果高雅而机械地遵守战争礼仪规则的宋襄公被打得满地找牙，让后来战国时期的人们嘲笑了好一阵子。

嘲笑宋襄公失败的怪声，似乎向人们发出了这样一个声音："兵者，诡道也。"这个声音告示，从战国时期开始的战争已经形成了一个新的作战理念，突出了谋略在制胜中的作用，突破了“仁义决战”的思想，可谓用尽一切办法，不择手段地对敌人进行打击。后来，所谓的“兵不厌诈”、“兵以诈立”等，无不强调“兵行诡道”的重要性和必要性，似乎更加符合战争原本的特征。

战国时期的战争目的在于兼并，不仅要兼并对方的土地、城邑，而且要整个吞并对方，完全以消灭交战国的有生力量，在军事上和心理上彻底击溃对方为主，并且将“兵以诈立”的思想用到了极限。

公元前 341 年，也就是马陵之战后的 20 年，秦国与魏国交战。魏国的总指挥是公子卬，秦国的统帅是商鞅。以前商鞅在魏国当差时，他哥俩共过事，彼此间有点交情。于是，商鞅在指挥所里写信给公子卬说，我们原来都是好朋友，现在各事其主，使我们成为了敌人，这不是我俩的错，而是时代造就的。念着过去的旧情，我实在对你下不了狠手，不妨我们喝顿小酒私下议和，而后各自领兵回去交差算了。那个“一根筋”且天真得有点可爱的公子卬信以为真，当即眼眶里红了一下，似有薄薄的一层水光吸附在眼睛的表面，便毫无防备地带着几个助手来到商鞅指定的营地赴宴来了。他哪里知道，等他前脚刚刚跨入门槛，随着商鞅一声令下，几十个彪形大汉蜂拥而至将他拿下。随后，秦军对已经群龙无首的魏军猛烈攻击，旗开得胜，旋即将公子卬作为战俘押回国内向秦王献礼去了。

商鞅居然把个人的交情当作了武器，并且发挥了巨大的杀伤力。战国人打仗，只要条件允许，很多将领都是这个德性。

这是一个天崩地裂的时代，战争是这个时代最突出的主题。各国军队之多，战争规模之大，战争的残酷惨烈都是惊人的。客观上，到了战国之后，铁制武器和工具逐渐普及了，普通人的战争潜力可以迅速转化为战争实力，战场的规模能不大吗？

《淮南子》云：

> 古之伐国，不杀黄口，不获二毛，于古为义，于今为笑，古之所以为荣者，今之所以为辱也。

这意思是说，古时候征讨别的国家，不杀小孩、不捉老人，这被认为是那时候的人道主义，而现在这样做就会被人嘲笑。古时候认为是一件光荣的事，在今天有可能被认为是一件耻辱的事；古时候用来治理天下的方法，今天用来治理天下就会乱套。

屈原也在《九歌·国殇》里也写道：

> 操吴戈兮披犀甲，车错毂兮短兵接。
> 旌蔽日兮敌若云，矢交坠兮士争先。
> 凌余阵兮躐余行，左骖殪兮右刃伤。
> 霾两轮兮絷四马，援玉枹兮击鸣鼓。
> 天时怼兮威灵怒，严杀尽兮弃原野。
> 出不入兮往不反，平原忽兮路超远。
> 带长剑兮挟秦弓，首身离兮心不惩。
> 诚既勇兮又以武，终刚强兮不可凌。
> 身既死兮神以灵，魂魄毅兮为鬼雄。

将这首诗翻译成白话文，意思是：手拿吴戈啊身穿犀皮甲，战车交错啊刀剑相砍杀。旗帜蔽日啊敌人如乌云，飞箭交坠啊士卒勇争先。犯我阵地啊践踏我队伍，左骖死去啊右骖被刀伤。埋住两轮啊绊住四匹马，手拿玉槌啊敲响战鼓。天昏地暗啊威严神灵怒，残酷杀尽啊尸首弃原野。出征不回啊往前不复返，平原迷漫啊路途很遥远。佩带长剑啊挟着强弓，身首分离啊壮心不改变。实在勇敢啊富有战斗力，始终刚强啊没人能侵犯。身已死亡啊精神永不死，您的魂魄啊为鬼中英雄！

这段文字十分生动，虽是国家为阵亡将士招魂的祭祀文，但足见战争的残酷。中国古代汉语中诸如“山崩地裂”、“地动山摇”、“天塌地陷”等那些成语，突然变成了那时浸泡在泪水中的恐怖现实。

“樯橹灰飞烟灭”，对于战将来说仿佛信手拈来的功业，而对百姓与士兵，则是无以复加的灾难。《史记》作为我们国人的早期家谱，里面就有这样的清晰记载，一些大的战役，得胜一方往往杀死对方上万，甚至数十万士兵和平民。如，秦昭王时期，仅秦国将领白起指挥的四大战役，杀死三晋和楚国的士兵就有 100 万以上。整个战国时期，大概有 260 万人死于战火，其中约 170 多万死于秦军之手。

秦国人似乎特别嗜好战争，他们左手提着人头，右胳膊下夹着俘虏，追杀自己的对手。司马迁记载：秦国攻打魏国时杀了 8 万人，迎战五国联军杀了 82000 人，打韩国时杀 1 万人，攻击楚国时杀 8 万人……当时，全中国人口总数不过 2000 万左右。

战争，是死神的盛宴。飘溅的血液，嘶哑的呼喊，钢铁与肉体的碰撞，生命与死神的舞蹈，丝毫没有犹豫，丝毫没有退让，每个瞬间都有生命在消逝。就这样，诸侯们灭了一国又一国，传了一代又一代，历史的车轮沾着泥浆与血浆，陷入了战国这片混乱的沼泽。

虽然，关于整个战国时期战争死亡人数的说法有很多的版本，但有一点可以肯定：人口的自然减少和战乱是直接有关的。从古今中外的战争史看，只要某个国家或地区的大规模战乱超过 10 年以上，人口减少超过 20% 以上是一件再正常不过的事情，随之人口的出生率受到极大的影响，正常人的寿命自然也会大大缩短。这里的估计是考证了大量古籍史书和客观推测的结果，不包含任何的感情色彩。

这些枯燥的数字用在统计战果时，意味着旗开得胜，可飘扬的旗帜下面是累累白骨，生灵涂炭。很多年后，那一场场战斗仍然缭绕在这些城池上，变成了世代相传的故事，进入了后来军事家的记忆和血液。

战国以“战”字当头，以能参加战争为荣耀，极大地促进了战争艺术的发展。

最为显著的特征是，交战双方从单纯拼实力发展为谋略制胜。随着战争规模不断扩大，一场战争要在同地区连续进行若干次战斗才能决定胜负，时间一长，人们便开始琢磨和归纳战争全局与局部的关系，同时也体会到谋略在战争中的重要作用，强调以智为先，谋定而动，将战争的智商充分发挥起来。著名的桂陵之战、马陵之战、田单反燕的即墨之战和秦国进攻赵国的邯郸之战等，还有许多大规模的城防战，都可以说明战国时期的作战谋略进入了一个新的时期。

战国时最大的歼灭战——长平之战，不仅创下了中国冷兵器时代歼敌数量的记录，而且也成为了灵活运用战略战术的典型战例。

公元前260年，秦、赵两国交兵于上党，秦国使了离间计，促成赵王临阵换将，用赵括换回廉颇。同时，秘密起用白起为将对赵国作战。白起针对赵括轻敌鲁莽的弱点，采用佯败诱敌的策略，引诱赵军脱离阵地，然后分别包围，逐个歼灭，并用侧翼包抄的战术切断赵军的归路，割断其与留守部队及驻于国都指挥机构的联系，迫使其断粮自乱，随之一举歼灭。紧接着，又乘胜追击，歼灭赵军共计45万，创造了先秦战史上最大的歼灭战之战例。

在很短的时间里，杀了这么多鲜活的生命，让人在生死之间的界限如此易于跨越过去，又如此难于跨越回来。虽然里面有许多精彩故事，但对于这样的杀人细节，我们根本无法仔细探讨。这是一场惨绝人寰的大屠杀，尽管发生在两千多年前，那时还没有现代意义上的优待战俘的国际公约，不过我们对白起等战将屠杀已经放下武器的战俘的暴行还是无法原谅的。

那时，军兵种联合作战的战术发挥了威力，从单一车战发展为步、车、骑、水诸兵种协同作战，迂回、包围、追击、奇袭、伏击、江河战斗及使用预备队扩张战果等，均已成为常用战法。如，使用机弩射击的战士集合在一起组成弩兵，这是战国时期发展的新兵种，在当时可是威力无穷。孙膑在布置马陵之战的阵势时是这样安排："长兵次之……短兵次之……弩兵次之"；"以弩次蒺藜"；"垒上弩、戟分"。另外，城池攻守作战的战术、技术也达到了空前的高度。《墨子》中"备城门"等十一篇所记载的城市防御体系和城池修筑体系，比如，工事设施、障碍配系、守城战具、兵力部署和针对攻城提出的守城战法等。可以说，在整个中国冷兵器时代，没有超出战国时期的范围。最为突出的是，各国争相将众多的骑兵投入战场。齐桓公称霸的时候凭借的也只是500辆战车和配属的力量，而到了战国末期，一次大战就要动员和布阵几万辆战车。

随着战争成为那时国与国之间关系的常态，人们对战争规律性的认识上升到新的高度，问世了一批对后世影响巨大的经典著作。继《孙子兵法》之后，《吴子》、《孙膑兵法》、《尉缭子》和《六韬》等问世。这些兵书在哲学层面上具有朴素唯物论和辩证法的思想，在政治思想上大多是建立在“民本”主义基础之上；在战争观、军事战略、作战指导、军队建设等方面都有极为精辟的、至今仍有生命力的论述。这一系列的作战思想与理念，不仅在当时的战争实践中得到了检验，而且一些基本结论在此后的2000多年里成为了战争的“圣经”。

现在回眸远眺，战国真像一幅“烽火图”。

那时名义上还是周天子是家长，但是已经时过境迁了，周王朝不再是文武、周公的时代，也没有二郎神、哪吒等神仙帮忙，周兵无力对抗任何“妖魔”。这个家长实在当得很窝囊，衰落得像庙里的泥菩萨一样，形同虚设，诸侯之间争权夺利，你死我活，烽火连天，谁也没有把他当回事。不仅秦、楚、齐、燕、赵、魏、韩这七个身强力壮的儿子不听使唤，就连中山、宋、卫、邹、鲁等20多个小儿子也各行其是。这不是周天子这个家长无能，而是生不逢时，自己已经“泥菩萨过河”，沦为小国，不但不能号令天下，反而要依附强国以求生存。

此外，在中原地区的外围还活跃着一批游牧民族，秦国的西北方向分布着大荔、义渠等，燕国、赵国的北部分布着肃慎、东胡、匈奴、林胡、楼烦等，楚国以南分布着瓯越、闽越等，西南方向还有巴国、蜀国。

别小看了这些小国和少数民族政权，他们已形成了国家的雏形，具备了现代国家行为体的一些基本特征。经过多年的经营和打磨，都拥有了王朝主权、领土、军队，并且有一定数量的人口，拥有部分对内与对外独立的行为权力。这些大大小小的国家及少数部族，统统成为了战国这个历史舞台上能量不同的角色，都在虎视眈眈，随时都在想吃掉别人或警惕被别人吃掉。

没有什么比战争更能振作一个民族、一个国家的精神。异常残酷的战争，春秋初期数以百计的国家到后期仅剩下大小 20 余个的事实，对列国的君王们而言犹如一场场恶梦，经常闪现于他们的脑幕里，驱动着他们不断进行探索和思考。

他们十分明白，打仗不是闹着玩的事情，要想立于不败之地，必须改造或调整治国理政的政策，实现富国强兵。基于战争催生的变法动力，“以变求存”成为时代需求，要求大刀阔斧地进行变法。变法则强，不变法则弱，形成了一个空前的对“变法必要性”的认识。这种中国式的变法基因对后世影响极大，就连今天我们所呼唤的“亮剑”精神，在一定意义上何尝不是在呼唤战国时期的“尚武”精神和国家意志。

特别是经过春秋争霸和战国初期频繁的兼并战争，诸侯所剩无几，最后的结果是胜出者疆域变大了，人口变多了，财富也集中了。原本分散在各家诸侯手中的土地、人口、财富，现在都集中在了少数几个诸侯手里；原本的战略缓冲空间不复存在，各个大国不得不面对残酷竞争的格局。资源的集中使得各个大国的家底厚实了，手里有了打仗的资本，随即相互间的战争规模、战争烈度也急剧上升。在彼此间不断的激烈攻伐中，如何谋求在竞争中生存下来，实现富国强兵，成为了各国君王和大臣们顶层设计中的首要考量目标。

原始逻辑和历史经验一直在明白无误地告诉人们：暴力最强说了算，这是决定各种规则的元规则。乱世的规律就是力大为王，道理是次要的，次要的道理也要由痞气来支撑着。战争给老百姓带来苦难，战争又通过对富国强兵的诉求，促进了各国纷纷进行自上而下的变法。何况，生存的艰难赋予了生命最原始、最根本的东西——改变。正是战争这个“催生婆”，让一个崭新的大一统时代，夹杂在刀光剑影和浓重的血腥中向封闭的中国步步逼近。

不过，战争这个变法的“催生婆”还有一群好帮手，那就是一大帮文人们。

战国是个乱世，各国都忙乎着战争这件“兵者，国之大事”，因为这是“死生之地，存亡之道，不可不察也”。那时，大人物们没有多少精力来盯着这帮文人们，这也就为他们精神的无限自由和思想的百花争放提供了空间。客观上，战争是最需要知识的一个领域，谋略、技能、才学在战时最容易得到特别重视，因而战国时期知识分子的地位空前提高，社会上出现了儒、墨、法、道、兵、名、阴阳、农、杂、纵横家等学派，形成“百家争鸣”的新气象。这些诞生于中华本土具有原创性的文化思潮，就如一朵朵争奇斗妍的鲜花，百花盛开似云霞翻卷、蔚为壮观。

在权力荷尔蒙的刺激下，使“学得文武艺，卖与帝王家”的信条成为中国文人的成才动力和追求的最高境界。

那是一个意气风发的时代，也是一个才情恣意张扬的时代，诸子百家、纵横驰骋、林野风流，时时处处张显着血气、豪情和浪漫。那是一个中华民族文化形成的重要时期，现代汉语中很多成语典故都出自那个时代，如“狐假虎威”、“画蛇添足”、“狡兔三窟”等等，就出自那个时代的《战国策》一书中。不要问它从哪里来，源头在何处，一个民族的文化生命往往体现在经典之中。

活跃的思想为当时如火如荼变法运动提供了锐利的理论武器。思想家们在为未来国家设计政治体系，为未来社会设计伦理体系。他们对变法的呐喊，让人感觉到了很强的荡气回肠的震撼力。

文化，往往在乱世年代会产生一种特殊的魅力。

出现这样的场面，与那时盛行的养士之风有关。十年树木，百年树人。一旦树人，他们就会掌起一片片蓝天。这里，让我们重温一下西汉的贾谊一段话：

> 当此之时，齐有孟尝，赵有平原，楚有春申，魏有信陵。此四君者，皆明智而忠信，宽厚而爱人，尊贤而重士，约从离衡，兼韩、魏、燕、楚、齐、赵、宋、卫、中山之众。于是六国之士，有宁越、徐尚、苏秦、杜赫之属为之谋，齐明、周最、陈轸、召滑、楼缓、翟景、苏厉、乐毅之徒通其意，吴起、孙膑、带佗、倪良、王廖、田忌、廉颇、赵奢之伦制其兵。尝以十倍之地，百万之众，叩关而攻秦。秦人开关延敌，九国之师，逡巡而不敢进。秦无亡矢遗镞之费，而天下诸侯已困矣。于是从散约败，争割地而赂秦。秦有余力而制其弊，追亡逐北，伏尸百万，流血漂橹；因利乘便，宰割天下，分裂山河。强国请服，弱国入朝……
>
> 及至始皇，奋六世之余烈，振长策而御宇内，吞二周而亡诸侯，履至尊而制六合，执敲扑而鞭笞天下，威振四海。南取百越之地，以为桂林、象郡；百越之君，俯首系颈，委命下吏。乃使蒙恬北筑长城而守藩篱，却匈奴七百余里；胡人不敢南下而牧马，士

不敢弯弓而报怨。于是废先王之道，焚百家之言，以愚黔首；隳名城，杀豪杰；收天下之兵，聚之咸阳，销锋镝，铸以为金人十二，以弱天下之民。然后践华为城，因河为池，据亿丈之城，临不测之渊，以为固。良将劲弩守要害之处。信臣精卒陈利兵而谁何。天下已定，始皇之心，自以为关中之固，金城千里，子孙帝王万世之业也。

这用现在的话说，就是：在这个时候，齐国有孟尝君，赵国有平原君，楚国有春申君，魏国有信陵君。这四位封君，都见事明，有智谋，心地诚而讲信义，待人很宽厚，对贤能之士很敬重，（他们）以合纵之约击破秦的连横之策，将韩、魏、燕、楚、齐、赵、宋、卫、中山的部队结成联军。在这时，六国士人有宁越、徐尚、苏秦、杜赫等人为他们出谋划策，齐明、周最、陈轸、召滑、楼缓、翟景、苏厉、乐毅等人（为各国）沟通意见，吴起、孙膑、带佗、倪良、王廖、田忌、廉颇、赵奢等人统率他们的军队。他们曾经以十倍于秦的土地，上百万的军队，开往函谷关去攻打秦国。秦人大开关门引敌深入，九国的军队（却）迟疑起来，不敢入关。秦人没有丢失一支箭那样的消耗，天下的诸侯（却）已陷入狼狈不堪的境地了。这样一来，纵约解散了，各诸侯国争着割地来贿赂秦国。秦有富余的力量利用对方弱点来制服他们，追赶（九国的）败兵，百万败兵横尸道路，血流（成河），大盾牌也漂浮得起。（秦人）凭借这有利的形势，割取天下的土地，（重新）划分山河的区域。强国主动表示屈服，弱国（按时）入秦朝拜……

到始皇的时候，他大大地发展了前六代君主的功业，挥舞着长鞭来驾驭全中国，将东周、西周和各诸侯国统统消灭，登上最尊贵的宝座来统治天下，用种种刑具来迫害全国人民，威风震慑四海。向南攻取百越的土地，把它划为桂林郡和象郡，百越的君主低着头，颈上捆着绳子，性命听凭秦的下级官吏处理。于是（又）派蒙恬到北方去修筑长城，守卫边境，击退匈奴七百多里；胡人（再）不敢到南边来放牧，勇士不敢拉弓射箭来报仇。接着就废除古代帝王的治世之道，焚烧诸子百家的著作，为的是使百姓变得愚蠢；毁坏著名的城邑，杀掉英雄豪杰；收缴天下的兵器，集中在咸阳，去掉刀刃和箭头，用来铸成十二个金人，以便削弱百姓（的反抗力量）。然后踏上华山修城墙，借用黄河做护城河，上有亿丈高的城墙，下临不可测量的深渊，作为坚固（的防御工事）。好的将领手执强弩守卫着要害的地方，可靠的官员、精锐的士卒拿着锋利的兵器，盘问过往行人。天下已经安定，秦始皇心里自以为关中的险固地势，方圆千里的铜墙铁壁，正是子孙万代的帝王基业。

春秋之前，上学是件很奢侈的事，平民百姓连做梦也不敢想这件事，根本不知道学堂的门朝哪边开。课桌，是贵族子弟的专利。但是从西周末年开始，随着奴隶制社会的逐步解体，奴隶主贵族的官学已经形同虚设，昔日庄严神圣的官学出现了学生无心读书，整天游荡嬉戏的局面。官学逐渐衰废，私学随之兴起，文化开始下移。齐国在威王、宣王时期，在临淄的稷门（西门）外设立“稷下学宫”，是那时的最高学府，集中各国的文人学士，专门讲学著书。其中，田骈、慎到、环渊、邹衍、淳于髡等七十六人还被封为上大夫，待遇很高，住在高门大屋，出入有车马侍从。学宫学生多达数百人，有时达到了上千人。战国的“百家争鸣”让稷下学宫热闹非凡，士人如织，火花频发，而此时西方的另一个文明故地，也出现了一个精神文化的建筑群，史称“雅典学派”或“雅典学园”。

“雅典学园”和“稷下学宫”，在当时是否遥相呼应，有否学术交流，现在不得而知，但从名称上看，似乎彼此相应。粗略推算，客观上柏拉图创建雅典学园的时间，比稷下学宫的建立大概早了20年，总体上属于同一个时代。这是否就是巧合呢?

天意从来高难问!

孔子可能只比释迦牟尼小十几岁，他去世后10年左右，苏格拉底出生；墨子比苏格拉底小1岁，比德谟克利特大8岁；孟子比亚里士多德小12岁，庄子比亚里士多德小15岁；阿基米德比韩非子大7岁。

人类的历史那么长，代代有才人，怎么会让这么多开山立派的精神巨人，这么多思想与学术上无法超越的经典高峰涌现于一时?为什么后来几千年的文化创造，绝大多数的只是步了那些年月的后尘呢?

诸子百家几乎把任何一个想得到的精神空间都严严实实地填满了，而且填得那么精致而堂皇。之后2000多年的封建时代，除了印度佛教的闯入，为中国人的大脑贡献了一些营养外，其他各朝各代所谓的思想创造，从根本上来说，都没有跳出春秋战国时代思想巨人们画的圈。

这真是有点不可思议啊!

有人给中国古代各个朝代进行了排行，结果是：汉代是一个最为勇猛和壮烈的时代，晋代是最为狂放的时代，唐代是最为诗意的时代，宋代是最具画面感的时代，而之前的周代特别是春秋战国的东周是最富思想的时代。

天下大乱，偏偏在这个时候，中国这片土地上一下子冒出了这么多聪明而又睿智的人。现在看来，战国就像一个怪胎儿：百姓处在水深火热之中，而士人受到了极大的优待；社会急剧动荡不安，学术得到了空前繁荣；道德大面积地滑坡，思想得到了充分的自由。中国历史上最为动乱和黑暗的年代，又是思想文化的黄金时代。

可惜的是，中国“百家争鸣”的结果是强化了古来已有的“天人合一”观念，从而使中国人失去了一次从自然中解放出来的良机，依然相信“天命”，所谓“死生有命，富贵在天”，过着“靠天吃饭”的日子；而希腊“思想启蒙运动”的结果则是唤醒了希腊人的“自我意识”和“理性精神”，从对自然的崇拜中解放了出来。由此，中西文化走上了不同的发展方向。

当然，人类创造了文化，创造了文明，可文化成果、文明成果如果不是为文明服务，而是用于干野蛮的勾当，那就成了文明和文化的异化。不过，这已经是后话了。

诸子们的出现宛如群星闪烁，辉煌灿烂，照亮了历史的思想天空，更照明了当时变法的道路。

不管怎样，在这个既虚幻又现实的宇宙中，最重要的物质应该是思想，唯有思想能使地球沉重起来，也为战国变法运动的蓬勃发展注入了许多精神内涵。

就这样席卷而来

回望我们的老祖宗一路走过来的长长的改革足迹，有深有浅、有密有稀、有直有弯，很不规则，但不得不承认这样一个史实：战国时期的变法运动，在规模、气势、深度、时间和影响等方面，是中国历史上第一次大改革。连同春秋时期一起，在这个奴隶社会与封建社会的历史交汇口，中国出现了长达 5 个世纪之久的连绵不断的封建化改革的滔天巨浪。

它是中国变法、新政、革新的“母本”，也是后来的政治家和改革家的“蓝本”。

总体上，中国历史上的改革可分为这样几种类型：一是奴隶社会内部富国强兵的改革，二是地主阶级的封建化政治改革，三是少数民族为汉化而进行的改革，四是封建统治者为挽救统治危机而调整统治政策的改革，五是开国之初相对贤明的君主对统治政策的调整和改革。就战国七雄变法的性质而言，有的涉及其中的一两种类型，有的兼而有之，更为突出和明显地体现于前三种类型上。

公允地说，战国的变法主持者无一例外地都是当时统治阶级利益的代表者，变法的根本目的也是为了其更有效地统治，但只要他们的举措代表了社会进步的要求，符合历史发展的趋势，就可以认为他们的思想与实践有利国家与百姓。马克思、恩格斯不是在《德意志意识形态》中告诉我们吗，任何统治阶级为了维护自己的统治，都会消除或改变过去的历史，并力图把自己的统治说成是“普遍利益的体现”。这两位导师还在该书中以加括号的形式特别指出：“普遍的东西本来就是一种虚幻的共同体的形式。”言下之意，世上没有普遍的利益，只有阶级的利益，而阶级利益实质上是代表那个阶级的少数人的利益。

变法的成败，往往直接关系到所在诸侯国的兴盛与败落，而不同时代的不同阶段，不同的社会背景、地理环境、民族关系、政治状况、经济条件、文化特征，在相当程度上影响着甚至决定着变法的内容与取向。

翻开战国变法的历史画卷，我们依然可以清晰地看到各国变法的版本与特色。

魏国是第一个吃“螃蟹”的，变法中很多顶层设计影响了整个战国时期的变革运动，甚至此后许多世纪的人们依然生活在它创造的某些制度中。可惜的是，它最后在“老人干政”中熄火了，结局“很中国”。

公元前445年，魏文侯在魏国开始执政。到了公元前406年，他任用李悝为相，在魏国实行变法，揭开了战国变法运动的序幕，内容涉及经济、政治、军事和司法制度。魏文侯和李悝以及后来的吴起把变法作为一个系统工程来抓，使得魏国在不长的时间里就强盛了起来，俨然成为战国初年的“小霸主”，称霸中原达百年之久。历史地看，这是一个开天辟地的伟业。

在经济制度上，坚持“尽地力之教”和“平籴法”两手抓，最大限度地确保国家粮食安全。“尽地力”要求农民“因任地力”、“治田勤谨”，以达到发展生产，增加国家收入的目的。现在来看，这条措施不单纯指发展农业生产，而且还是生产资料所有制的一次革命。针对残存的井田制，提出了“废沟洫”主张，铲除了井田的疆界有利于农田水利建设之发展。“平籴法”的核心内容就是政府在丰年时以平价收购农民余粮，防止商人压价伤农；在灾年之际则平价出售储备粮，防止商人抬价伤民，避免出现“谷贱伤农，谷贵伤民”的现象。它和“尽地力”互为补充，稳定了小农经济，萌生了魏国的封建经济基础，是战国初期魏国强大的直接原因。可以说，这是中国历史上“政府平准基金”的最早雏形。

在政治制度上，主要是削弱世卿世禄制度，从根基上动摇奴隶主贵族的

“好日子”。变法主持人李悝尖锐地揭露奴隶主贵族们依仗世袭爵禄、不劳而获的问题，一针见血地指出：“出则乘车马衣美裘”，“入则修竽琴钟石之声”是社会上的“淫民”，主张“夺淫民之禄，以来四方之士”，按照“食有劳而禄有功”的原则，把禄位授予有功于国家的人。这种“按功分配”的核心政治制度改革，直指奴隶主贵族的政治要害，为地主阶级代表人物登上政治舞台创造了条件。

在军事制度上，最大的亮点就是组建“特种兵”和调动平民参军打仗的积极性。吴起从优化兵源抓起，严格挑选、训练和考核武卒。选拔考核的方法比较简单，要求参考人员身穿三层甲，即上身甲、股甲、胫甲，头戴铁盔、腰佩利剑，负12石大弓，带箭50枝，肩杠长矛一杆，再背3天干粮，半天要行100里，约等于现在的40多公里。这种训练之道，把人体中藏得最深也最强大的力量激发出来了。凡考核及格者，免去一家徭役，并奖给土地和房屋。吴起还根据士兵的不同特点，采用新的编制，充分发挥士兵的优长，按功论赏，多杀多得。这一系列精选士卒和奖励军功的制度，瞬间让魏国军队的战斗力强大了起来，致使“秦兵不敢东向，韩赵宾从”。

在司法制度上，李悝重在建章立制。他“集诸国刑典”著《法经》六篇，这是我国历史上第一部系统的封建法典，初步确立了封建法律的体例和基本原则，标志着中国古代的立法技术已开始走向成熟，成为后世立法的滥觞。《法经》原文已失传，只留下六个篇目，分别为：盗法、贼法、囚法、捕法、杂法、具法。它的出台有利于司法的统一，便于法官准确适用法律和定罪量刑，也有利于立法的系统化，使立法活动在兼顾历史沿革和横向联系的科学环境中进行，避免重复和抵牾。

行笔至此，顺便多说几句。在这个世界上，人性是复杂的，既有善，也有恶；环境是复杂的，既有清明，也有污浊；诉求是复杂的，既有贪婪，也有淡泊。复杂的人在复杂的环境之中，为了满足复杂的诉求，在一起做游戏。要想公平，只有通过制定游戏规则，那就是法。李悝对这一切中的奥妙，看得非常清楚，真是洞若观火。

魏国变法的这“四招”，可谓是招招过硬、招招穿心，一时间把魏国上下搅得生机勃勃。可是，老世族阶层害怕了。他们面对暴风骤雨式的变法浪潮，不愿与时俱进，而是通过各种手段打击排挤吴起等布衣出身的改革派，最终将他们气跑了。

吴起离开之刻，正是魏国变法的梦断时分。

韩国的变法不按规则出牌，而是以“术治权谋”来治国。结果，变法变出了独裁，而独裁者不仅害死了人，而且祸害了整个国家。他们的这一场变法闹剧，倒真有点“很江湖”。

公元前375年，韩国灭了郑国后迁都新郑。韩昭侯时，他看到各国大多已通过变法强大了起来，心里才开始着急，便于公元前354年用申不害为相，开始“内修政教，外应诸侯”。申不害术治理论的逻辑关系是：国家安危重在权力稳定—权力稳定在于察奸除害—察奸除害需有知下之明—知下之明有一套系统的方法，用术驾驭群臣，赏善察奸，令官吏不敢作奸犯科。这就是术治。

这个聪明的申不害是位法家学派的大家，但他的变法没有体现法家的精髓，而是偏执于其中的一点。他这么弄不明白，法是法治，术是一种用以贯彻执行“法”的手段方法，根本不是一个层面上的游戏啊！

申不害术治的内容具体来说，主要有两点：一是主张君主治国理政必须明法察令，“君必有明法正义，若悬权衡以正轻重，所以一群臣也”；主张国家要有法可依，依法办事，凭的是主观心智和个人的善恶去随意决定政策措施、赏罚制度。二是主张国君集权一身，用来“独断”，把官吏的设置、任免、核考、赏罚、生杀之权都掌握在手中。还假惺惺地主张“无为而治”，其实是表面无为，而实大有为，要使臣子们猜不透国君的心思，这样臣子们就会揣摸国君的心理而投其所好，弄虚作假。他的主张正如《史记索引》的作者司马贞所言：“尊君卑臣，崇上抑下。”

申不害的术治式变法起了一定的作用，韩国最辉煌的战绩是灭掉了郑国。这对韩国发展影响极为深远。一方面，韩国获得了一些郑国的人才；另一方面，崇尚智术的郑文化也给韩文化打上了极深的烙印。韩国灭郑之后，疆域扩张不少。但是，申不害最大的希望是通过术治牢牢控制住群臣，以避免国家出现“上逼主，而下虐民”的蠹虫奸佞。由于过分强调术，忽略了最基本也最关键的法律制度，使官员无所适从，致使其变法无法彻底，韩国也难以强大起来。

申不害主持变法近20年，术治大大膨胀。依靠种种秘密手段察核官吏的权术，迅速扩张为弥漫朝野的恶风。术治理论的先天缺陷，令申不害以术督察群臣“依法治国”的意图完全落空，反而沦为君臣钩心斗角的思维工具。

这种雕虫小技式的变法，本身就是对“变法”两字的一个极大讽刺。

齐国的变法好像一个人久病之后突然爬起来练气功以求强身健体似的，

由于先天不足，只是“蜻蜓点水”，难以昂首阔步，但它的内容“很政治”。

公元前314年，齐宣王趁燕国内乱之际，出兵攻占了蓟城，但在燕国民众强烈抵抗下，不得不又退兵回国。这下，燕昭王却不干了，没过多久，为报一箭之仇，任乐毅为大将，联合三晋、秦、楚等国大举伐齐。凶狠的联军只用半年时间攻占了齐国除莒和即墨两城外的大部分国土，让齐国险些亡国。此后，齐国大将田单以此两城为基础，众志成城，以少胜多，大败燕军于城下，才使齐国免遭灭顶之灾。但在这5年的战争中，齐国损失惨重，国力基本耗尽，强国地位一直未得到恢复。

公元前356年，齐威王即位初年，不理朝政，周边各国常来进攻，出现“诸侯并伐，国人不治”的局面。后来，听从了大臣淳于髡的劝谏，才振作精神立志改革。对他触动最大的是邹忌弹琴进谏，以琴理劝威王要善于治国，使得政令的掌握和四时的处理调匀。此时，齐威王才完全清醒了过来，任其为相进行政治改革。

从整体上看，战国变法主要内容是确立私田制经济，废除世卿世禄及封地制，设立中央集权的郡县制，革新官制，军队国家化等，而齐国的变法只注重于政治方面。

为了说清楚齐国变法问题，这里有必要交待一下齐国政权嬗变的过程。

齐国是周朝的诸侯国之一，先为姜姓，后为妫姓，首封之君是在民间有很大名气的姜太公，真名叫吕尚。齐国出现于西周初年，当时周武王为酬谢周朝的功臣而分封姜太公于齐地，位于今天的湖南省。到了齐桓公时期，齐国是春秋五霸之一。后来由于三监之乱的发生，周公被逼东征，最后将齐国迁到现今山东半岛一带。由于国君姜姓吕氏，故称吕氏齐国，史称吕齐。公元前391年，妫姓的田成子四世孙田和迁逐齐康公，并于前386年放逐齐康公于海上，自立为国君，同年被周安王册命为齐侯。田氏仍以“齐”作为国号，故又称田氏齐国，史称田齐。

想当年，田齐统治者在夺姜齐社稷时，锐意进取、大胆创新，可篡权成功后，却变得十分保守。为了防备他人重演“田氏代齐”一幕，齐国千方百计维持田齐王族独大的局面，使外姓世族无法坐大。齐国的君王虽然与王族大臣矛盾重重，但无论哪一方都不愿废除王族特权。就这样，齐国不但没有废除封地制，还不断分封田齐王族，强化统治族群的实力。这对于当时的齐国王族来说，是不得已而为之，也是维持统治秩序稳定的最佳方式。

既然废除封地制不可能，那么齐国变法就只剩下整肃吏治这个活可干了。这是一篇政治文章，当时的主要举措有两条：

一是发扬民主，欢迎进谏。邹忌以自己的妻妾一味地恭维他的事例，劝说威王不能偏听偏信，必须广开言路，才能少犯错误。于是，齐威王下令凡能当面提出自己过错的，得以“上等赏”；以书面形式提出过错的，受以“中等赏”；在大庭广众之下议论过错的，得以“下等赏”。这道命令下达后真管用，一时间门庭若市，齐威王知错即改，几个月后只有少数人来上访批评时政了，一年之后达到了虽欲进谏但已无过错可谏的程度了。从此，齐国政治清明、国力大增，燕、赵、韩、魏等国都来朝贡。

二是赏优罚庸、大胆用才。对能执行“法治”使“田野辟，民人给”的即墨大夫，以万户租税作为俸禄，对“田野不闻，民贫苦……以弊厚吾左右以求誉”的阿，即现在的山东阳谷东北之地的大夫及其身边的工作人员都火烹了。这样一来，政风瞬间为之转变，“人人不敢饰非，务尽其诚，齐国大治，诸侯闻之，莫敢致兵于齐二十余年”。

威王还十分信任和重用军事家孙膑，让其主持国防大业，加强武备。那时所铸的“陈侯因咨敦”上有79个字，其中有这样一段话：“扬皇考昭统，高祖黄帝，迩嗣桓文，朝问诸侯。”意思是他要继承和发扬他的父亲——田桓公午的业绩，远的则要学习远祖、黄帝，近则要继承齐桓晋文的霸业，号令诸侯。

这两招虽然很有效，但这场变法的内容十分有限，主要是加强吏治和君权，没有经济、思想等方面的内容。在那个完全靠土地吃饭的年代，哪个国家如果不在土地上做文章，要想使变法变得很彻底，变得很成功，那是完全不可能的事。

事实上，齐国变法始终停留在整肃吏治层次，与五都制政体特点是相符的。诸侯国变法走的是中央集权的郡县制模式，而齐国政体建立在分权基础上，两者运行原理差别较大。因而，齐国不肯花大力气去触动这个基本制度，只是把精力投入到整饬吏治这个皮毛上。由于缺乏制度保障，齐国后期整肃吏治乏力，广开言路的善政也形同虚设，结果也就可想而知。

不懂得“上层建筑”与“经济基础”的辩证关系，真是害死人啊！

赵国的变法寓军事改革于移风易俗之中，尽管始终没有进行过像样的政治、经济方面的变法，但“胡服骑射”倒是“很爷们”。

战国初年，赵烈侯在位时用公仲连为相，进行了一系列的变法，致使国富兵强，南攻魏，西败秦，东破齐，直至公元前359年魏国围攻邯郸之前，赵国在对外兼并战争中一直占着上风。但是，真正使赵国强大到令列国刮目相看的地步，乃是在赵武灵王实施“胡服骑射”的军事制度改革之后。

赵武灵王为说服上上下下的反对者，多方采取措施，才使此项变法得以顺利实行。他与反对者反复辩论时，始终坚持“制国有常，而利民厚国为本”的原则，贯穿着一种不泥古、不盲目自大，衣服器械、法度制令永远应根据需要而“各顺其宜”、“各便其用”的与时俱进精神，最终赢得了官心、军心、民心。“胡服骑射，以教百姓”，通过着胡服这一装束来转变赵国民众以中原文明自居、蔑视异邦先进文化的闭锁心理，进而通过“招骑射”、“建骑邑”、“致胡兵”、“用胡马”等多种手段，在赵国组建起了强大的骑兵军团。

世界上有很多文化板块，里面内容丰富，各有所长。赵武灵王能够放下身架主动接纳异邦文化，实为难能可贵，也给自己的国家打上了一支“强心剂”。虽然凭此实力攻克秦国的战略因后来的政治变故未得如愿，但“略胡地”、“灭中山”的目的很快就实现了。而且，正是凭借“胡服骑射”后军事上的强大，才使得战国中后期赵国成了秦国在东方六国中最为强硬的对手，一块最难啃的“硬骨头”。

现在胡服虽然远离了汉人们的视野，但赵武灵王企盼民族大融合的美好意愿，却在中华民族的历史长廊中镌刻出不可磨灭的丰碑，昭示出中华民族大融合的历史进程。能有这样的勇气，真是有点“纯爷们”的气魄，要说赵国变法的最大历史贡献，莫过于此了。然而，单纯的军事变革是难于长久下去的，没有经济发展作基础无异于空中楼阁。长平之战的惨败，就是最好的证明。即使没有发生这场战争，赵国最终也会被秦国吃掉的。

这个赵武灵王生前始终没有给自己封什么王，“武灵王”是后人给他封的。这些后人也真是的，封什么“王”都行，却偏偏封个“武”字。的确，这个赵武灵王真是偏执于“武”，最终“武”不下去了。

楚国的变法在战国七雄中属于时间最短、力度最小、深度最浅的一次改革，虽然曾一时取得过一定的成效，但从头到尾都没有形成真正的变法运动，并且这个“半截子工程”的句号画得“很血腥”。

楚国的王族芈熊氏是中原人，受封赏跑到湖北那里统治教化当地的土著蛮民。也就是说，当时楚国王族在黄河边上受了封，尔后跑到南方去支边的。

公元前 390 年，吴起在魏国受到大臣王错排挤，被迫投奔楚国。由于吴起在魏国已经政绩卓著，军功赫赫，名声在外，所以一到楚国，就受到楚悼王的重用。先任地方官，当了宛（位于现在的河南南阳市）守，主要任务是防御韩、魏两国的骚扰。一年以后，晋升为令尹，主持变法大业。

吴起到楚国后为了好好表现自己，工作作风很务实，十分注意调查研究，对楚国的国情作了深入了解，因而采取的变法措施切中时弊，并且干净利落。

一是集权于中央。针对楚国“大臣太重，封君太众”，贵族旧势力强大的现象，主张“废公族疏远者，以抚养战斗之士”；“若此则上逼主而下虐民，此贫国弱兵之道也”。具体办法是实行“贵民任期制”，凡是贵族已经传了三代的，都得取消爵禄，子孙不再继承；王室贵族传了五辈的，一律取消特权和俸禄，然后把他们迁到边远的地方去“往实广虚之地”，从事生产，自食其力，原有土地收归国家，用以抚养奖励军功者。

二是精简机构，裁减无能无用的官吏。那时，楚国宫廷和地方上的官僚系统里人浮于事，光吃饷、不干活的人很多。对此，吴起采取拆庙裁员的办法，着力扭转这一局面。《史记》里说是“明法审令，捐不急之官。”《战国策》里说是“罢无能，废无用，捐不急之官。”

三是极力铲除“山头”。对于互相勾结，形成小集团，危害国家的行为，坚决予以打击。这样，有效地防止旧贵族对国家的干预，确保集权顺利进行。这样做的结果，很快“使私不害公，谗不蔽忠，言不敢苟合，行义不顾毁誉。”

四是加高城墙，增强抵御能力。由过去的两板加高到四板，大概是约合现在的二丈二尺。提出“要在强兵，破驰说之言纵横者”、“破横散纵，使驰说之士无所开其口”。通过这些措施，实现军事上“厉甲兵以时争于天下”的战略意图。

吴起变法雷厉风行，说干就干，把旧贵族打击得遍体鳞伤，加强了王权，也加速了封建化进程，在一个时期内收到了富国强兵的效果，楚国政局大为改观。于是，“南平百越，北并陈、蔡、却三晋，西伐秦”。在公元前381年的救赵攻魏中“军舍林中，马饮于大河”，以致“诸侯患楚之疆”。

吴起虽是权兼将相的令尹，但除了最高领袖楚悼王之外，缺乏其他支持新法的政治盟友。楚悼王坐镇郢都，世族不敢公然反对变法。公元前381年，楚悼王不幸病逝。这位曾一次次失败，又一次次成功的君主，战胜了许多对手，却没有能够战胜自己的寿数和天命，在取得完全成功的“最后一公里”的地方终于离开了人世间。

吴起从前线赶回国都，准备参加楚悼王的丧礼。此时，早就对吴起变法怀有刻骨仇恨的旧贵族势力乘机作乱，在楚悼王的葬礼上围攻吴起。吴起一看不妙，立即机智地伏在楚悼王尸体上，旧贵族即用乱箭射杀吴起，同时也射中了楚悼王的遗体。有的古文献上还说吴起被射杀后，旧贵族又对他的遗体进行了“肢解”或“车裂”。总之，他这次真的给自己的“老东家”当了垫背了。

吴起的死，不是他个人肉体意义的小死，而是关乎变法过程中进步力量的大死，是改革家的“萎乎”！

楚悼王的葬礼刚刚办完，即位伊始的楚肃王立刻以“对先王尸身不敬”的传统刑律为由，诛杀了参与射杀吴起的七十余家世族贵戚。这下子，这些指望射死吴起后能轻松翻身的人，没想到大伙集体为吴起陪了葬。遗憾的是，楚肃王并没能趁胜追击追剿旧贵，也没像秦惠文王那样坚持新法，而是选择了与他们凑合共存。

最为要命的是，楚肃王还干脆废除了吴起的新政策，以争取世族大臣的支持来维持统治，而被削弱的世族也向王权作出了更多妥协。就这样，吴起主持的不到十年的变法运动便人亡政息了。此后，楚国失去了制造新鲜血液的功能，改良版的世族分治政体的地位无可撼动。

一个人的好恶决定了历史的偶然性，国家的前途在历史偶然性的迷雾中变得暗昧不明，充满着诡谲的变化和凶险的暗礁。历史上，常常是国家最高领导人撒手人寰之时，也是国家最危险的时刻，阴谋在酝酿，火并随时都会发生。

楚国就是这方面的典型。

燕国的变法除了乐毅在时显赫了一把之外，的确没有任何出彩之处，但之前玩的一件令天下瞠目结舌的大事——仿效圣王古制，禅让国君之位，倒是“很搞笑”。

燕国原是北方的一个小国，因其远离中原，使它并无太多战事，得以相对安宁。它在战国前期一直默默无闻，到中期燕王哙时，才在相国子之的主持下进行了一些变革。

燕王后来任用苏秦首倡合纵之后，地位一度得到较大提高。可是，正在这个时候，燕国发生了一次令人不可思议的政治事件，从而导致了一次最严重的政治危机。这个事件，便是燕王哙的禅让事件。燕国易王之后，继位者是燕王哙。姬哙之所以在历史上有名，就是因为在位期间干了荒唐的“禅让”之闹剧。

在治国理念与种种政治理论都已经达到辉煌高峰的战国之世，一个大国竟然出现了如此荒诞的复古禅让事件，其“理论”竟然是如此的迂腐浅薄，实在令人难以理解。这一幕颇具黑色幽默的“禅让”闹剧，之所以发生在燕国，而没有发生在别的任何国家，其重要的根源，便是燕国的王道传统之下形成的迂政之风。燕国君臣从上到下，做事不切实际，对国际上扎扎实实的实力较量感到恐惧，总是幻想以某种貌似庄严肃穆的圣王德行来平息严酷的利益冲突，而对真正的变法却退避三舍敬而远之。这种虚幻混乱的迂政环境，必然是野心家与政治骗子大行其道的最佳国度。

这件事发生在公元前316年，紧接下来造成的严重内乱持续了5年之久。燕王哙想效法尧舜禅让贤臣，博得一个“圣王”美名。结果，被野心家子之篡权，引发燕国内乱，招致齐国入侵，使得燕国陷入了亡国的边缘。

正是这桩国耻，激起了燕昭王图强复仇之心，开始进行真正的变法。

当时，聚集于燕都辅助昭王振兴燕国的众多士人之中，最杰出的人物要数乐毅。乐毅是名将乐羊之后，才学出众，深通兵法，曾被荐为赵国官吏，为了躲避赵国内乱，便不远千里来到了魏国。后来，他听说燕昭王礼贤下士，一直有跳槽之心。正巧一次乐毅为魏王出使燕国，昭王十分恭敬地客礼相待，深沉地打动了乐毅，于是不嫌“叛逃出国”的罪名，决意留在燕国，昭王随即任其为亚卿，委以国政和兵权，支持他实施变法。

一是针对燕国法度弛坏、官吏营私的严重局面，乐毅帮昭王制定法律，加强对官吏的审查和考核。二是确定“察能而授官”的用人原则，摈弃“亲亲”、“贵贵”的择人传统，清除子由当权时拉帮结党、滥用亲信的劣迹，使燕国的吏治日趋清明。三是对那些遵守国家法度的守纪百姓，包括身份低下的贫民和一部分奴隶，都以一定制度予以奖励，以安定社会秩序。此外，在军事上，乐毅着重加强战法训练和严格作风纪律，很快提高燕军的战斗力。

昭王在乐毅等人的辅助下，兢兢业业地奋斗了28载，不仅国家日渐殷富，积累了相当实力，而且培养了奋发图强的民风，最大成果的伐齐连下70城，让齐国从东帝沦为二流强国。

公元前278年，燕昭王死，太子燕惠王即位。燕惠王为太子时，就与乐毅不合。齐国即墨守将田单知道燕国君臣相疑，利用这点施反间计，燕惠王中计以骑劫代替乐毅，乐毅担心被杀，便逃亡赵国。如此一来，燕国只能是回归迁政老路，等待灭顶之灾的到来。

本来，燕国地处偏僻，加之又处于农业文明与游牧文明的交会点上，无论从天时、地利，还是从人和几个方面来看，都可以好好修炼内功，重振旗鼓，将变法大业进行到底。如果是这样，燕国傲立于北方是没有问题的。然而，太子丹遣刺客荆轲刺杀秦王，结果引火烧身，昭王和乐毅打下的基础功亏一篑。

燕国，这个喜欢玩低级游戏的诸侯国，就这样把自己玩完了。

秦国变法在战国时期不是最早，也不是最晚，但最彻底、最坚决、最全面、全持续，对当时秦国的武力崛起，乃至嬴政一统天下起到了决定性的作用。商鞅生前死后，对秦国始终都“很给力”。

秦国僻处西陲，政治、经济上都比东方六国落后，土地虽大，但人丁不多，约有五分之三的土地尚待开发，而且旧势力十分强大。当时，代表各种思想和学派的各国诸子著书立说，形成一个文化高潮，然而诸子中却没有一个秦国人，可见其文化落后的程度。秦国被其他国家的人看作夷狄之邦，各国间的盟会也不邀请它参加。不仅如此，秦国还经常遭到魏国的进攻，很长一段时间，其河西地区被别国占领。

公元前 361 年，秦孝公下令求贤，正在魏国当差的商鞅应募入秦。商鞅是奔着干事业而来的，经过与孝公深入探讨和一番舆论准备，便开始进行大刀阔斧的变法，自此秦国各项事业进入了快速发展的阶段。

变法之初，商鞅以大无畏的勇气大声疾呼：“治世不一道，便国不必法古。汤、武之王也，不循古而兴；殷、夏之灭也，不易礼而亡。然则反古者未必可非，循礼者未足多是也。”这一呐喊，喊出了战国改革时代的最强音。短短的 10 年时间里，商鞅进行了两次变法，使秦国很快实现了国富兵强，成为战国之时的超级大国。

公元359年，商鞅开始第一次变法，其内容有：一是废除世卿世禄制。规定“宗室非有军动者，不得为属籍”，立军功者，“各以差次名田宅”。重新规定秦爵为二十级，各级规定有相应的政治经济特权，凡战争中斩敌首一个，可以赏爵一级，要做官的给五十石俸禄的官，使升官和军功结合起来。

二是编定户籍，实行连坐法。凡境内居民无论男女老少都登记在户籍上，以五家为“伍”，十家为“什”，互相监督，“不告奸者腰斩、告奸者与斩敌首同赏，匿奸者与降敌同罚”。

三是奖励耕织，重本抑末。积极鼓励大家种好自己的田，多打粮多织布，“努力本业，耕织致粟帛多者复其身，事末利得怠而贫者，举以为收孥”，也就是全家罚做官奴。

四是主张“燔诗书而明法令”，也就是加强思想控制。商鞅主张废除礼、乐、仁、义的说教，“禁游宦之民，而显耕战之士”；推行“燔诗书而明法令，塞私门之请”，想做官的就学习法律，拜吏为师，加强思想控制。

后来，秦国在此基础上又进行了第二次变法。

公元前338年，秦孝公一命呜呼，太子惠文王继位。旧贵族马上对商鞅进行反攻倒算，公子虔等强加商鞅以“谋反”的罪名，将他逮捕处死并“车裂”其尸。商鞅虽死，但秦惠王和他的后继者有一点没有迷糊，就是都继续实行商鞅的新法，没有改弦易辙，秦国的国势得以进一步发展。

值得寻味的是，先变法的国家比秦国衰弱得早，后变法的国家又追不上秦国的脚步。这真是咄咄怪事！这里根本的问题在于商鞅变法的彻底性，让秦国能保持廉政高效，具备了最强的战争动员能力。尤其是秦国在波澜壮阔的变法中，不断地开辟着前行的道路，有时还脱胎换骨似的，从而呈现出崭新的气象。

历史，在这里扎扎实实拐了个大弯；历史，一直在这里沉思。

除了七雄之外，在大国夹缝中生存的小国，如，宋、郑、卫、中山等国也在变法图强的影响下，进行过力度不同的变法。在战国那个多极化的年代里，卫国竟然奇迹般地躲过无数次的劫难，存续至秦国统一天下之后，到秦二世时才灭亡，成为诸侯国中存留时间最长的之一，立国前后共计 838 年，传了二十五位君王。这不能不说与其不断变法有关。

战国是个大变动、大变革、大动荡的时代。

事实上，战国时期出现的一系列变法运动，是中国历史上最早的政治走向平民的革命，使那个关得紧紧的奴隶社会的大门被猛然踢开，眼前呈现了一抹封建思想的曙光。

最乱的时代，最好的舞台

齐威王注重选拔人才，有一次他同魏惠王会谈，惠王问他，你有明珠吗？齐威王说没有，惠王很诧异地说，我的国家小，还有十颗光照几十丈的明珠，你怎么没有呢？威王说，我的明珠同你的不一样，我以人才为明珠。当时，说得惠王在会场上很不好意思。齐威王的回答不是随便的调侃，而是很有底气的，完全以自己的强项比人家的弱项。

由于齐国尊重知识、尊重人才，使那时“齐最强于诸侯”，曾与魏国进行桂陵、马陵之战，都打赢了，使得牛哄哄的魏王不得不低下了曾经高傲的头颅来朝见。

从威王和惠王这段对话以及齐威王得意的表情可以看出，战国时期的人才是很吃香的，同时也反映出当时人们的人才观念。客观上，战国时期的战争是诸侯之间为了人口和土地而进行的兼并。战争犹如一个巨大的市场，按照固有的市场规律，有需求必然有供应，需求越大，市场则越大。战国这个市场什么都需要，特别需要的是人才。于是，各种各样的人才应运而生，层出不穷。

在空前的武装冲突的驱使下，一批批勇敢的士人和战士纷纷踏上了战场，参与了无数令人不堪回首的战斗，他们的目的仅仅是希望自己的国家能获得和平吗？鬼才知道。不过，他们中确有一批名副其实的铁血英雄，播扬过一种烈烈扬扬的生命意志，秉承着“成者为王、败者为寇”的政治逻辑，目光所及之处，即便是再冷僻的陋巷荒陌，也会因兴奋而变得炯炯有神。

变法，则是市场与人才间坚韧的链条。它以其磅礴的气势，诱人的魅力，召唤着一批又一批勇于向旧制度发起挑战的变法者去拼搏、去奋斗，吸引着一个个不甘落后的诸侯国家去探险、去斩棘、求追求。那时候，作为政治智囊、军事参谋、外交使节、思想精英、文教师长而活跃于天地翻覆的历史舞台上的“士”，在推动社会前进的同时，表现出自己强烈的独立意志，形成了自己鲜明的群体人格。儒家倡言“士不可以不弘毅，任重而道远”、“士而怀居，不足以为士矣”；道、墨、法、阴阳家提出“诸子纷纷则已言道矣，……皆自以为至极，而思以其道易天下者也”。还有，至今我们耳熟能详的名言："万物皆备于我矣"、"天将降大任于斯人也"。这些闪光的思想，绝非迂腐书生的口出狂言，而是这些群体博大胸怀与高远志向的自白。

战国给军事谋略家们提供了一个表演的舞台，军事人才是战国时代最炙手可热的宝贝，他们憧憬着它无限光明的前途。当然，争霸事业不是请客吃饭，不是绘画绣花，不会打仗，那就到边上歇菜去吧。

想在战争的舞台上大显身手的人，首先得有一两手绝活，光靠忽悠不是长久之计，尤其是平民去参政的先决条件就是必须具备一定的学识，其中向前人求学求知是一条必由之路。春秋晚期私学发展打破了"学在官府"的贵族垄断知识的局面，继而出现了百家争鸣的盛况。那时，社会上各阶级、阶层人士只要家里有点积蓄，都纷纷入学受教，以改变身份，获取官爵，显威扬名，学习的积极性空前高涨。为了在激烈的竞争中出人头地，禽滑厘师从于墨子，吴起从师曾子，张仪、苏秦俱师从于鬼谷子，孟子亦受学于子思，李斯"从荀卿学帝王之术"，春申君以"游学博闻"而"相楚二十五年"，蔡泽以"游学于诸侯"而被"拜为秦相"。

有了知识就有了本钱。于是一批出身并不高贵的人担任相职，开启了布衣卿相之先河。这些出身寒微的士人一旦为相，知识能力与吃苦精神交融在一起，很快平步青云，显赫一时。但他们十分明白，自己的利益附着于君权，本身没有什么根基、背景，能够吃上这碗饭实不容易，若失去相位，则地位一落千丈，只能织履为食，食粥为生。所以，布衣卿相们倍加珍惜自己的工作岗位，千方百计地好好表现自己，用自己的聪明才智博取君主的信任与欢心，不仅要随时观察，而且要入"官"随俗，取得广大民众的支持，以稳固自己的地位。

像著名的外交家、“合纵”秘书长苏秦，不仅家无良田，且其兄嫂、妻子都必须亲自劳作才能糊口。这一时期的士阶层身上，别看他们一副穷酸相，却个个有一股昂扬奋发、积极进取的精气神，都充满着纵横驰骋的渴望，建功立业的憧憬，杀身成仁的勇气，博取功名的冲动。一批批出身并不高贵的士人担任要职，走到前台操刀变法，从一个侧面反映了战国时期经济基础和上层建筑在迅速变革的社会政治面貌。而士阶层所独具的内在主观条件，就是他们的智慧、知识和才能。

还有的人为了博取功名，竟然不顾一切了。像前面讲到的楚国变法主持人吴起本来是卫国人，后来在鲁国做了将军。当时，齐国讨伐鲁国，鲁君没有其他选择，只能派颇有军事才能的吴起带兵迎战。但是，由于吴起的夫人是齐国人，这让鲁国人感到有点不放心，担心那个齐国的女婿是个“潜伏”者。这个想法一般情况下只能意会而不能言明，想不到在坊间流传了开来。吴起为了说明自己的忠心，更是为了通过打仗拨开晋升之路，结果将自己的老婆一刀抹了。为了功名，竟然杀妻的事情都干得出来，吴起后来在楚国的最后结果也算是一种“报应”吧。

难怪，200 多年前，一个叫马戛尔尼的英国人到中国来了一趟，回去后便一针见血地指出：“中国人没有宗教，如果有的话，那就是做官。”

不分平民与贵族，不分国界，不分品德，只要有富国强兵之术就能够参与政治甚至攫取大权。战国可谓是一个人才的“春天”。即便一个地位很低的士人，以三寸不烂之舌游说主人，议论古今，陈说利害，一经国君赏识，便可提拔为执政大臣，上为国排解忧患，下为自己博取富贵。

张仪本是魏国人，凭着他系统的连横学说，说服秦惠文王，并做到了国相；甘茂本是上蔡监门官史举的家臣，到了秦国后做到了秦武王的左丞相；范雎也是魏国人，以“远交近攻”之计为秦昭王欣然接受，拜为客卿，数年后拜相；燕人蔡泽先是做了秦国的客卿，也是因游说成功而做到秦昭王时的相国。他们以片言登青云，出入他国为客卿，由于他们在出生地的国度里并无贵族身份，某种程度上说，颇有点平民参政的色彩。

社会急需的优秀政治家、思想家、军事家、文学家等各类高素质人才大多汇集于士阶层，大多产生于士阶层，有的进入诸侯大夫的机构，有的独立于社会，形成一个具有真正意义的中国知识分子阶层。

战国时期是一个由奴隶社会向封建社会转变的社会大变革时代，也是一个由七国争霸走向统一的社会大组合时代。这样的时代为士阶层提供了空前的多样化的机遇，人才效应成为这一时代的一个最为显著的特征。他们当中的许多人顺乎时代潮流而动，在战国这一出威武雄壮的历史剧中始终扮演着主要角色。

《战国策·赵策三》载，有一位从魏国赴赵国任相的张相国于“众人广坐之中，未尝不言赵人之长者也，未尝不言赵俗之善者也”，其目的即在于讨得赵人欢心。他们也因国君的好恶而随时被任免，他们皆有益于国而无害于君。春申君黄歇担任楚相20多年，“虽名相国，实楚王也”；他“游学博闻”，写得一手好文章，似为士人出身；他担任楚相，权力甚大的时候，曾经有人劝他“代立当国，如伊尹、周公，王长而反政，不即遂南面称孤而有楚国”，但黄歇终不行此事。

不难理解，战国时期类似毛遂这样的人，自己推荐自己，要是换到现在，肯定会被扣上“自不量力”、“跑官要官”的帽子，可在战国时期这种想方设法为自己创造机会、成就事业的例子并不奇怪。这是时代的使然。

就这样，在那个血雨腥风、战乱频繁的动荡时代，也成了怀抱理想、渴望成功的列国游士们实现自身价值的最好时代。这样的时代，到底是好还是坏，很难说得清楚，但毫无疑问，那是一个绝对独特的时代，空前绝后。不然，就不会出现那么多具有独特个性的人。

我们应当承认这样一个事实，时间的橡皮擦似乎所向无敌，它能够将许许多多红极一时的名字擦得模糊难辨，但这些人才的名字只是蒙上了一层厚厚的灰尘，时间的橡皮擦对他们还是无可奈何的。

一部改革史，是与许许多多人才的个人活动紧密关联的，虽然那时充满变法精神的人才们无一例外地都是怀抱着个人的基本需求、最隐秘的欲望，以及他们身上根深蒂固的优长与弱点，跻身到变法的洪流之中，但只要他们的主张客观上成为社会进步的引擎，就可以认为他们的思想与实践是有利于国家和老百姓的。对于前人，不能用后人的框框去套他们。

那些"改善政治"、"法施于民"、"以死勤事"、"以劳定国"的战国人才们，作为统治阶级的有识之士，正是那种特定意义上的爱国主义者。这种精神力量鼓舞、驱使着古代、近代的改革家们勇于奉献、不惜牺牲。

战国时代，是个竞争时代，自然会人才辈出。这些知识精英生活在活泼的时代，使得变法运动波澜跌宕而又丰富多彩。

第二章

殊死变革为哪般

“一个人炫耀什么，说明内心缺少什么。”

这是一句把人的心理揣摩透的惯用语，一直在民间为人们所津津乐道。人是一个十分复杂的矛盾体，有时候说的与做的连自己也搞不清是怎么回事，嘴上叫得最响的，也许就是他心里最不愿做的。

战国七雄殊死变法，究竟是为了谁？按照当时主流的说法，那肯定就是为了“富国强兵”、为了“黎民百姓”。打出这样的旗号，一定为上下所接受，因为这是凝聚和统一各方共识的最大公约数。其实，七国君王和主持变法的改革家们内心是异常复杂的，同样一个变法措施的实施，依附着很多复杂的因素。让我们走进战国，到一个个历史的深处去寻寻觅觅，突然，你会瞪大眼睛大声叫道：原来如此！

不想眼睁睁等死

七雄征战不休，弱肉强食。在群雄并峙、诸侯虎争的大环境里，不是你吃掉我，就是我吞并了你，中间没有什么缓冲地带，更没有商量的余地。

这种残酷的生存方式对诸侯各国统治者构成了无形的但又实实在在的巨大压力，君王们十分清楚“落后要挨打”的道理。这些好似无法痊愈的伤口、难以忘却的噩梦、不可逾越的鸿沟，使他们在浓烈的硝烟中寝食难安。自夏、商、西周以来，人类社会就是一长串改朝换代的多米诺骨牌。要不想成为最后一张倒下的骨牌，只能从我开始，站住了不倒。不变法，不可能图强；不强大、不发展，就会成为最后倒下的那张“骨牌”，甚至绝嗣断后。

于是，各国都在寻找能够使国力强盛的渠道。时不我待，“一万年太久，只争朝夕”，谁改革早，谁改革彻底，谁就最有希望。生存和兼并战争在这时已演变成为革新、变法的竞争。

首开其端的魏文侯变法，就是这样出现的。“三家分晋”后，原来晋国的实力被一分为三，魏国在秦国虎狼之师东逼的压力下，最先成了秦军东进的攻击对象，且力量强弱悬殊，面临着丧地亡国的危险。

这并不是危言耸听，看看它的地理位置就清楚了。战国初期，魏国占有中原大部，拥有河东、河内以及河西、河南部分土地。在其四周，东为齐、南为楚、西为秦、北为赵，胸腹还包含着韩国领土的大部，是名副其实的“四面埋伏”，而且腹部还挨着“刀尖”。疆土除河东地区比较完整外，其他各处面积不大，又受到黄河与中条、王屋、太行诸山及韩、赵、秦等国领土的分隔，显得支离破碎，相互间来往联系很不方便。史籍上是这样记载魏国的：“跨今县二十三，余者，或微逾十县，或五六县，最小者不及三县。地势如此畸零，平时需逐处设备，一旦告警，则征调困难，实不易于立国。”这样的客观条件，不仅平时难以有效地进行治理，而且战时多处面临严重的威胁，很容易被分割。

为了守好这些分割零散的国土，魏国不得不四处设防，被迫占用了大量兵员，极大地影响了军队的集中使用。因此，将河东以外的各地拓展相连，以此巩固国防，保障国家的安全，成为魏国面临的重要任务之一。

魏国不仅国土零散、面积狭小，而且人地关系也十分紧张。魏国所在的主要疆土在今山西省西南部的河东和今河南省北部的河内。这里自古土地肥沃，经济发达，尤其是河东地区，不仅是魏国早期活动的核心地带，也是原来晋国的政治、经济中心。多年精心的经营与开发，使这里农业发达，物产丰富，交通便利，人口众多。司马迁曾说：“夫三河在天下之中，若鼎足，王者所更居也，建国各数百千岁，土地小狭，民人众。”这就是说，河东、河内与河南这三地居于天下的中心，好像鼎的三个足，是帝王们更迭建都的地方，建国各有数百年乃至上千年，这里土地狭小，人口众多。《商君书·徕民第十五》中对这里的人地关系是这样评价的：“彼土狭而民众，其宅参居而并处，其寡萌贾息民，上无通名，下无田宅，而恃奸务末作以处，人之复阴阳泽水者过半，此其土之不足以生其民也。”意思是，这里土地面积狭小，而人口众多，他们的房屋杂乱地交错在一起；其中经商之民向上不能填报自己的姓名，在下面又没有土地和住宅，却以狡诈的职业经商、从事手工业来维持生活；人们在山北山南和湖泽的低洼处挖洞居住的超过半数。这些国家的土地不够供养它的民众生存，似还超过了秦国民众不够用来住满其国土的程度。

人稠地狭，耕地不足，养民成为魏国突出的社会矛盾。百姓没有饭吃，你君王也别想坐稳自己的江山。当时，已经出现的这样的危险苗头。许多人迫于生计，在邻国优惠政策的吸引下，纷纷外流，“秦地旷而人寡，晋地狭而人稠，诱三晋之人，耕秦地，优其田宅，而使秦人应敌于外”。

在那个冷兵器与冷思维的年代里，对外扩张占据更多的土地资源是最直接、有效的解决办法。对魏国来说，急迫地需要向外开疆拓土，像齐、秦、楚、越国那样，成为地方千里乃至数千里的泱泱大国，从根本上解决问题，而这需要十分强大的军事、经济实力做后盾。

另外，对内如何利用有限的耕地资源，最大限度地发挥土地的效力和潜能，提高单位面积内的粮食产量，保障大家的基本生活，以维护国家正常的生产和生活秩序，就成为魏国的当务之急，这也是李悝“尽地力”之教变法的客观原因。

史载，公元前 418 年，秦国开始进攻魏国少梁；公元前 413 年，秦国又进攻魏国郑地，东边的齐国也趁火打劫，看到魏国疲于应付秦的军事攻击，派田白率军攻魏，毁掉魏国的黄城，围困阳狐。魏文侯正是在这种两面夹击的军事危困中，才“国乱思良臣”，重用李悝、吴起等人实行变法的。

内忧外患乃至于国破家亡的现实威胁，直接推动着各国君王先后走上了变法的道路。韩昭侯起用申不害“修术行道”，是因为他在即位后的 6 年中屡屡兵败于魏、赵、秦、宋国，丢城丧地后才着手开始的。据《史记·韩世家》载，韩昭侯拜申不害为相之前，正处在“秦败我马陵”、“秦败我西山”、“宋取我黄池”的战争窘境中，开始进行旨在加强王权的变法。

齐威王“纪检”式的变法举措，是在被逼得无路可走的情况下，才用来整肃吏治的。按《史记·田敬仲完世家》的说法：“齐威王元年，三晋因齐丧伐我灵丘。……六年，鲁伐我，入阳关。晋伐我至博陵。七年，卫伐我，取薛陵。九年，赵伐我，取甄。”这九年中，齐国是在“诸侯并伐”中度过的，所以齐威王才通过吏治改革，以求变法图强。齐威王如果不是当年他老爷子被三晋、秦、楚联军打得只剩下莒和即墨两座孤城外，可能还在昏睡百年呢！

同样，接其后踵的楚悼王变法，也是迫于这样严峻的生存威胁。

公元前 402 年，楚悼王刚刚即位时，摆在他面前的形势是相当严峻的：一方面，腐败而专横的旧贵族势力使得楚国已经暮气沉沉，毫无生机，用韩非的话说就是“大臣太重，封君太众”，以致“上逼主”、“下虐民”。另一方面，在军事上屡败于三晋。公元前 400 年，魏、赵、韩三国组成联军计伐楚国，部队已开到了乘丘城下。公元前 391 年，魏、赵、韩三国又与楚国战于大梁，结果楚军大败，被赶到了榆关，后来通过秦国的帮助才扭转战局。在此后的十余年间，楚国的处境始终是相当窘迫的，有时不得不忍辱含悲。是等着亡国，还是振作起来，大胆变法，扭转楚国衰败的势头呢？这是最使楚悼王夜不能寐的事了。恰在此时，吴起因受魏国大夫王错排挤，不远千里，来到了楚国。一年后，即公元前 382 年，楚悼王任命他为令尹之职，主持变法这个伟大的事业。

赵武灵王决计在赵国实行“胡服骑射”，是因为他即位后的十几年中屡屡兵败于齐、秦国和中山国的“侵暴吾地，系累吾民”。这成了赵国的“心腹之疾”。

燕昭王起用乐毅实行改革，目的在于防止再次被齐兵攻破，出现上次那种险些亡国的局面。

东方六国的变法基本上是倒逼出来的，起先许多君王和大臣们根本没有变法的意愿，形势所迫，实在混不下去了，只好“赶鸭子上架”。从根本上讲，战国时期的变法，是统治阶层中的有识之士挽救危局、维护统治之举，重在体制和政策的厘清和变通。它发生在国家机器不能正常运转，政治、经济和社会危机威胁到政权生存的危急时刻，目的是不能眼睁睁地看着靠诸侯这个体制吃饭的人们干等死。同时，各国变法的直接引擎是残酷的战争，因而在变法的内容上也体现着为战争服务的特点。

秦国变法的起因，既有东方六国“被倒逼”的无可奈何，也有他们内心图强的深谋远虑，真正是“该出手就出手”。在某种意义上说，他们的变法就是在与危机赛跑。

在战国七雄中，秦是比较落后的国家，“六国卑秦，不与之盟”，当时秦国被称为西戎，无论是政治还是文化、经济在七国之中地位都不高。在东方国家看来，秦国简直就是不折不扣的“蛮夷”。东方六国的一些文化人士甚至宣称：即使跳到河里淹死，也不愿意做秦国的子民。原因很简单，秦国太野蛮，作它的子民，简直是奇耻大辱。

屋漏偏逢连夜雨，船迟又遇打头风。秦国偏偏与强大的晋国是邻居，要不是有函谷关天险，他们几次差点亡国，因而希望能够强大起来的愿望更加迫切。

当时东方六国多已通过变法开始走向强盛，即“齐威、楚宣、魏惠、韩哀、赵成侯并”时期。相反，秦国的发展却处于停滞状态，常常受到来自东方六国的进攻，国土被侵占，如“三晋夺我先君河西地”，甚至有时还被“夷翟遇之”。秦国是在秦襄公之后才得到诸侯之位，因为当时国力软弱，军事上没有实力，被打到关中地区。如果再这么打下去，秦国人只能回去牧马，再次成为游牧民族。

为了改变这样的被动局面，秦孝公痛定思痛，下令在国中寻找能出奇计强秦的人才，图谋变法。他愤然喊出：“诸侯卑秦，丑莫大焉。”于是，中国历史上最彻底的一次最伟大的改革开始了。

要我变法还是我要变法，也就是主动变法还是被动变法，这种意愿是变法的原始动因，决定着变法的走向和长度。

主动变法，是自我革新，自我发展，必须具有充分的自信和大无畏的胆略，具有宽阔的视野和长远的目光，尤其需要一种居安思危的思想境界，进而始终掌握变法的主动权，掌握国家的命运与前途。而被动变法，则是一种无奈的举措和不得已而为之的行动，由于没有系统的顶层设计和战略规划，没有一种锲而不舍的劲头和“不到黄河心不死”的气概，因而常常瞻前顾后，停停走走，使得许多变法草草收场，给国家造成了严重的硬伤。

战略机遇期的“时间窗口”常常稍纵即逝，不同的变法初衷，就有不同的变法结果。我本将心向明月，奈何明月照沟渠。被动变法的结果，怎能不让那些君王们“英雄泪满襟”呢？

励精图治当自强

“千秋万岁名，寂寞身后事。”这是唐代著名诗人杜甫《梦李白二首·其二》中的最后一句，也是传诵了千年的名言佳句。诗的本意无非在劝道李白：老友啊，千万别羡慕帝王将相们，他们虽然留下了千秋万代的声名，那是寂寞身亡后的安慰，其实是没啥用的。

我们现在无法复制杜老夫子吟诗时的复杂心情了，肯定是“别有一番滋味在心头”，其中还有晚他一千多年后才被命名的“阿Q精神胜利法”。杜甫安慰老友心里想开些，同时也正说明了他对“千秋万岁名”一直在纠结着，无法实现这个夙愿，就以吃葡萄的心理予以抨击。

战国时期各国兴起的如火如荼的变法运动，除了当朝君王们面对灭顶之灾的现实应对外，他们内心深处还都有这样一个想法：通过奋发图强，给自己留下个“英君明主”的光荣称号，好让后人顶礼膜拜。

江山传到他们手上，谁也不认为自己是个笨蛋，谁都想大展一下宏图，即便身后再寂寞，也得先留下“千秋万岁”之名。于是，他们必须通过变法来实现图强的目标，以不负列祖列宗。在那个战乱无序的年代里，靠一路打出来的七雄以及在夹缝中生存下来的小国君王们，哪能不雄起呢？如果当了末代君王，即使你有天大的本事，即使你再鞠躬尽瘁，但毕竟名声不好，还会挨子孙后代的唾沫。

其实，历史上无数的统治者都希望身后被供奉在高堂大殿，享受芸芸众生的歌功颂德，享受子孙万代的赞美与鲜花。在他们的眼里，山川无言，嘉木无言，最经久的绿荫，最不朽的意志及最辉煌的荣耀，往往就含蕴于此。中国经过几千年、多少代美化神化的帝王，既是芸芸众生不懈追求的隐形动力，又是华夏民族用传统文化锤炼出来的精神坐标。

国人都知道，商朝早、中期王位继承并没有“父死子继”制的明确规定，可以是父死子继，也可以兄终弟及。到了商朝后期才确立父死子继制度。随着宗法制度的全面推行，西周确立了“嫡长子继承制”，并为封建社会的主体王朝所承袭。这种嫡长子继承的基本原则是：立嫡以长不以贤，立子以贵不以长。由此，王位继承制度有一个由不规范到规范的过程。

战国时期那些诸侯列国的君王们都是世袭下来的，国业就是家业，家业当然也是国业。“普天之下，莫非王土，率土之滨，莫非王臣。”他们的潜意识里，就是像他们的后起之秀嬴政那样，从始皇帝的一世至万世，再到皇帝的万岁万岁万万岁。现在想想，那些帝王们也真够贪的，不但想江山万年，还想要享国万年，特别是历代开国皇帝都想要建立一个永久的王朝。

君王是国家的最高统治者，拥有法律制定权、行政决策权和军事指挥权等，权力至高无上，唯我独尊。通过变法建立一个强大的帝国，对于一个国家的君王来说，不仅能带来权力的极大的扩充，也能带来很大的荣耀，历史上留名，可谓名利双收。

秦国早期流传过两则神秘预言，一则是舜帝“秦人将大出天下”，另一则是老子关于秦国统一天下。两则预言能见诸《史记》，足以证明这在当时是广为人知的。但是，历史的事实是，秦国执政阶层始终没有“坐等天意变成事实”的连门板也挡不住的运气，而是七代英君自强努力，不断创造煌煌伟业。

秦族群自公元前770年由周平王封为诸侯，到战国初期近400年中，经历了秦襄公、秦文公、秦穆公等25公，也就是国君。秦地素来民风蛮勇，打仗是把好手，但上述25位国君大多碌碌无为、建树不多，蛮勇的民风没有被开发利用起来。公元前659年，君王的“接力棒”交给了秦穆公，天意偏爱，让他在位39年，称霸西戎，协助逃亡在外的晋文公回晋夺取君位，打击位于函谷关以西的小诸侯、开地千里，被周襄王任命为西方诸侯之伯。秦穆公还发现重用了百里奚等贤臣良将，使秦国变化很大，由此成为同期的春秋五霸之一，也给历史留下了秦穆公用五张羊皮换来五位贤人的千古佳话。尽管这样，因秦国处于西部一隅，国穷民蛮，东方诸侯列国对秦国仍然漠视，秦国人还是二等公民，没有多少“国际地位”。

到秦厉共公时代，天下已经进入战国时代，放眼中原，这场淘汰赛的胜者已所剩无几。在秦国的东面，晋国的国力在没有休止的内斗中被一点点耗尽，曾经强悍一时的齐国也在两姓交替的倾轧中煎熬，楚国则出现了一连串平庸的国君，只有越王勾践独霸东方，却因距离秦国太远，而无法对秦国构成威胁。

秦厉共公之后，秦国又经历了秦躁公、秦怀公、秦灵公、秦简公、秦惠公、秦出子及秦献公八君，才进入秦孝公执掌时期。此时，战国时代已经飞逝了超过三分之一的时间了。他即位第一年，就做了两件大事：军事上出兵“东围陕城”，平定獂戎，斩了獂王；政治上以招贤令取才于天下。

当初，先辈们留给秦孝公的虽然不能说是一个烂摊子，但也没有什么厚实的“家底”，他一切都隐藏在“思念先君之意”的潜台词中。此时的秦国，尽管国力仍在增强，但和其他国家相比，未免相形见绌，保守势力仍然拖累着秦国，使国家不能迈开脚步，连秦简公准备实行允许官吏像贵族一样佩剑、承认私田这样的微型变法，都难以展开手脚。

发展缓慢，内斗不休，终于让秦孝公坐不住了，他感觉到了不进则退的危险，更想到可怕的未来。一方面，因为秦国建立于周平王东迁、开创东周的时代，历史比东方各国，如齐、鲁、燕国等，整整短了一个西周时代；另一方面，因为地处边陲，在华夏核心文明圈与边塞游牧文明圈的交叉点上，中原人士不愿意前往，因而人才奇缺，成为秦国发展的瓶颈。

世界上什么最宝贵？人才。秦孝公深刻地意识到这一点。卫鞅（后封于商，称商鞅）就是在这个节点上来到秦国的。他在准确的时间出现在了恰当的地点，并且遇上了一个恰当的君主。这人，就是秦孝公。

英君图强的强烈渴望与内外交困的现状，给了商鞅重新分配爵禄的机会。从此，秦国官场裙带的链条被他无情地斩断了，那些占尽血缘优势的人与爵禄渐行渐远，而那些真正勇武的战士开始走到最重要的位置上。

下面，再看看赵国君王们的变法心态。

前些年，电影《赵氏孤儿》走红大江南北，让制片人和导演赚足了票房，同时也让这个故事家喻户晓。“赵氏孤儿案”发生在公元前 630 年，晋灵公手下的武将屠岸贾与忠臣赵盾不和，原因是嫉妒赵盾之子赵朔成为驸马，自己没有与晋灵公攀上亲家，竟然灭了赵盾家族 300 人，仅剩的遗孤被程婴救出并逃出了一劫。于是，屠岸贾下令将全国一月至半岁的婴儿全部杀尽，以绝后患。程婴遂与老臣公孙杵臼上演“偷天换日”之计，以牺牲儿子为代价，成功保住赵氏最后血脉。20 年后，孤儿赵武长大成人，程婴将国仇家恨一五一十地告诉了他，终于使他报了前仇。

这个悲壮了数千年的故事，反映了忠正与奸邪的矛盾冲突，反映了权奸的凶残本质，传颂了为维护正义、舍己为人的高贵品质，真是气势悲壮，感人肺腑。如果没有这段传奇的故事，战国时代的名门望族赵氏何能复兴？后来何能有雄霸天下的赵简子、赵襄子？何能有韩、赵、魏三家分晋？何能有后世的“三晋”称谓呢？

对于一个家族、一代后人来说，先人们的筚路蓝缕，或是家仇国恨，如果能够正确对待，就是一种永恒的历史能量，永远会对子孙后代产生强大的激励作用，不断地去达到历史新高。

公元前 340 年，赵国传至赵武灵王时，他所推行的“胡服骑射”政策使赵国的实力大幅提升，成为最后与秦国逐鹿天下的最大竞争者。可是，赵武灵王的自强业绩，完全是一个古代版的苦难辉煌。

这个辉煌故事还得从他的父亲说去。公元前 326 年，也就是赵肃侯二十四年，他老人家驾鹤西去，魏、楚、秦、燕、齐五国各派精锐之师万人来参加会葬。赵肃侯生前英雄一世，与魏、楚、秦、燕、齐等国连年恶战而没有吃过大亏，赵国俨然是北方的新霸主。魏惠王后期，赵肃侯听从苏秦之言，连续发动“合纵”攻势打击魏国，使魏国的百年霸业再次受到严重削弱，为赵国向中原发展摆平了最强大的一个敌人。现在赵肃侯死后，魏惠王立即联合楚、秦、燕、齐四国以会葬为名，各派精兵，趁赵国新君年幼之际，伺机吃掉赵国。这真是“来者不善，善者不来”啊！

对于 15 岁的少年赵武灵王来说，当时正深陷失父的悲痛之中，现在又遇上父亲葬礼上的凶险，搞不好赵国就会被五国联军灭掉。这时，赵肃侯的托孤重臣肥义站了起来，授意赵武灵王采取针锋相对的强硬应对措施，抱着鱼死网破的态度，摆开决战的架势来迎接这些居心叵测的吊唁使者。同时，多措并举，硬软共用，真正“以两手对两手”。

一方面，赵武灵王命令赵国全境进入戒严状态，代郡、太原郡、上党郡和邯郸的赵军进入一级战备，准备随时战斗。联合韩国和宋国这两个位于魏、楚、齐国之间的国家一齐动手，使赵、韩、宋三国形成品字形结构，将魏、楚、齐等国家置于两面受敌或者三面受敌的被动局面。

另一方面，重赂越王无疆，支持他进攻楚国，先把与赵国不搭界的楚国的注意力转移到它的老对手越国身上去。重赂楼烦王攻击燕国和中山国。中山国虽然不是一流的强国，但由于楔入赵国的版图内，经常受齐国的指使从背后攻击赵国的都城邯郸，对赵国的威胁比外部的强敌更大。中山国在楼烦的攻击下，也无暇顾及对赵国的趁火打劫了。在去掉了燕、楚两个强敌后，魏、齐集团对赵、韩、宋集团就没有什么优势了。

完成了这些战略布局后，赵武灵王命令来会葬的五国军队不得进入赵国边境，只许五国使者携带各国君王的吊唁之物入境，由赵国负责接待的大臣将他们直接送往邯郸。魏、秦、齐见赵国重兵待客，戒备森严，而且赵、韩、宋三国联盟已成，不得不打消了借机占赵国便宜的念头。五国使者入赵后，见赵国精锐云集邯郸，战争一触即发，不敢有任何的轻举妄动。于是，赵武灵王厚葬其父之后，使者们便匆匆离去。魏惠王发起的联合图赵的阴谋就这样被赵武灵王挫败了。

年少的赵武灵王初涉君位就经受住了如此严峻的考验，真是很不容易啊！通过这一场惊吓，更让他明白的是，如果国家不强大，即使躲了初一，也未必能躲过十五，必须加快推进军事变法，免得往后再有什么担惊受怕的事。“胡服骑射”实质就是同周边国家的军事竞争，同时还解决了以代郡和邯郸为代表的两种文化、两种政治势力造成的南北分裂局面。

英君以自强而立，自强让英君万世流芳。何能自强，唯有变法。

后人根据战国时期的史料，按照文治武功的业绩，给各国有作为的君主弄了个排名。这个排名不分先后，可能有点主观因素，毕竟每个人的看法不尽相同，但衡量的标准基本上都定在开疆拓土、实现中兴等方面。这类君王有十位：齐威王、齐宣王、秦孝公、秦惠文王、秦昭襄王、赵武灵王、燕昭王、秦武王、楚庄王、秦王嬴政。他们哪个不是想当英君明主，哪个不是敢作敢为、勇于担当的“纯爷们”？他们在当时大有作为，也为后世留下丰厚遗产，因而把自己的赫赫威名留在了青史上。

英君是这样，庸君也何尝不想如此。

齐国的末代君王田建，公元前264年至前221年在位，在位长达44年。其中，有长达41年的时间国家因为得到太后、君王后的扶持而得到安定，同时由于秦国实行“远交近攻”的策略，笼络齐国，先攻韩国、魏国、赵国等三晋，才得以安享太平。在君王的宝座上，他也整天折腾一些事情，不断讨好秦国，以为抱着秦国这条大腿就会国运昌盛，从而使齐国以最小的代价换来最大稳定效益，在国人面前乃至子孙后代树立起“仁君”、“智君”的形象。

追求名利，追求不朽，是人世间从没灭绝过的欲望，谁也没有必要去更改追求者的属性。但是，中国的专制历史如同一个巨大的黑洞。如果说，周朝创建伊始是这个黑洞的入口，那么战国七雄诸君则爬至在这个黑洞的入口的不远处，后面的路还长着呢。

青史留名也好，无声无息也罢，再强大的人都无法更改生死规律，只有那些勇敢者，只有那些敢于变法的勇者，才会让自己的思想和事业永远不死。他们不畏艰难的精神，他们潇洒的步履，总是展现在人们最希望看到的旅途中，尤其是世人充满困惑的道路上。

当然，当他们把个人梦作为变法的动力时，不知不觉地走上专制轨道，而专制的政治资源和文化资源全都耗尽之后，剩下的是由专制的心理和专制的病菌，构成一种专制的习惯势力，支撑着专制的政治体制。

这是战国君王们始料得到的，但又都不愿意改变的。

王位才是真正的“圆心”

变法实践的边界线与变法之君的利益边界线是一条完全重叠的复合线。以王位为圆心、以变法利益半径划出的圆，就是最大的变法范围。半径线再长，变法舞台再大，都始终离不开“圆心”的。

梳理中国早期的历史，可以得出这样一个结论：春秋是一个争霸的时代，战国是一个争王的时代。争霸，主要是争家长权。于是，春秋五霸相继出现，挟天子以令诸侯。争王是要通吃，于是，战国七雄应运而生。

《淮南子·要略》中的“孝公欲以虎狼之势而吞并诸侯，故商鞅之法生焉”，道出了各国变法之君的最终目标是兼并天下。秦孝公没有什么“国际主义”精神，也没有当“活雷锋”的思想，他兼并天下的目的，就是将别国的版图纳入他的领地，而自己要当天下的“一把手”。后来嬴政的实践也正说明了这一点。

“天下”与“王位”是一枚硬币的两个面，没有天下岂有王位，而“家天下”的体制里，天下的命运全都维系在王位上。在君王们治国理政的逻辑里，第一要务是要把王位坐稳，尔后再考虑社稷稳定，让百姓在自己的恩赐下过着由他主宰的日子。

诸侯列国的君王们能有如此想法，直接的原因是周王室连名义上的共主地位也没有了，苟且偷生地在洛阳一带勉强维持。西周初年营建洛邑时，共修建了两座城。西边的方圆十七里，叫王城，东边的小些，叫成周。后来由于王室内部争权和分封，先后出现了居于王城的西周公，和以巩邑也就是今天的河南巩义市为都城的东周公，真正的天子周显王寄居于东周公治下。

唯有如此社会土壤，才有如此政治风尚。唯有如此政治风尚，才有如此的政治大胆。

《韩非子·六反》中有这样一段话：“法禁明则官法，一官官（民）治则国富，国富则兵强，而霸王之业成矣。”意思是，实行新法便可以富国，富国则可以强兵，强兵则霸王之业可成。这就是韩非的“变法革新—富国强兵—霸王之业”的公式，较为完整地概括了战国君王们变法的“自觉意图”和“预期目的”。至于变法革新措施的实施在社会各个领域所产生的一系列后果，特别是实现中国社会由奴隶制向封建制的飞跃，则是变法者眼里的“副产品”。

坐牢王位，他们就去“替天行道”吗？不是。他们一旦为君，就贪图一己之私，纵情享受，舍不得放弃这个宝座，争夺得你死我活。至于王位稳定带来的自己权力快感，那是就是被打死了也不会说来的。这是天大的隐私，同时也公开的秘密。

战国七雄的每一雄，每一雄的每一任君王的历史史，几乎每一页都涂上百姓的鲜血。为的是啥？为的是五种最大的特权。

其一，最大的占有权。他们在武力统治区内拥有一切物质和奴役一切人的权力。“普天之下，莫非王土；率土之滨，莫非王臣。”这句话集中地表达了君王的占有权。

其二，最大的生杀予夺之权。他们处于社会各个阶层的巅峰，具有支配一切的权力，只要有需要，他可以随意杀人，不需要任何理由和法律依据，也无须顾及亲情、友情、君臣之情。

其三，最高的荣誉之权。在被人们推崇为“万乘之尊”、“海内一人”的君王周围，往往云集着一群又一群的马屁精，为君王歌功颂德，把最好最美的颂词堆在他们的身上，把最有影响的武功、事功记在他们的名下。

其四，最大的物质享受之权。君王们的物质享受都是处于当时全国最高级别的。只有上古时代的帝王，因受社会生产力低下的局限，不可能具备锦衣玉食的物质生活条件，才会冬住“营窟”，就是土穴，夏居“橧巢”，也就是树枝搭造的鸟窝形住所。

其五，最大的性满足之权。全国的美女都供君王一人享受，他有权在全国公开选美。在私有化时代，性的权力不是均等的。后宫之内，是帷帐深处的风流与艰险，是权力背后的八卦，绝大多数观览者的目光都会变得异常尖利和敏锐，印证着自己对君王私生活的丰富想象。朱大可说过，“美女不仅是细腰的性奴，也是镶嵌在权杖上的宝石。”

所以，王者必霸，王者必争。一个人要当上君王，特别是开国之君，必须靠武力和争夺，不可能像孟子说的那样推行“仁政”。从夏、商、西周三代以来，每逢改朝换代，总会杀人盈野。周初，据说大小诸侯国家还有好几百个，春秋时代就只剩下一百多个了，战国时代就只剩下七个大国了，都是奴隶主之间为了扩张自己的土地和权势，互相厮杀的结果。最后，杀人最多的秦始皇统一了天下，最大限度地满足了他个人的欲望。同时，他还得到了很佳的社会效果：分裂变为统一，战乱变为安定，人民生活获得一时的安全，生产获得一定的提高，社会得到一定的发展。

积贫积弱时，千方百计招揽人才，变法图强。对于君王们内心来讲，变法的实质是典型的武力征伐的专制独裁，是为了满足他们个人的享受欲、权力欲、荣誉欲等。当变法一旦成功了，天下富庶了，世道太平了，君王家族的内部又在王位的宝座上打圈圈了，都想将这把“交椅”传子传孙，最好直到永远。

说到这里，又要涉及赵武灵王了。他英武一世，本可成就更大的伟业，遗憾的是他所坐的王椅惹出了祸，弄得几个儿子争斗不息。

公元前 299 年，赵武灵王不知道哪根神经搭错了线，突然宣布提前退位，让位给自己的小儿子何，自称主父，退居幕后，以便全力扶持。当惯“一把手”的赵武灵王退居二线后并没有安心养老的意思，在国家战略的重大问题上还是保持着非常英武的眼光和锐气。他甚至酝酿了主动对秦国发动进攻的计划，准备绕开函谷关，从北边的云中、九原等地攻入秦国，并为此亲自巡视了地形。更为厉害的是，为了充分了解秦国的军政国事，他还干出了一幕骇人听闻的事情，竟然冒充使者进入秦国，在朝堂上亲自观察秦昭襄王。后来秦国知道了这件事情真相后，朝野上下一片震惊，大家背上都冒了一身冷汗。

这个举动让人想起当年俄罗斯的彼得大帝，也是为了深切了解西方，不惜隐瞒身份在欧洲打工一年。应当肯定，这些都是有雄才大略的人啊！

赵武灵王的大儿子赵章对自己没有弄上王位心存不满。大臣李兑看出了问题，对相国肥义说："公子章正当壮年，心腹众多，野心很大，而田不礼为人狠辣傲慢。这两人弄到一起，一定会出乱子。你是国相，出事的话，一定从你这里开始。我看你还是称病退养，把国事交给公子成吧。"

肥义说："那怎么行呢？当初主父把新王托付给我，要我好好地辅佐他，如今怎么能因为怕事就退缩呢？我知道你说得对，但是我只有尽忠尽职而后已。"

李兑很伤心地说："既然如此，那你勉力吧，只是恐怕明年都不一定看得到你了。"

李兑出来后又几次找到公子成，安排对赵章和田不礼的防范措施。肥义也看到了问题的严重性，交代信期说："以后见大王的人，让他来先见我，没有问题了，我再让大王出来。"

第二年，有次群臣朝拜事毕，随后出去沙丘游猎，赵武灵王和赵惠文王分住在两处。公子赵章派人诈传主父令说召见惠文王，肥义先去了，结果被杀了。高信立刻带人就地保护惠文王。很快，赵成和李兑也迅速带兵赶到了，消灭了赵章的党徒。

赵章逃到了他老子那里，赵武灵王心痛儿子，把他藏了起来。可是公子成和李兑并没有罢休，带人冲了进去杀了赵章。估计当时赵武灵王的反应非常激烈，出了主父宫的公子成和李兑商量说："事情过后，恐怕主父要灭我们的族啊。"于是，一不做，二不休，把宫里的人全部赶出来，单独把赵武灵王一个人困在里面，不给食物也不给水。英雄末路的赵武灵王饿得只有在宫里爬树掏鸟窝，他居然坚持了很久。三个月后，赵武灵王饿死在沙丘宫。

就这样，为了王位而变法，大家同心协力，最后又为了王位而弑君谋国，强者称霸的法则在战国时期大行其道。

公元前 401 年，"盗"杀楚声王，其子熊疑继位，是为楚悼王。

公元前 316 年，燕王哙让位于首相，结果爆发国乱，燕王和国相在两年后一起被杀。

公元前 286 年，宋国被齐国攻灭，宋康王在混乱中被近臣杀死。

公元前 284 年，齐国被燕国攻陷，齐闵王出逃过程中被近臣虐杀。

最典型的要算齐国易君了，也标志着战国乱幕的开始。

齐平公姜骜于公元前 456 年去世后，其子姜积被立为齐国国君，史称齐宣公。齐国相国田常去世以后，其子田盘做了齐国的相国。田盘在做齐国相国期间逐渐把国内各个主要城镇的长官都换成了田氏族人担任，使田氏几乎拥有了整个齐国。公元前 405 年，韩、赵、魏三国进攻齐国，齐国派出牛子、括子、无害子三位将军前去迎战，为了让三国退兵，把国君齐宣公姜积交给了魏国，使齐宣公成为俘虏。可见，在当时的齐国，姜氏国君已经到了可有可无的地步，齐国的大权已经完全被田氏家族掌控了。

齐宣公姜积被俘以后，田氏又立齐宣公之子姜贷为齐国国君，史称齐康公，这是姜氏齐国的最后一位国君。到了公元前 387 年，齐相田和与魏国国王魏文侯在浊泽会见，此时魏国的实力比较强大，因而田和请求魏文侯帮助自己立为诸侯，魏文侯就派出使者将此事告诉了周天子和各位诸侯，竟得到了周天子的许可。

围绕王位这个“圆心”，一场场君王更替的闹剧，有时竟然被美名为变法的胜利。

为争王位，杀戮成为了一个潜规则，成为了帝国的一种政治文化。再说远一点，中国封建时代 617 位帝王中，被杀、俘杀、赐死、自杀者有 305 人，占帝王总数的 49%。

中国的帝王制度，催生了变法的原动力。为了坐上这把龙椅，斩荆披棘，筚路蓝缕，一切都不在话下，甚至声誉、道德、良心等都可以全然不顾。当真正的变法成功之后，觊觎王位的“伪变法”又悄然兴起。这种“城头变幻大王旗”下的努力，直接维护了世界上独一无二的封建专制的漫长性和一人独裁的特殊性，也间接维护了中国数千年来的“分久必合，合久必分”的大一统的局面。

在这个“圆心”的周围，岁月的迷宫会让清醒头脑胀得发昏，晨钟暮鼓的音响总是那样的诡秘和乖戾。

第三章

道路是核心

“理论，都是灰色的，唯有生命之树常青。”

这句流传极广的名言，出自于德国诗人歌德的诗剧《浮士德》剧中魔鬼菲斯特斐勒司之口。“魔鬼”所言，难免“胡说”。其实，一切反映客观规律且与时俱进的理论，同样是常青之树。

战国变法需要实践的开拓，也需要历史的借鉴，对变法的领导者和组织者来说，更迫切的是需要理论的指导。当时，各国都面临着如何妥善解决内政和外交两大课题，也可以说都面临着生死的选择。在这多元的、动荡的、竞争的年代，变法的成功与否，很大程度上取决于引导变法实践的“指针”——理论是否正确。

成也法家，败也法家

战国时期肯定没有“道路”、“方针”之词，但轰轰烈烈的变法运动的确有个道路选择、方针指引问题。道路问题，说到底是个理论问题，再说明白一点，就是按照哪一套去做。事实上，失去理论支撑的变法注定是苍白无力的，不切合实际的理论也必然是贫血孱弱的。

在先秦诸子中，对于治国这样头等大事，儒家提倡“仁爱”，墨家主张“兼爱”，而道家则认为，仁爱和兼爱都不能救世，唯一的方法就是什么都不做，并将之命名为“无为”思想。三家激烈争论，但他们的主张谁也没有占上风。此时，主张面对未来的法家横空出世。“富国强兵”是法家的口号，是他们所追求的政治目标。

纵观人类社会发展的历史，每个国家每个时期治国的道路选择不外乎有两种，一个是刚性的，也是就是依法治国；另一个是柔性的，那就是以德治国。前者更多地体现在法家思想里，后者则体现在儒家思想里。何时选择何种思想，那就要从当时的实际情况出发，兼顾方方面面的因素，一切都要把握到位，正如老子在《道德经》第六十章中云：“治大国，若烹小鲜。”

法家思想的信仰者认为，治国不仅需要有贤明之主，而且更重要的是要严厉“法治”，用地主阶级的“法”去代替奴隶主阶级的“礼”，做到一切断于法。

法家创始者首推管仲，其次是商鞅、慎到、申不害，是他们三位完善了理论体系，分别提倡重法、重势、重术，各有特点。韩非是法家思想的集大成者，提出了将三者紧密结合的思想。法，是指健全法制；势，指的是君王要独掌军政大权；术，是指的驾驭群臣、掌握政权、推行法令的策略和手段，并主要是察觉、防止犯上作乱，维护君主地位。

法家，是先秦诸子中的另类。在先秦诸子诸家当中，唯独法家的思想是必须献出性命来实践、流出鲜血来祭奠，是血染的思想。为之流血的、付出生命的，不但有当时许多有罪或者无辜的贵族和贫民，还有法家学派的代表人物。比如商鞅和韩非，就是以身殉“法”的。

他们的立论基石并不复杂，就是当时的新兴地主阶级反对贵族垄断经济和政治利益的世袭特权，主张土地私有、按功劳与才干授予官职，这是很公平的，也是十分正确的主张。而维护贵族特权的礼制则是落后的，不公平的。法律的第一个作用就是“定分止争”，也就是明确物质的所有权。其中著名的法家人物慎到早就做了个很浅显的比喻：“一兔走，百人追之。积兔于市，过而不顾。非不欲兔，分定不可争也。”意思是说，一个兔子跑，很多的人去追，但对于集市上的那么多的兔子，却看也不看。这不是不想要兔子，而是所有权已经确定，不能再争夺了，否则就是违背法律，要受到制裁。

商鞅等人运用法家学说的核心点，就是人的本性与社会功用。这是法家之法的根源、法理和法用。这些与今天意义上的法律是有明显区别的。在那个乱成一团麻的年代里，法家学说比其他各家学说更适合当时各个诸侯国的国情，更具有实践上的意义，并指导了战国时期的社会改革。法家思想并非像后来的"阶级斗争一抓紧就灵"，但在当时确有它管用之处。有人做过这样一个总结，那就是：德之为用，过于迂用；术之为用，则立竿见影。原因在哪里呢？在于它的主要主张：

一是一断于法：在治国的方针策略上，主张"一断于法"，将法律作为治理国家的基本手段。

二是刑无等级：在法律适用上，主张制定并执行相对公正、平等的法律，在保障国家和君王利益的基础上，平等地适用法律，使全社会都在法律的约束下生活，无论贵贱一律平等，即所谓"刑过不避大臣，赏善不遗匹夫"。

三是轻罪重刑：在法律内容上，主张用严刑峻法达到以法治国的目的。

四是法布于众：与"以法治国"等原则的要求相适应，主张向全社会公布国家的法律，让全体臣民都知法守法，从而否定了奴隶制下的法律秘密操纵的黑暗状态。

当时，孟子积极推行"王道"。王道，是与霸道相对的一种治国理念。古人相信，王道是黄帝开始倡导的圣王治国之道，基本精神是仁义治天下，以德服人，亦称为德政。在西周之前，王道的实行手段是现代法治理论称之为既定的社会传统习俗。西周王天下，周公制订了系统的礼制度，将夏、商两代的社会规则系统归纳，又加以适合当时需要的若干创造，形成了当时最具系统性的行为法度——周礼。

王道礼治，在治国实践中有三方面的基本特征：其一，治民奉行德治仁政，原则上反对强迫性实施压服的国家行为。其二，邦交之道奉行宾服礼让，原则上反对相互用兵征伐。其三，国君传承上，既实行世袭制，又推崇禅让制。

孟子看到了战争对战国时期整个社会带来的危害，所以他提出“王道”，就是以德化人，达到“天下定于一”，从而能够建立一个施行“王道”的理想国，构建一个强大有力的中央集权来均衡牵制各小群体，使得这些小群体不能因为利益分配不均而引发暴力冲突，进而达到一种相对和平的状态。同时，孟子也意识到在施行“王道”的过程中，不可能仅依靠君主个体的力量去完成，所以在他的“仁政”思想里，提出了很多对平民有利的措施，如“取民有制”、“关市讥而不征”、“不违农时”、“斧斤以时入山林”、“制民之产”这些措施，都是为了提高平民的生活水平，使得老百姓“仰足以事父母，俯足以蓄妻子，乐岁终身饱，凶年免于死亡”。

利民势必会得到民众的拥护，从而壮大自身的力量，为孟子所提倡的符合正义的战争提供有力的支持。同时孟子还意识到要在整个社会中形成良好的风气，使得民众心悦诚服地接受统治者的统治就必须对其进行教化，所以他提出了“谨庠序之教，申之以孝悌之义。”

在这方面，以恢复周礼为主要使命的孔子、孟子等儒家守旧势力，消极地把治国安邦的希望寄托在施行“仁政”的贤明的君王身上，并提出了一系列的理论。说实在话，他们的“礼乐征伐自天子出”，以及“教化”等学说，对完善自我修养的“小我”而言，不是没有道理的，但将国家治乱、民族兴衰和百姓幸福系于一个“仁君”的“仁治”之策上，未免有点理想化了。

变法之初，诸侯各国的变法家们拿起了法家理论这个思想武器，对种种守旧观点进行了猛烈的批驳，变法的序幕也就在这场舆论战、理论战中拉开了。

在赵国，是赵武灵王、肥义的“理世不必一道，便国不必法古”的理论驳斥了公子成、赵文、赵造、周俊、赵俊等守旧宗室大臣们的“循法无过”、“圣人不易民而教”的理论，胡服骑射的法令才得以在赵国颁布施行。

在魏国，魏文侯向他的大理论家李克询问“为国之道”和“刑罚之源”时，李克向他提出了“食有劳而禄有功，使有能而赏必行罚必当”、“夺淫民之禄以来四方之士”的原则，这原则被接受并立即付诸实施。

重要的法家人物大多出现在秦国以东地区，例如魏国的李悝，赵国的慎到，卫国的吴起、商鞅，郑国的申不害，韩国的韩非，楚国的李斯等。他们先后在各个故国发起了变法运动，有的彻底，也有的不够彻底。

在楚国，吴起鉴于楚国“大臣太重，封君太众，上逼主而下虐民”的状况，力排众议，提出了“均楚国之爵而平其禄，损有余而补其不足，善治甲兵，观时以争利于天下”的理论，继而在楚国制定并颁布了“使封君之子孙三世而收其爵禄”、“损不急之枝官以奉选练之士”、“令贵人往实广虚之地”、“塞私门之请”、“抚养战斗之士”等一系列变法新令和措施，以期达到“要在强兵”的目的。

在秦国，对于儒家和墨家倡导的各种主张，商鞅相信秦孝公是不会选择的。在诸子百家中，儒家最蔑视秦国，秦人也最厌恶儒家。儒家士子不入秦，几乎是天下皆知。儒家的“仁政”、“礼制”、恢复“井田制”等根本主张，秦国也和其他国家一样嗤之以鼻。秦孝公不会看中儒家，当时有两个事例说明了这一点。其一，在内部，上大夫甘龙就是东方甘国的名儒子弟，他推行的那一套，让嬴渠梁即位后权力日渐萎缩；其二，在外部，秦国求贤令发出后，曾秘密要求在各国活动的密使，尽可能设法少让儒家士子到秦国来传教。

那时，各派思想家面临的社会背景是这样的，各诸侯国统治者为了在兼并战争中赢得主动地位，都纷纷向社会网罗人才。而游说之士这一新兴阶层为了获得更高的社会地位和社会荣誉感，纷纷为各诸侯国的统治者出谋献策。孟子的“王道”政治注定了有诸多的竞争对手，何况“王道”思想本身存在着与当时社会主流思想相违背的缺点。其中的“弱伦理控制”不能适应于“礼崩乐坏”的战国社会，“井田制”不能适应较周朝来说已经明显提高了的战国时期生产力的发展等。应当说，孟子这一套虽然也有“治国平天下”，政治理念和实施措施在理论构建的逻辑关系上比较完善，但更多地被“礼”和“义”绑架了，很少用到实践中去，加之他又不肯降低标准，没有这样的社会人文基础，所以他像其祖师爷孔子当年一样，没能把“仁政”的主张推销出去，而且仿佛成为一只“丧家犬”，这是儒家人不得不深思的问题。

这里，还有一个事例足以说明了儒家思想在战国时的处境。

一次，张仪嬉笑怒骂孟子，大殿中竟是鸦雀无声，只有张仪那激越的声音时高时低，时缓时急。他骂孟子是什么呢？有史记载：

自儒家问世，尔等从不给天下生机活力，总是呼喝人们亦步亦趋，因循拘泥。天下诸侯，从春秋三百六十，到今日战国三十二，三五百年中，竟是没有一个国家敢用尔等。儒家至大，无人敢用么？非也！说到底，谁用儒家，谁家灭亡！方今大争之世，若得儒家治国理民，天下便是茹毛饮血！孟夫子啊，千百年之后，也许后辈子孙忽然不肖，忽然想万世不移，忽然想让国人泯灭雄心，儒家僵尸也许会被抬出来，孔孟二位，或可陪享社稷吃冷猪肉，成为大圣大贤。然则，那已经是千秋大梦了，绝非尔等生身时代的真相！儒家在这个大争之世，充其量，不过一群毫无用处的蛀书虫而已！

末了，张仪竟是哈哈地仰天大笑。

从这个例子来看，儒家在战国时期实在没有什么市场，除了其本身的理论体系有点不合时宜外，传播者缺乏变通也是一个致命的短板。孔子本身倡导因材施教、循序渐进，但他的徒子徒孙们是一帮拙劣的推销员，游说列国时基本上都是慢条斯理地说教。而战国时期诸侯们要的是立竿见影、要的是现实成效，有谁吃饱了撑的，天天听他们上政治课呢？

李悝是孔丘门徒子夏的学生，受过儒家思想的熏陶，并发展了儒家思想，所以《汉书·艺文志》儒家著作中收录了李悝七篇。李悝曾使魏国实现了一时的国富兵强，同时也成为了战国初期一个著名的政治家，是一个由儒家转为法家的人，后来成为法家的始祖之一。

当时，墨家的情况又是如何呢？

虽然它是天下最简朴、最勤奋、最巧思、最主张正义且最有实际战力的团体学派，但“息兵”和“兼爱非攻”两点主张，在任何一个诸侯国都是行不通的。如果秦孝公要选墨家，可以说最容易的，因为墨家曾经有一段时间里以秦国南部大山为学派总部，应该说和秦国很有渊源的，但它的主张为秦孝公不屑。

战国那时人们很重视天，天在人们社会生活中经常被视为主宰神，顺天敬天畏天，就成为理所当然的行为准则与道德原则。人们将当时的一些伦理范畴如仁义礼智信等，与天结合起来，希望达到“天人感应”或是“天人合一”。但是，天的虚幻性无法形成付诸实践的理论体系，用以“独善其身”修身养性可以，指导变法运动还是差一点劲。

战国变法的伟大实践用法家思想作为指针，不能不说战国变法主持人的确高人一筹，求真务实的精神达到了相当高的境界。从当时的实际情况看，如果没有法家学说的繁荣，便不会有战国特别是秦国变法的成功。历史上，曾经落后的往往战胜曾经领先的，关键就在于，在一个历史机遇面前，曾经落后的国家能否做出正确的理论选择。

不同的治国理论有不同的功用，体现在政治层面上，自然会产生一种现象，就是权力的集中与下放。对于中国这样一个大国而言，权力集中与权力下放在统治过程中同等重要。没有集权，幅员辽阔的国土就无法合成一个统一的整体；没有权力下放，统一的政府就会对人口众多的国家鞭长莫及。

秦国以法家思想作为指针，使变法取得了空前的成功，并且效果立竿见影。按太史公的说法，当商鞅的变法进行到第十个年头时，“秦民大悦，道不拾遗，山无盗贼，家给人足。民勇于公战，怯于私斗，乡邑大治。”用现在的话说，就是秦国民众很高兴接受新法，社会气象焕然一新，路上没有人捡东西，山里没有强盗，家家都丰衣足食。民众为国打仗很英勇，喝酒闹事打群架却很胆小，整个国家都得到了大治。尤为重要的是，秦国经济总量迅速上升，综合国力得到了明显增强，军队的战斗力骤然增强。

后来，商鞅和他的后生们在《商君书》中提出的一系列法治主张，如《商君书·定分》所提出的在全国设置各级专职法官对民众进行普法教育的建议。再如，韩非在《五蠹》篇所提出的“明主之国，无书简之文，以法为教，无先王之语，以吏为师”的主张，都被秦始皇和李斯作为制定《焚书令》的理论根据并付诸实行。战国时期的法家学说，是各国变法派共同的精神财富。

不过，凡事都得有个度。像法家这种崇尚暴力、做事比较极端的文化，用于乱世，能迅速规范秩序，集中力量办大事。但用于和平建设的年代，仍然把它作为长期国策，社会就会过刚则折，注定将把这个国家引向灾难。这就好比一个重症病人，要想立即挽救他的生命，可以用猛药，然而长期用猛药，就不但不能治病，反而终将害命。到了秦始皇时代，秦国施行的仍然是商鞅当年的基本国策，结果使秦朝没有逃过“其兴也勃焉，其亡也忽焉”的短命怪圈。说到底，就是沿袭商鞅变法这副汤药过猛了，一个正常国家，不可能持续承受得了这样的猛药。

建立在法家思想基础上的变法成果，后来也因为法家思想将其功亏一篑，正应验了“月盈则亏，月亏则盈”这个朴素的哲理。当然，这是嬴政当政后的事情了。

忽而老路又上邪路

一个国家选择的社会变法道路，犹如东海龙王的“定海针”，只要符合不断发展着的国情且已上升到理论层面，就必须一以贯之地坚持下去。否则，随遇而安，到什么山唱什么歌，看似很聪明，其实就是一只无头苍蝇，最终碰死在哪里也搞不清楚。

法家思想是战国变法的火炬。凡欲强国者必先变法，已经成为战国明君贤臣们的热点话题，然而推行法家道路的根本前提，是君王的决心彻底与否。法行半途，不如不行。

东方六国就是这样的情况，开启变法之际，他们相信过法家思想，也用这一理念大刀阔斧地进行过改革，后来随着外部形势和内部关系的变化，很快改弦易辙，慢慢地滑上走向灭亡的邪道了。

下面，有选择地看看几个诸侯国家探索变法道路的心路轨迹。

韩氏部族本为周武王后裔，韩昭侯当政期间，实施变法的法家人物申不害为相 19 年，使韩国很快强盛了起来，但昙花一现之后便急速衰落。其中，最直接的原因，便是申不害只取法家思想中用于官场斗争的“术治”部分，将法家的其他教义抛到了一边，于是便没有了铮铮的变法强国精神。

到了战国中后期，韩国成为最为滑稽荒诞的术治之邦，庙堂里君臣们的全副身心都放在避祸谋人的算计之中。在这一理念的指导下，韩国接连推出了一个又一个令人啼笑皆非的奇谋：出让上党、水工疲秦、肥周退秦、兵家疲秦等，其风炽烈，连韩非这样的大师也迫不得已卷入其中，真是令人匪夷所思。就这样，韩国一次又一次地搬起石头砸自己脚，直到将自己狠狠砸倒。

忠直立国而术治亡国，韩国真够悲哉！汹涌的战国变法潮流，在韩国生成了第一个黑洞。申不害的悲剧在此，术治悲剧在此，韩国之悲剧亦在此。韩国的兴亡，犹如一则古老的政治寓言，永远被后人作为政治笑话讲下去。

燕国在战国时期的各大诸侯国中历史最悠久，西周初期因召公封于燕地而立国，是为姬姓王族诸侯国。燕昭王与乐毅经过 28 年励精图治，联结诸侯结成“统一战线”，竟然差点吞食了齐国这条东海蛟龙。这场战争史上的奇迹，靠的是燕国唯一的一次变法，而这次变法靠的是法家思想的指导。

那次变法爆发出的能量，可与赵国的“胡服骑射”相媲美，在治国理政的观念方面迈出了大大的一步，问题的关键在于后来面对各国纷纷求变图存的“大争之势”，古老的燕国又回到了固守传统的王道政治。更可叹的是，燕国和韩国一样，战败之后越来越弱，再无任何出彩之处。

面对古老的政治传统与不变则亡的尖锐现实夹击，燕国表现出一种极其独特的国家秉性，那就是在治国道路选择上总是摇摆不定。一方面，在变革内部体制与增强国家实力的现实需求面前，迫不得已地实行有限变法，稍见功效便浅尝辄止。另一方面，在政治权力的矛盾冲突与邦交之道的国家较量中，依然奉行着古老的王道传统，企图以王道大德来平息激烈的利害冲突，处置重大的社会矛盾时暴露出明显的迂腐，形成一种浓烈的迂政之风。

楚国基本上没有出现过深入人心的变法指导思想，国策在不断地摇摆，而每一次楚国的摇摆，往往都导致了与中原各个诸侯国家的相互征伐和重新洗牌。

公元前 317 年，联合齐国，组成“抗秦轴心”；

公元前 313 年，联合秦国，张仪忽悠的功劳；

公元前 312 年，又挨揍，丹阳惨败；

公元前 311 年，继续挨揍，蓝田惨败、召陵惨败。

几次惨败后，楚国综合国力急剧衰弱，与秦、齐国的关系由“联合”变

"附属"。公元前311年，再次依附于秦国，还是张仪忽悠的功劳；

公元前307年，依附于齐国，因为被齐闵王的一封信感动了；

公元前304年，又依附于秦国，因为得了金钱和美女；

公元前303年，挨揍以后，由于背叛了"齐集团"，赶紧派太子去秦国搬救兵；

公元前301年，挨揍之后，祸取于太子把秦大夫杀了；

公元前300年，依附于齐国，投靠齐国应对秦国的讨伐。

楚国时而倒向秦国、时而倒向齐国，把秦、齐折腾得晕头转向，魏、韩两个小马仔也只能"被摇摆"，中原诸侯国好像伴随着"纤夫的爱"的旋律，一起在"纤绳上荡悠悠"。

齐国变法也是缺乏明确的指导思想和战略眼光，没有连续的国策，到最后只当东海之滨的一只"鸵鸟"。比如小白用管仲，就不重视礼仪法制，到晏婴时期又放弃了管子那一套而搞晏子的做法。

齐国文风很盛，国内学术风气开放，尤其是到了在田忌与孙膑掌兵时期曾两次打败强大的魏军后，齐国的稷下学宫成为战国时期诸子百家的汇聚之地。但是结果呢？齐国成为了战国末期唯一一个不战而降的诸侯国，齐王建之窝囊，有目共睹。缘由之一就是变法没有统一的治国思想，国家建设受到学术思想负能量的左右，导致民众在战时无法形成一团，始终是任人宰割的一盘散沙。正因如此，自田单复国后，齐国从原来的清明吏治、整军经武，逐渐滑向了军备松弛的偏安之途，坐视各诸侯国相继被秦国灭掉而不施援手，竟连简单的"唇亡齿寒"道理都不明白，稀里糊涂地等着下一步来收拾他们。

赵人最早与秦人本为同源，两个族群在崛起之初的基因是相同的，其显示之处是“尚乱”。春秋至战国前期，赵国与秦国的历史演进惊人相似：庙堂多次发生乱政杀戮，庶民则私斗成风。赵国虽有赵武灵王这样的雄主和“胡服骑射”变革，但却未能从根本上变革族群基因，在立国之前的早赵时期就是内乱妄杀频繁发生，导致国家命运始终处于大起大落的剧烈动荡状态，终至亡国。

魏国第一代君主魏文侯在位50年，基本国策是积极变法与急贤亲士，其时的李悝变法是战国时代的第一次系统大变法，与后来商鞅变法相比，相差的只是其深度与广度而已。与此同时，魏文侯大量任用具有真才实学的新兴士子，文臣武将一时蔚为大观，一举奠定了魏国在战国初期的第一强国地位。可惜，魏文侯培育的思想基因到了第二代魏武侯就变异了，仿佛中了邪似的，一个劲地在邪道上走下去，变法大业在魏国就此终止。

战国时代社会风气开放，诸侯国之间交流频繁。各派的学者携带本门的学说周游列国，希望可以成为“救世之学”，各学派之间互相打嘴仗，不亦乐乎。但是事物都有两方面，“百家争鸣”一方面是思想文化的高度开放和学术火花的竞相迸发，但是另一方面也成为了国家不稳定的重要因素。繁荣的文化里面，总是蕴含着“祸兮福所倚，福兮祸所伏”的因子。

秦国坚定地走法家道路进行变法，是经过长期的实践而找到的一条正确的路径。

进入战国时期，王道礼制虽然已经大为衰落，但许多国君为了表示自己“仁义”，仍然坚持说自己奉行“王道”。秦穆公时期的百里奚操的正是王道之学，那时秦国确实强盛一时，穆公也称了霸，老秦人长期引为骄傲。秦孝公的《求贤令》也申明向往穆公时的强盛，信誓旦旦地要恢复穆公霸业。据此推测，穆公如果接受王道治国，似乎在脑子早已有了概念。

秦孝公的《求贤令》依然遵奉秦穆公，明确表示要“修穆公之政令”。《商君书·更法》记载的秦国关于变法决策的论战，当时的执政大臣甘龙与杜挚争论得很厉害。甘龙认为：“圣人不易民而教，知者不变法而治。因民而教者，不劳而功成；据法而治者，吏习而民安。今若变法，不循秦国之故，更礼以教民，臣恐天下议君！”这段话的意思是，圣明的人不去改变百姓的旧习俗来施行教化，有智慧的人不改变旧有的法度来治理国家。顺应百姓旧有的习俗来实施教化的，不用费什么辛苦就能成就功业；根据旧有的法度来治理国家的人，官吏熟悉礼法，百姓也安乐。现在如果改变法度，不遵循秦国旧有的法制，要更改礼制教化百姓，臣担心天下人要非议国君了。

反对派杜挚则认为，“利不百，不变法。功不十，不易器。法古无过，循礼无邪。君其图之！”意思是，如果没有百倍的利益不要改变法度，如果没有十倍的功效不要更换使用工具。臣听说效法古代法制没有什么过错，遵循旧的礼制不会有偏差。国君应该对这件事仔细思考。

两派激烈争论，都没有涉及变法之具体内容，而都紧紧扣着一个中心——如何对待本国的政治传统？商鞅对这两派的言论统统予以驳斥，并且驳斥很犀利，很深刻。

商鞅反驳甘龙时说：“子之所言，世俗之言也！夫常人安于故习，学者溺于所闻。此两者所以居官而守法，非所论于法之外也。三代不同礼而王，五霸不同法而霸。故知者作法，而愚者制恶。贤者更礼，而不肖者拘焉！拘礼之人，不足与言事。制法之人，不足与论变。君无疑矣！”这意思是，您所说的这些话，正是社会上俗人说的话。平庸的人守旧的习俗，读死书的人局限在他们听说过的事情上。这两种人，只能用来安置在官位上守法，却不能同他们在旧有法度之外讨论变革法制的事。夏、商、周这三个朝代礼制不相同却都能称王于天下，春秋五霸各自的法制不同，却能先后称霸诸侯。所以有智慧的人能创制法度，而愚蠢的人只能受法度的约束。贤能的人变革礼制，而没有才能的只能受礼制的束缚。受旧的礼制制约的人，不能够同他商讨国家大事。被旧法限制的人，不能同他讨论变法。国君不要迟疑不定了。

商鞅反驳杜挚时指出："前世不同教，何古之法也！帝王不相复，何礼之循！伏羲神农教而不诛，黄帝尧舜制而不怒，及至文武，各当时而立法，因事而制礼。礼法以时而定，制令各顺其宜，兵甲器备各便其用。臣故曰：治世不一道，便国不必法古！汤武之王也，不修古而兴；殷夏之灭也，不易礼而亡。然则，反古者未必可非，循礼者未必多是也。君无疑矣！"这话的意思是，以前的朝代政教各不相同，应该去效法哪个朝代的古法呢？古代帝王的法度不相互因袭，又有什么礼制可以遵循呢？伏羲、神农教化不施行诛杀，黄帝、尧、舜虽然实行诛杀但却不过分，等到了周文王和周武王的时代，他们各自顺应时势而建立法度，根据国家的具体情况制定礼制，礼制和法度都要根据时势来制定，法制、命令都要顺应当时的社会事宜，兵器、铠甲、器具、装备的制造都要方便使用。所以臣说：治理国家不一定用一种方式，只要对国家有利就不一定非要效法古代。商汤、周武王称王于天下，并不是因为他们遵循古代法度才兴旺，殷朝和夏朝的灭亡，也不是因为他们更改旧的礼制才覆亡的。既然如此，违反旧的法度的人，不一定就应当遭责难；遵循旧的礼制的人，不一定值得肯定。国君对变法的事就不要迟疑了。

这场辩论的核心是是否坚持秦穆公时期的治国传统，是否大胆变革自身的思想基因，是否确立新的法治基因。对此，秦孝公当即表示支持商鞅。自我革新、自我创造、独立独行，这就是孝公，这就是明君应有特质。

商鞅的求变图强理论，是战国时期变法理论的代表。从某种意义上说，一个国家的变法者能否成功，既取决于其变法内容是否全面深刻，又取决于对该国过时的政治传统背叛的深刻程度。唯有商鞅自觉清醒，说服秦孝公决然抛弃旧的政治传统，在秦国实行全面深刻的变法。

孝公死后，太子驷即位，一些不甘失败的旧贵族乘机报复，被诬告谋反，随即被逮捕。商鞅最终被杀，且尸体被车裂，全家也被杀害。商鞅虽死，秦法未败，新法深入人心，连妇女儿童都能“言商君之法”。从此，法家思想成了占统治地位的政治思想；从此，秦国确立起了新的政治理念；从此，持续六世之强而统一华夏。

秦国就这样走上了法家的变法道路，并且“咬定青山不放松，不信春风唤不回”。

地域文化是隐形“导航器”

一切文化、宗教和艺术，都是大地的产儿。

任何文明的底层，都与水土环境、气候生态、千古风习有关。“百里不同风，千里不同俗”，正所谓燕赵慷慨悲歌，关中剽悍勇猛，齐鲁耿直刚烈，荆楚磊落放达，江淮权衡谋略，吴越柔绵精细，潇湘倔强霸蛮。自然环境形成特定的区域文化，文化又成为决定人类观念与行为的“导航器”，反过来又影响着自然环境。人类的发展，不论走得多远，溯本求源，都可以归结到文化。

文化，有着鲜明的区域特性。比如，干旱、半干旱地区不适合发展农耕作业，因此就产生了牧业，进而形成了游牧文化；四季分明、降水适宜的地区，形成了农耕文明；濒临海洋，自然造就了海洋文明。各种地域文化包括了思想观念、思维方式、价值取向、道德情操、生活方式、礼仪制度、风俗习惯、宗教信仰、文化艺术、教育科技等很多方面的丰富内容。其中的风俗习惯则作为最贴近人们生活的一种思想形态，是埋藏在一个民族文化土壤里的丰富金属。无论越过多少年，这样的金属都是不会变质的。变的只是人们的眼光。哪怕一些传说与神话虽然虚无缥缈，对于一个民族却非常重要，甚至可以成为一种历久不衰的“文化基因”。地域文化是人们寄命于尘世的胎记，也是人们一生中或英勇奋进，或碌碌无为的底气和精气所在。

对战国时期各个诸侯国家变法指导思想的探索，我们无法绕过地域文化。

战国七雄所处的地域文化是哪个方块，现在只能说个大概，因为那时处于不断的兼并战争之中，国家的疆域无时无刻不在变化。因而，对于七雄的水土只能对它早期的疆域做一番勾勒。这正是他们早期每天沐浴的地域文化的所在地，也是培育变法精神的软环境。

秦国人在统一全国以前，其活动区域以现在的陕西关中为中心，东起函谷关，西达陇中，南至秦岭，北抵贺兰山的中国西部地区，一直处于和戎狄及周围诸侯国的冲突之中，生存环境异常恶劣。对那时的秦人来说，生存发展远比宗法伦理更为重要。他们关心的是如何开疆拓土谋求自身发展所必需的物质财富，而非仁义礼乐之盛衰的伦理道德。秦文化中的这种渊源，铸就了秦人注重个体对建功立业的追求，而较少受到伦理道德的羁绊，没有多少“紧箍咒”，做人做事相对比较豁达，脑子里没有多少弯弯绕。秦文化中的“事功主义”，也是秦文化之“魂”。

正是这块黄土高坡给予的特有的恩赐，多少年以后，人们来到这里，来到中国的大西北，才会感到中华民族的大气磅礴。历史从来就是这样粗针大线的大制作。它天然地具备这种大时空、大跨度、大人物、大悲壮、大苍凉的品格。只有在西北大地，才能拥有这种感受，哪怕是它的贫瘠、它的落后、它的荒凉、它的愚昧，它憨厚得不够精细，它大咧咧得没有算计，但它确是中国坚挺的脊梁、中国宽厚的胸膛，似乎在中国要想成为王者气候的都必须立足此地。

史载，从秦国跻身诸侯行列到始皇统一天下，秦人津津乐道的问题都是农战、攻伐、垦荒、开塞、徕民、重本、抑末等对国计民生有直接利害关系的事，而不屑于仁义礼乐的哲学论证，更不像楚人那样，热衷于超越时空、驰骋古今的玄想之中，对人伦关系的道德要求，也远远不如东方六国那样严格。

在商鞅变法的推动下，秦文化中的事功精神与法家思想得到了完美的结合，由此更加激起了秦国社会各个阶层不同层次的事功意识，使国家之利与民众之利找到了有效的结合点。事功主义价值理念塑造了秦国清明、高效的官僚体制，培养了秦人兢兢业业、孜孜以求的精神风貌，造就了秦军威武不屈的战斗力，是秦人在统一天下的过程中“不抛弃、不放弃”的精神动力。

不可回避，重事功轻伦理的事功主义价值理念的确有急功近利之嫌，但不能忽视了这种理念指导下的农战文化，能够使秦国整个社会围绕着农战而运行。加之，秦国经济方面重农抑商，使秦人更加乐农重战。这种战略理念不仅为秦国对外战略提供了强大的精神动力，增强了秦国的软实力，而且也推动了秦国硬实力的发展。

儒家思想与秦国地域文化的歧异，就在于重视事功和崇尚伦理的价值分野，也体现了东方六国与秦国在思想文化方面的对立。从软实力上讲，秦人灭六国是事功精神对东方伦理精神的胜利，契合了历史进步的趋势，符合了华夏统一的潮流。统一天下，不仅是国君的理想，同时也是全社会对秩序的渴望。孟子发出天下统一才能安定的呼唤，各家学派也都提出了“富国强兵”，实现统一的学说。秦文化中突出事功主义的价值理念，加之天下统一的条件已经成熟，这一重任自然地就落到了秦人身上。这就是对霸业之事功的追逐，进而向帝业事功目标的提升。

从种族生存的角度看，这也应了“优胜劣汰”的自然法则。从某种意义上说，正是秦人事功主义的价值取向这块土壤，才使商鞅的变法思想在那里扎根了下来，并不断地开花结果。

作为后来者，可以轻松地对战国这段历史做出这样那样的评价。比如，诸侯各国承接春秋以来以强凌弱的兼并之势，怀着更为强烈的“辟土地、兼天下、成王业”的追求，对西周以来的传统统治秩序无疑是更为狂放的颠覆，而且把众多的百姓驱向血与火的战场。这些说法确是事实，秦人的这些举动确非完全出于善良、高尚的愿望，而是为实现自己的利益，从道德上看，着实可恶。但是，要是把你摆到激烈竞争的战国时代，你也许会不得不承认，恰恰是那些君王和变法主持者不断膨胀着的独吞天下的动机，客观上推动了社会的发展，构成了古代中国规模最大、历时最长、成效最为卓著的商鞅变法的政治前提。

秦地的“事功主义”文化，在中国历史始终扮演着这样一个难堪角色。

地域文化就是这样，从其本身来说都有两重性，既有积极进步的一面，又有落后、腐朽的一面；从其发展的不同时代因素来说，既有适应当时生活的一面，又有不适应甚至阻滞当时生活的一面。

再来看看楚文化对楚国变法的影响。

楚国自春秋末期吞并吴国之后，地阔五千里，民众近千万，江淮水网纵横如织，湖泊星罗棋布，既有连绵密林高山，又有易于耕作的肥沃的平原地带。这可谓山重水复，疆域纵深，哪个强国也休想把它一口吞下。

战国时期是楚文化的鼎盛期，给予后世巨大的启迪，从哲学到文学，从字画到乐舞，无不独领风骚，彪炳千秋。更为主要的是，楚人的政治社会体制、民族文化心理、日常生活方式等趋于成熟定型，使楚文化真正成了独特的一个，对千百年来中国人的影响颇大。

然而，正是由于楚地气候温和，四季刀刻一般分明，谋生较易，造就了楚人浪漫玄想、崇尚自然、随遇而安的地域性格，而不是像北方地区较为务实，注重功利特性。因为，南方崇山峻岭，面对大自然，楚人有一种无奈的心理，总是希望有一种超自然的力量来帮助自己。于是，楚人敬畏鬼神的意念很浓，直接导致了政治上保守倾向，缺少积极进取的意识。实事求是地说，这个地域对于养文是个绝佳之处，而对于养政还差了一点劲。楚文化中的这些因素，催生了楚国对外战略理念注重消极防御，缺乏务实进取的意识。

从楚悼王起，楚国在战国政治舞台上没有发挥好自己固有的优势，很难有较大的作为，历代君王中绝大多数不是主张富国强兵，与中原强国抗衡，而是消极地防卫本土安全，结果领土不断地被秦国蚕食。那时，秦国从惠王到昭王，先后吞并了楚汉中郡、上郡、焉日、邓、蓝田、楚都郢等重要地区，迫使楚国迁都至陈，也就是现在的河南淮阳。虽然楚国当初吞并了越国和周围小国的一些土地，然而却难于改变其大而不强的特性。它打打小国还可以，而在与中原诸侯国的兼并战争中，并没有取得过重要胜利。在战国这种以“战”字当头，诸侯国之间相互各猜拳经的时代，消极防御的对外战略理念是不合时宜的，注定要失败的。

假如，楚国上层能够高远器局，变法图强，北进中原，何愁不能完成统一霸业？可惜楚文化的骨子里是固守蛮夷陋习的，极少汲取中原文明的精华，官制、军制、民治均是自己的一套，从来不学习中原各国的文明法制。从楚人对国家官职的称呼中，可见对陋习坚守的韧劲。他们称丞相叫做“令尹”、上大夫叫做“左尹”、王族事务大臣叫做“莫敖”、上将军叫做“大将军”，还有“登徒”、“柱国”、“泠人”、“执圭”、“三闾大夫”等种种莫名其妙的官名。这个由山地部族自立的诸侯国，有许多地方是中原文化所难以理解的，这也正是中原名士难以在楚国建功立业之所在。

吴起以铁腕变法力图铲除落后愚昧的旧制，曾使楚国振作了一阵，但将自己几乎弄成了孤家寡人，最终萎靡不振难有作为。当时，楚国和中原文明尚有百年距离。如果从深层次上去找原因，找出的是楚文化的劣根性。

后来，楚国出现了半个变法家屈原，想凭着自己的满腹经纶为变法做点贡献。当时的形势是，秦在西，楚在南，赵在北，齐在东，燕在东北，魏、韩两国在中间。到公元前 318 年，也是怀王十一年，年仅 30 的屈原被提升为左徒，是个仅次于“令尹”（相当于宰相）的高官。他担任左徒的时候，辅佐怀王策划政治改革，并且经常鞭策自己：“驾着骏马向前奔驰，来吧，我要为你在前面引路。”要引好路，就必须对战国时期的政治形势有个清醒的认识，同时对这时代潮流大的趋向必须有个正确的判断。“明于治乱”的屈原心中是有数的，他自己不是曾经说过“众人皆醉我独醒”吗？

不过，那时的君王和大臣们不是把他当成精神病，就是怀疑他患了抑郁症，谁也没有理他。

最后，他踯躅于汨罗江畔，与渔夫一番对话后，渔夫不再说话，看看屈原，摇橹而去。烟波浩渺之中，只有几句渔歌，缥缥缈缈，若有若无。望着渔夫越来越小的背影，屈老夫子伤心至极，驾着生命的孤舟迎着世俗的恶浪，以破釜沉舟的胆力纵身往江里一跳……

历史烟雾之深，诚为一叹也！

屈原的一生，不断地游走在变法的边缘，为了自己的人生目标最终牺牲了生命。他是一个有着坚强信念和强大内心的人，而老天让他在虚岁 62 岁这年及时、准确地死去，是他的宿命，也是他的悖论。要不然，后人还没有吃粽子的习俗呢！

楚国变法的失败，不是吴起、屈原等人本身有误，而是这个国家沐浴在落后愚昧封闭的文化中，还有变法所需要的社会环境比较浑浊，任谁在短期内也难以扭转。到了最后，楚国一直在被人玩弄，中原诸国凡有大事，都离不开楚国参与，但没有一个国家将自己的存亡寄托于楚国。

齐国的情况又是如何呢？

齐国的地域主要在今天的山东半岛，向外辐射至河北省的东南部、河南省的东部、江苏省的北部、安徽省北部淮河以北的部分地区，相当于古青州。《尚书·禹贡》说："海岱惟青州……浮于汶，达于济。"就地理形势而论，齐文化圈地处黄河下游，华北平原的东部，南枕泰山，东北、正东和东南三面环海。这种依山、抱原、滨海、襟河，丘陵、湖泊镶嵌其间的地理环境，是与中原文化和鲁文化根植的内陆地带不同的。

从文化模式的角度观照，齐文化属于半岛濒海型文化。在经济结构上，是农工商一体化的复合式经济文化；在政治理念上，是以忠君爱民相统一、礼法结合、义利并重为特色的兼容式政治文化；从文化发展的角度审视，又显现出与其他先秦地域文化迥乎不同的变革性、开放性、多元性、务实性和智慧性。

这种地域文化客观上对当地的经济结构产生了重大的影响。因为齐地滨海多山，有丰富的鱼、盐、林木和矿藏资源，加之水陆交通便利，所以工商业特别发达。据《史记·齐太公世家》记载："太公至国，……通商工之业，便鱼盐之利，而人民多归齐，齐为大国。"

国家富足了，加之大多数时期周围军事威胁的力度并不很大，虽然出现过被燕国差点灭掉的危险，但是稳定后再没有像三晋那样四面受敌的境地。尤其商业繁荣，使这个国家对尚武这档子事缺乏更多的兴趣，不思进取，安于现状的思想四处蔓延。

齐国也曾变法过，威王时动作还比较大，但后来正是齐文化的缺陷，最终左右着齐国的变法战略。具体表现在：

一是缺乏战略眼光，没有连续的国策。今天合纵，明天连横，堂堂大国根本不知道自己的利益是什么。

二是没有统一天下的远大理想。几代国君的雄心壮志只满足于称霸，即使后世君王亦不过想恢复桓公的功业。就这么一点出息，跟秦国横扫六合的壮志不可同日而语。齐国有可能统一中国的时期只有两个：一个是齐桓公时期，一个是齐威王时期，但由于战略不清晰都失之交臂。齐桓公只想尊王，不想自己当王，而齐威王当个霸主就满足了。

三是光富国不强兵，不重视军事人才。著名的《孙子兵法》的作者孙武是齐国人，在齐国却得不到重用，最后只好到吴国去发展。在最强的齐桓公时期，面对咄咄逼人的楚国居然不敢一战。齐国经常攻打的国家是鲁国，却一败再败，当时还是管仲执政期。齐桓公任鲍叔牙为将，在长勺却没打过曹刿。而齐威王打败魏国就满足了，埋汰了名将孙膑的才干。

四是苟且偷安，不思进取。前辈们打下的基础这么好，国家很富裕，所以齐国人都不想打仗，不想发展。他们一直在吃老本，而对逐个被秦国吃掉的其他五国根本就不关心。秦国远交近攻，交的是谁呢——齐国。反正秦国那么远，他打谁也打不到我，他跟我贸易，我乐得赚钱，至于你们的死活跟我有什么关系。这样的心态是自作聪明，最后断送了自己的前程。

五是骄傲自大，自以为是。齐威王的积蓄败在苏秦手里。灭燕国惹下了祸根，此后齐闵王狂妄自大想自称“东帝”，在苏秦的怂恿下打这个打那个，把六国都得罪了，“合纵”本来是为了对付秦国，最后秦国加入了“合纵”，矛头一转对付齐国，酿成五国联军攻击齐国的惨剧。另外，齐国跟秦国不同，秦国地势险要，联军最强大的时候不过攻下了一个函谷关。齐国就不同了，全是平原，无险可守，五国联合起来，一攻就跨了。

在齐文化的氛围里，齐国最后变法的结果也是可想而知的。一个国家的历史命运，其奥秘往往隐藏在不为人注意的文化这个软地带。

地域文化作为在一定的地域位置中与环境相融合且打上地域烙印的一种独特的文化，具有很强的独特性。正因如此，各个地方的社会体制与文明形态，都呈现出各种各样的巨大差别。只有文化内核中那些制度的变革与创造，才直接决定着国家竞争力的强弱，也直接决定着一个国家的基本行为特点。而作为文明形态的制度创新，则取决于一个国家的统治层如何对待过去形成的政治传统。战国时期，无论是七雄还是被挤在夹缝里的诸侯小国，每一个国家都在以变法的方式探索着自己的生存竞争方式，构建着自己的国家体制，锤炼着自己的文明形态，或恪守传统，或推翻传统，或变革旧传统而形成新风尚，最后的结果是大不相同的。

燕、赵两国的变法，从头至尾“滋润”在燕赵地域文化之中。

从地域来讲，燕、赵两国是战国七雄中最靠北边的。赵国接近中原，其文化也与中原文化相近。而燕国更接近北方游牧区，处于农耕文化和游牧文化的交会处，两种文化既有冲突，又有融合，燕文化就有这两种文化的影子。

赵国腹地山塬交错，除了汾水谷地与邯郸北部小平原，大多被纵横山地分割成小块区域，可耕之地少而又多旱，农耕业难以居主导地位，尤其是北部为胡地，狩猎畜牧成为与农耕相杂甚至超过农耕的谋生主业。战国那时，只有赵国没有大面积的农耕基地，老百姓自然难以像中原几个国家那样以耕耘为主流生计。这种客观环境所形成的社会人文环境有这样两大特征：

一是仰机利而食。农耕无利而不愿从事农耕，崇尚智巧与其他生存之道。譬如男子好射猎、多任侠、易为奸、常劫掠等等；女子“设形容，奔富贵，入后宫，遍诸侯”等等。也就是说，在赵国这样一个没有大片富庶土地的国家，民众的生存方式是不确定的，是动荡的。即便在两千多年后的今日，我们依然能在世界每个贫瘠国度与地区看到此种现象的重演。

二是豪侠尚乱，慷慨悲歌。由于生计多动荡，导致生存竞争激烈，而竞争激烈，豪杰任侠必然多出。由此，必然带来竞争手段空前残酷。那个地方，社会正义的实现与维持，需要以豪杰任侠之士的私行来补充。只有如此社会需要，赵国才会出现民多豪侠的普遍风气，造成了豪侠之士远远多于其他国度。豪侠之气是把“双刃剑”，既抑制了法治难及山野所带来的社会动荡，又激发了整个社会秩序听任豪侠之士。尚乱者，必然会崇尚私刑杀人。对于政治而言，私刑杀人就是妄诛妄杀，就是连绵不断的兵变政变。

这种文化直接注入于赵国的变法思路之中，使“斗争哲学”有了更大的市场。斗争，无非是有“内斗”和“外斗”两种，赵国将这两种都用得很彻底。

在外斗方面，主要是加强斗争准备。从春秋晋国时起就已忧患其剽悍难制，中间又经过赵武灵王的胡化变革，风气更加浓烈。事实上，赵国还有许多政治、军事举措都是与赵国这种特殊的地域文化构成有关的。

在内斗方面，赵国的名堂更多了。这是赵国变法最终失败的痼疾，深层的内因则在于部族秉性。战国时代，每个国家都曾有过内争事件，然而像赵国这般连绵不断且每每发生在强盛之期而致突然跌入低谷者，实在没有第二家。历史呈现的清晰脉络是，赵国之乱政风习代有发作，始终不能抑制，且愈到后期愈加酷烈化、密谋化，终于导致赵国这座大厦轰然崩塌。

燕国偏居北方，在战国大部分时间里是七雄中实力最弱的一国。客观上，燕国离内地遥远，人口又稀少，经常受到胡人侵扰，风俗也和代、中山等国相类似，民众彪悍少虑，做人做事常常不用脑子。

在燕昭王后期，燕国的对外战略理念转为寻找时机，积极参与中原各诸侯国家间的事务，尤其是热衷于“合纵”与“连横”活动，目的是想利用大国之间的矛盾创造对自己有利的外部环境。从当时的情况看，燕国作为一个小国、弱国，这种理念还算是切合实际的，再加上受燕文化中慷慨悲歌精神熏陶的苏秦潜伏工作的成功，最终形成了合纵五国伐齐的局面，使齐国遭到重创。在北方那边，燕国对外扩张连连得手，它击败了东胡等游牧部落，把疆界扩展到辽东。

然而，燕国头头们脑子里好像缺“一根筋”似的，国运昌盛之际不是设法如何巩固成果，而是一味地意气用事，其有限扩张主义战略理念带有浓厚的复仇主义色彩，在乐毅率军攻破齐国劫掠齐大量财富之后，并没有审时度势、有所克制，而是准备凭它一国之力一举攻灭齐国。结果呢，乐毅驻防齐国五年，攻下七十多个城池，最终燕军还是被齐军击败。后来，燕国又与赵、齐两国连年混战。这种相互征伐的战争消耗了燕国的国力，却为秦国的统一提供了便利。

魏、韩两国都脱胎于晋国，三晋文化就是它们生命中的原始基因，染色体决定了它们的秉性，包括变法在内的所作所为，都能找到晋文化的特质。

客观上，三晋地区地形复杂，气候多样，自然环境的差异性很大，形成了文化的多样性。三晋文化始终是个矛盾的统一体，既豪爽大气又愚顽固执，既质直侠气又保守悭吝，既有强悍的内质，又常常表现得胆小软弱，这与他们所处的地理环境大有关系。在漫长的历史过程中，这种独特的地理环境，影响形成了晋人外向开拓与内敛自守两重性的思维定势。

三家分晋后，魏、韩两国据有三晋故地，继承了三晋文化的基本精神。战国初期，三晋倡导变法，内修政治，力主耕战，晋文化正能量的一面发挥得比较好。魏文侯经过变法成为一流强国，魏、韩、赵三家常常联合用兵，称雄中原。这一时期的魏、韩两国是中原地区的强国，他们也致力于维护区域强国的地位而大力进行变法，不断对外用兵，其中尤以魏国为甚，西夺秦河西要地，北并中山，南侵楚地，首先称王，成为威震华夏的强国。

然而，三晋文化作为早期华夏文化的主要组成部分，一方面推动了历史的发展，另一方面也使中原诸国养成了闭关自守、妄自尊大的陋习，缺少积极进取精神，开始固步自封，鄙视戎狄文化。

魏国在成为中原强国之后，对外战略并没有明确科学的目标，也没有利用这一有利时机推进变法的深化，促进国力大增，反而由于其扩张兼并的领土难以消化，在秦、齐的夹攻下逐渐衰落了。到公元前 336 年，魏惠王不得不变服折节朝见齐威王。

从战国中期以后，晋文化中的糟粕部分使韩国的变法完全脱离了正确的轨道，多年大行其“术”，倒使首鼠两端的国格逐步形成，体现在对外战略理念上，就是一心依附于强国而求得生存。最先由于魏国的攻势而依附于魏国，之后时而依附于秦国，时而又依附于齐、赵国。总之，韩国要靠加入强国的联盟来维护国家安全，结果都是适得其反。

我们的先人很重视对地域族群性格的概括。《史记·货殖列传》、《汉书·地理志》都对战国时代的地域性格做了丰富的记载，做出了精当的概括，这便是将地理环境与民风民俗直接联系起来的种种分析。各国的变法运动，也深深地打上了地域文化的烙印，这种先天的文化基因，对变法的成败有着很大的影响。从整体上讲，中国的文化注重现世、注重物质，缺乏超越性、缺乏对抽象原则的坚守、缺乏从抽象原则坚守中汲取生命价值的精神。然而，有多少人能够把握和运用自己长年累月“沐浴”其中的地域文化的所长所短呢？又有多少人能够有意识地突破地域文化中的“篱笆”呢？

在确立变法“指针”与“扬弃”地域文化的关系处理上，战国时期的国君与变法主持者有四种人：一是醒得早起得早的人。他们是聪明绝顶之人，从来是自己的命运自己主宰。二是起得早而未清醒的人。他们经常碰运气和随大流，做事没有多少主见，凭“第六感觉”行事。三是醒得早起得晚的人。他们是聪明人但又是懒散之人，不思进取，好钢没有被磨出锋刃来。四是不醒不起之人。他们完全是平庸之辈，国家复兴的使命历史性地落在其肩上，十有八九要毁在他们的手上，可恨可气又不值可怜。

战国时期各国的变法之君和变法的领衔者，到底属于哪一类？

第四章

既得利益：变法不能承受之重

“一夫当关，万夫莫开。”

这句出于《淮南子·兵略训》里的一句军事用语，说的是山势又高又险，一个人把着关口，一万个人也打不进来。形容地势十分险要。

战国变法运动能否破门而入进到利益的大宅里操刀切分“蛋糕”，把快“撑死的”与将“饿死的”之间相互匀一匀，首要的是变法者能否突破这个利益大宅的“玄关”。然而，那个“玄关”要比函谷关还要峻峭，让许多变法者一次次望而却步。“不入虎穴，焉得虎子”。七雄变法中，谁能入得了“虎穴”，就能从容自如地分得“蛋糕”。“蛋糕”相对均匀了，国家的面貌就会为之一变。

贵族本有"种"

战国那时候的贵族很大一部分就是春秋时期王亲国戚的遗老，他们的由来说来话长。

古代中国是由部落发展起来的，带有浓厚的血缘色彩。在这样的大家庭里，同姓兄弟或姻亲靠自己先天的与国王近血统过着衣食无忧的生活，但国王只能传一个，其他的兄弟姐妹怎么办呢？国王的近亲们生活无忧实现了，他们的子孙后代怎么办呢？

早在大禹之前，每次接班人的选拔都会引发一场腥风血雨，弄得上下鸡犬不宁。于是，大禹想出了一个办法，那就是世袭，找一条能够堵住太多野心的路子。其实，这不能说大禹有私心。这在文明程度还不高的时代，为了防止无休无止的权力争夺而做出的无奈选择，也是没有办法的办法了！因为，世袭中虽然也会有争夺，但规模总要小得多，与苍生关系不大，小流血总比大流血要好。

能否世袭上君王的宝座，那就看自己的运气了，就看在同一娘肚子里孕育的众兄弟中是否抢先出生。若在不恰当的时间投到不恰当的娘胎里，几十年的有效生命就很可能浪费了。人的一生被定位在哪个历史坐标上，不能不说是一种宿命。因为，娘胎是不可能选择的。对当上国王的人来说，没有沾上好运的兄弟姐妹，也得好生安排他们。于是，中国历史上的"分封制"便开始堂而皇之地塞进了国家政治体制内。这样，原来的家长成了天子，他的兄弟们、亲属们成了诸侯，然后这些诸侯的儿子、亲属们又成了卿大夫，卿大夫的儿子、亲属自然地成了当时社会上的贵族。

这一制度使所有人的身份、地位，在一出生的那刻就已经决定了，等级排列的标准非常单一，只有一个血缘近远的标准，并且清晰度非常高。如果配之以相应的礼乐制度，在一个生活相对固化的农业社会里，制度目标的选项第一位是稳定的话，也许分封不失为一种比较适合当时实际的选择。

按西周初年的严格规定，公爵有地 50 平方公里，侯爵、伯爵有地 35 平方公里，子爵、男爵有地 25 平方公里，附属国小于 25 平方公里，卿大夫 15 平方公里，士 5 平方公里。这就是 8 等贵族可以得到土地的标准。这些贵族完成向上缴纳贡赋予派军协助作战义务的同时，自己在封地内就是一个小君主，有独立的税收和民事、刑事管辖权。周朝初年的分封，周族同姓的姬氏占了分封总数 70 个中的 53 个，其余是姜氏、嬴氏、殷商、帝舜之后等，有些属于周族，有些属于同一文化系统，被周族所认可。

贵族一般是指有爵位封号的，如公、伯等。而得到贵族头衔的，无非三种人：一是皇族，血统好，谁也羡慕不得，出生不由人啊。二是后宫皇后和妃子的族人，谁叫他们家族出了大美人呢，大家沾上了光。三是大功臣，谁也不要眼红，他们的祖上当年曾把自己的脑袋别在裤腰上“干革命”，是差点丢掉小命换到“今天幸福生活”的。

他们中，第一种是国王罩着，本身就是王族血统，所谓血浓于水，即使王族后人无能，国王也会顾及亲情，让其世袭爵位，享受荣华富贵；第二种就是外戚，依靠后宫关系，在皇帝在位时候享受荣华富贵，如果有幸，王后或者妃子能生个小子，成了未来的皇帝，自己就是国王的母舅家人，更是富贵逼人；第三种大功臣，本身立下无数功勋，就是按照商鞅变法的规定，他们也应当享有贵族的一切。

此外，还有贵族食封地主。如战国四大公子，魏国的魏无忌，号信陵君，战国四公子之首，魏国第六个国君魏安釐王魏圉的同父异母之弟；齐国的孟尝君，妫姓，田氏，名文；赵国的平原君赵胜，赵武灵王之子，惠文王之弟，其因贤能而闻名，封于东武，就是今天的山东武城，号平原君；楚国的黄歇，楚考烈王元年，以他为相，封为春申君，赐给了淮北等地的 12 个县。他们都有政治地位，经济上收取农民的租税，又可放高利贷，家中养有食客，拥有仆人，是地主中的保守阶层。

作为一种文化现象，四公子的出现不是偶然的。他们身上既有春秋奴隶社会的胎记，又有当时封建社会的时尚特征，是战国这个特殊时代的产物，也是古代官场的一个标本。

由于封建生产关系的迅速发展，大量地主在取得巨大经济利益的同时，也悄悄地成为新贵。主要有这样几种：

军功官僚地主，主要靠战功和政治才能获得土地、权力，如魏国公叔痤一次得赏田 40 万亩。有的用君王赏赐的钱购买田地，如赵括就是出生在这样的家庭里。为奖励军功，商鞅规定凡行伍中人，不论出身门第，一律按照其所立军功的大小接受赏赐，即便是秦国的宗室也是这样。宗室未立军功者不得列入宗族的簿籍，不得拥有爵位。秦国的士兵只要斩获敌军的一个军官首级，就可以获得一级爵位“公士”、田一顷、住宅一处和仆人一个。斩获的首级越多，获得的爵位就越高。

豪民地主，依靠经济手段起家，主要是大手工业主和大商人。他们依靠自己的智慧与勤劳，获得了第一桶金，在此基础上逐步发展起来。

布衣地主，自耕农通过做官或做买卖发财而大量购地成为地主。据《吕氏春秋·博志篇》记载，赵国自耕农宁越为摆脱种庄稼的劳苦，通过读书成才，后来当上了西周君周威公的老师，得到不少土地，成了大地主。这些地主虽然在政治、经济上并不完全一样，但他们共同组成社会的统治阶级，势力在不断扩大。

贵族从分封制下的社会政治阶层转化成了郡县制下的社会阶层，进而成为了官僚的贵族，便不再具有封地主人和天子臣属的双重身份，仅仅只有天子臣属的一种身份。

“将相本无种，男儿当自强”。这是一句经典的励志名言。其实，很多贵族源于血缘氏族。用现在的话说，这些贵族就是“官二代”、“富二代”，是靠自然的“种”繁衍的。当然，他们这个地位的形成和持续，与他们先人的努力分不开。

现在人们对贵族的认识，类似于“大款”差不多，而古时候大多贵族不仅物质上“富”，而且很讲究精神上的“贵”，绝对要比现在的某些暴发户素质高多了。

他们并不是后人所想象的那样，除了吃饭、做爱亲力亲为之外，其他都须他人代劳。孔子对弟子们的培养就着重于进行贵族性精神气质的教化，因为贵族精神也是催发人们进步的一种动力。正是这种精神，激励着人们追求高雅精致的人生，激发芸芸众生摆脱低级趣味、愚昧野蛮的生活。

史上有一个叫“季札挂剑”的故事，听起来非常富于诗意，足以说明这一点。

故事的主人公叫季札，是吴国的一位公子。这个人修养非常好，远近闻名，有次国王派他出使晋国。在出使的路上要路过徐国，便顺道去拜访徐国的国君，没想到两个人一见如故，谈得非常投缘，成了好朋友，季札也在徐国一连住了好几天。在聊天过程中，季札注意到，那徐国的国君一直在看他腰间挂的这把宝剑。吴国是产名剑的地方，而且季札对剑很有研究，是一个宝剑大收藏家，身上带的是他最好的一把宝剑。他看到这位国君不断地看他的剑，就知道他喜欢上这把剑了。徐国的国君明白"君子不夺人之美"的规矩，所以没好意思直接开口索要。季札看出了他的心思，想把这把剑赠送给这位国君，但是当时国际上有一个规定，作为外交使者身上必须佩剑。剑，是一种象征，一种身份。

于是，季札在想，等我这趟出使任务完成了之后，回国途经徐国时再把剑送给这位国君，这样不就两全其美了。就这样，季札告别了徐国的君王继续出发前往晋国。等他在晋国完成了外交使命，回国的路上又一次经过徐国时，便兴冲冲地想把宝剑送给国君，却听到一个不幸的消息，说徐国的那位国君前几天得了急病死了。

听到这个消息，季札非常悲痛，就找到了国君的继任者，说先君活着的时候跟我非常好，我曾经想把这个宝剑送给他，但是他刚刚不幸去世了，现在我把这个宝剑送给您，以表达我的心意吧。但是，这位继任者也非常讲究原则。他说，我们的先君活着的时候没跟我交代过这件事情，所以您这么贵重的礼物，我不能够收下。

季札被新君王的一番言语感动，便提出去祭拜一下先君。于是带着随从们来到先君的墓前，恭恭敬敬地给先君行礼默哀。完事之后，季札从腰间解下宝剑挂在了先君墓边的树杈上，然后离去。

这是一个多么优美的故事。不可否认那时候的贵族气质，是多么雍容、高雅、重情、守信。可是让人遗憾的是，到了后来，先秦时代的这种贵族精神，随着后来王权势力的不断膨胀而日渐衰减。

事实上，推动人类社会文明进步的总是那个时代一批先进知识分子。越是古远，这些先进知识分子往往越不是平民，恰恰是出身于贵族，是贵族中间一批具有平民性、能够代表当时先进文化的知识分子。孔子就从来没有标榜自己是平民，他甚至要求自己的弟子努力学习贵族文化知识礼仪，以期能通过这种修身使自己脱胎换骨，跻身贵族上层社会。

自从李悝徐徐拉开战国变法大幕这刻起，贵族的神秘感、尊严感、仰慕感似乎一下子被捅破了。在变法者尤其是庄稼汉的眼里，你们贵族是高雅，但高雅不能当饭吃啊！凭什么让别人养着你啊！的确，当时贵族的情况尽管有所不同，但他们的共同特点，却是“无令而擅为，亏法以利私，耗国以便家”，以窃取国家权柄、侵吞国家财富来满足一己私利。对于他们来说，旧的制度、旧的社会秩序，是他们借以维护和谋求个人利益的最好温床。

战国时期，变法都是自上而下的，较少考虑民意或不考虑民意，变法的“共识”，只要庙堂上元老、大臣能够达成一致就可以了。但是，要在庙堂上让元老间达成“共识”，从来都是一个老大难。

贵族之间的关系，主要靠宗法血缘、姻亲纽带和王室的威望与实力来维系的，宗法制度又把族权与政权紧密地结合在一起。随着各国变法运动不断掀起，王室逐步衰微，利益又把他们捆在了一块，各个贵族集团通过血缘、姻亲关系紧紧拧在一起，奋力抵抗变法运动，形成了一股强大的反变法势力。有些识时务的贵族主动转身，凭借已有资源和人脉，由原来的奴隶主摇身一变成为地主阶级，继续掌握着土地，但他们减轻了对民众的盘剥，把土地租给农民，农民把所得的一部分交给地主，自己也留一部分维持生计。

以秦国为例，在商鞅变法的高潮过后，秦惠王、秦武王继续实行商鞅的法治路线。但是，在秦昭王继位前 41 年中，以魏冉、宣太后、华阳君、高陵君、径阳君为主要成员的宗室贵族集团长期专断秦国大权。

从“根”和“本”上来说，那时贵族控制下的生产关系已经不适应生产力的发展了，必然要被淘汰掉。随着生产工具和生产技术的改进，旧有的生产关系必须要有所转变以适应这种变化，而原来的生产关系是以“井田制”为主的奴隶主剥削奴隶的过程，这种生产关系严重制约着生产力的发展，而新兴的封建生产关系，则大大地提高了农民的生产积极性，对比于之前奴隶大量逃亡，私田横行的状况有了极大的改善。所以，地主对比于奴隶主贵族来说是更适应生产力发展的。

很大程度上，变法之初的主要矛盾是如何处理老世族集团与新兴势力之间的利害关系，在政治稳定和国力发展间取平衡。享有多重特权的贵族们，是变法最大的阻碍力量。李悝在魏国实施经济、政治、法制领域的变法，但魏国变法的局限性在于没有办法废除世袭贵族封地制，他们还拥有相对独立的治民权、财政权、私兵权。周王朝的教训已经雄辩地证明，形同“国中之国”的世族封地，是古代国家的最大乱源。

变法的“玄关”如此坚硬、诡秘，还有一个重要的原因，就是有人积极地为“玄关”添砖加瓦。

战国变法后由布衣出身的新官员，为了巩固自己在政坛的根基，也不得不巴结老世族阶层。久而久之，一个由老世族和新权贵勾结而成的利益共同体诞生了。到了这个时候，那些立志变法的人不光要防备世族阶层的作祟，还会被腐化堕落的新官僚阶层扯后腿。老世族不愿失去特权，新官僚不愿失去腐败带来的好处。这样一来，有变法雄心的人，要么融入利益共同体，要么滚出体制另寻出路。

在跨入战国的前夕，大概是在公元前 479 年，楚国新兴地主阶级代表白胜公企图进行一场较大的变革，并准备用暴力夺取政权。但在以叶公为首的一批旧贵族的反扑下，白胜公失败了，楚惠王又得以复位。楚国是带着这份“反攻倒算”的惯性进入战国的，那些贵族们从来没考虑过自己要退出历史舞台。

魏国经过跌宕起伏的变法后，最后国运的归宿具有典型的贵族利益效应色彩。商鞅不被重用、张仪被无视、范雎被迫害，甚至连王族英雄信陵君也被排挤，因为他们的才华和志向，都直接威胁到了魏国特权阶层的利益。

就这样，贵族的“种子”一代代地被传了下来。如此构成的特权阶层，如同一个巨大的恶性肿瘤，寄生在社会消瘦的肌体上，吞噬着国家和百姓的血肉。

戒不掉的“鸦片”

按照官方的说法，变法就是解放生产力、发展生产力；按坊间的说法，变法就是将旧的利益集团打翻在地，让新的利益集团拔地而起。总之，变法是一场硝烟四起的革命。

大多数贵族在对待变法这个问题上，如同一个两面人：为了江山社稷，他们支持变法，“皮之不存，毛将焉附”？这个道理，他们比谁都懂得；但想到整个的家族、想到了自己的子孙后代，他们是排斥和抵制变法的，“改革越深入，利益大洗牌”，这个规则，他们同样也很清楚。

战国变法运动的锋芒就直接针对贵族势力的致命基础：土地。“分封制”、“井田制”被废除，土地可以自由买卖，贵族特权受到抑制，等级制度消失，“法律面前，人人平等”，平民的地位大大提高，并且可以论功行赏而进一步改变社会地位。那时推行的是“明尊卑爵秩等级，各以差次名田宅，臣妾衣服以家次。有功者显荣，无功者虽富无所芬华”那些规则。这样，宗族旧家如果没有军功，过去的族籍便被废除，使得贵族与生俱来的特权受到了严重削弱。

还有一条，就是推行郡县制。过去由宗室姻亲组成的国家机构，现在为大批官僚和军功显贵所取代。郡县制取代分封制，官僚制取代贵族制，地缘政治组织取代了血缘政治组织，一种新型的国家形态和国家管理方式由此建立起来。

这些都伤到了贵族的老本了，他们能不反抗吗？何况，他们又有能力反抗，是真正的反抗刚需一族。

从整个变法进程看，他们从最初的变法推动者慢慢变成了变法的阻挠者，从经济变法的同行者变成了政治变法的歧路人。他们也讲变法，但他们的变法像是在自己的皮带上伸缩两个孔而已，只是为着进一步适应自己的肚腩。

秦国的太师甘龙就是这样的一个人物。他曾在秦献公时期主持推行新政并长期处在重要领导岗位上，不可否认他有功业根基，是秦国前些年的功臣，对秦国贫弱的状况是有清醒认识的。

甘龙前期主张有限变法，后期主张有度复辟。具体说，甘龙的政治主张分为三个层面：第一个层面是对变法的认识，承认秦国不推行新政不会走向强大，还会走向灭亡的残酷现实；第二个层面是变法的主张，以恢复穆公霸业为目标，与秦孝公求贤令的初期目标相同，而不是推倒重来的彻底变法；第三个层面是变法的底线，就是不触动穆公创立的祖制。

此时，他的变法已变成一个多种元素的混凝土杂物，分不清有多少是出于担当，多少是出于对权力的野心，多少是出于对贵族梦想的顽强坚持。

在这种复杂的心态下，甘龙变法策略的演进过程分为四个时期：第一个时期就是在商鞅入秦之前，支持秦孝公谋求强国的种种举措，是支持新政期；第二个时期是在商鞅变法之初，以多种方式试探观察商鞅变法，并对世族集团宣布了自己的底线，是试探观察期；第三个时期就是在商鞅全面变法并且自己靠边站时，蛰伏不动、静观待变，偶有一些小伎俩耍耍，并且与世族集团保持紧密联络，是蛰伏阴谋期；第四个时期就是秦孝公死后，果断地跳了出来，纠集一帮贵族进行反扑，企图立即恢复穆公祖制，是反攻倒算期。

甘龙在政治人格上有两个显明的特点，一是从他与变法派以及贵族集团的关系处理中，既支持强秦目标，又反对变法；既反对贵族无限度倒退复辟，又要将贵族集团变为恢复穆公祖制的政治力量。从政治本质而言，甘龙是独立的政治派别，无论是变法势力还是贵族势力，都是甘龙力图利用的棋子。

二是从甘龙的政治才能与精神性格看，表现出非常灵敏的机变。他的政治才能，集中体现为政治洞察力与策略应变力，平时言行表现较为阴沉，精神表现极为顽韧。所谓顽韧，通俗地讲就是巨大的精神忍耐力。甘龙之忍耐与嬴虔之忍耐不同，甘龙是清醒冷静的自觉忍耐，嬴虔倒是心怀冲突的痛苦忍耐。

当初，为了取得贵族遗老更多的支持变法，秦孝公精心组织了一次“御前辩论”。这次辩论的双方，一边是改革派的灵魂人物商鞅，一边是代表旧利益集团的保守派代言人甘龙、杜挚。这样的邂逅，似乎只能发生在诗词里、图画中、传奇话本中，而不可能发生在真实的世界里。可是，商鞅与甘龙就是对峙在秦孝公面前的殿堂里。

辩论的内容前面已有摘引，他们双方为此都是歇斯底里。这是一场战斗，是用语言进行的战斗。商鞅说的每一个字都像战鼓的鼓点，敲得甘龙、杜挚的心咚咚咚地连续颤疼。在这一连串的问号和惊叹号面前，他俩理屈词穷，无言以对，静默许久。

商鞅胜利地结束了激烈争论，享受着巨大的逻辑快感，喜悦与舒坦的神情分明写在他的脸上。而甘龙、杜挚俩人嘴里喃喃有词，那声音就像蚊子或苍蝇翅膀的振动，含混不清又绵绵不绝。那一天，他们一定尝到了失眠的滋味。这次辩论在贵族阶层造成了很大的影响，但不可能彻底扭转顽固保守派的观念。对此，更加坚定了商鞅变法的信心。

甘龙如此阻止和反对变法，源于他是实际上的贵族领袖与复辟势力的轴心人物，是整个变法新锐势力的最大政敌。一言以蔽之，他就是生怕“革命”

革到他自己的头上来。

变法遇到了甘龙这样的贵族遗老的反对，可他们没有挡住变法的洪流。商鞅自那次辩论后，再也没有把他们当回事了。从某种意义上说，这得要感谢过去的贵族们。在厉公、躁公、简公、出子时代，国无宁日，大家为了争国君大打出手。从公元前 477 年至公元前 386 年的近一百年时间里，贵族们忙着宫廷政变、自相残杀，死了一茬又一茬，使得秦国的贵族数量相对来说少了很多，客观上使商鞅遇到的阻力会小些。

东方六国就没有那么幸运了。长期分掌庙堂权力的老世族阶层，眼看着秦国一天一天地强大起来，有些国君们却无能为力，不知道他们心里当时怎么样的一种滋味。

楚国大臣太多，封君也太多。高层决策必经楚王与几大世族领袖共同商议。看上去在民主协商，但贵族们往往以家族利益为先，甚至不惜勾结外国打击自己的政敌。僵化的世族分治政体，不但让楚国难以集中力量办大事，还让楚国庞大的人才资源白白浪费了。

历史上，楚国政权集团的执政可分为三个阶段：世袭大族若敖氏执政时期，王室公子执政时期，昭、屈、景三族与王室公子联合执政时期。

战国初年，楚悼王曾任用吴起变法，在楚国实行均平爵禄，功臣二世而绝禄的政策，使楚国的世袭贵族遭到严重削弱。吴起变法随着楚悼王的死而失败，本人也被贵族们射杀。后来，以昭氏、屈氏、景氏三大族为主干的封君执政的形式发展起来，当然其中也不能排除王室公子的参政。到了战国中后期这三家基本把持了楚国。当时，屈原担任的三闾大夫之职就是协调这三家关系的，相当于一个统战部长。

从整个战国变法运动的全局来看，各国的变法都有它的高潮。在高潮中，各国君王重用有识之士，摈弃士卿世禄制度，都立即收到了富国强兵的显著效果。然而高潮过后，各国又毫无例外地都出现了宗室贵族长期专断国家政权的局面，有识之士被排除在国家政权机关之外，变法成果不同程度地得而复失。

在韩国，自宣惠王起，历襄王、釐王三世的五十多年中，国家政权先后把持在宗室贵族公仲、公叔的手中。这一期间，正是韩国走向衰亡的关键时期。

在齐国，齐宣王长期任用庶弟靖郭君田婴为相。田婴连任了三朝的国相。田婴连相三王，专权齐国，把持朝政，嚣张一时。其子田文曾说道："君用事相齐，至今三世矣。齐地不加广而君家富累万金。"田婴死后，其子田文继领封地，号孟尝君。此人依靠父亲留下的封地、帮派和数不清的财产，接连把持朝政三十年之久，以致"闻齐之有田文，不闻齐有王也"。这个公子哥在军事上简直是白痴，后来竟采取"远攻近交"这个与秦国恰恰相反的战略，四面出击，徒劳国力。齐闵王上台后，田文虽然被罢免了，但齐国由盛而衰已经不可逆转。

在赵国，赵惠文王继位后，公子成、李兑专断赵国大权。后来，赵惠文王弟平原君赵胜为相，曾"三去相三复相位"，封于东武城。平原君专权期间，用损害国家利益的手段以成一己之私。据《史记·平原君列传》记载，赵国都城被围困时，"邯郸之民炊骨易子而食"，而平原君的宫中却"余粱肉"、"器物钟磬自若"。

在魏国，魏安釐王异母弟公子无忌受封为信陵君。他大养宾客，窃兵符而救赵。邯郸解围后被魏王“以上将军印授公子”。魏武侯曾对吴起说：“今秦胁吾西，楚带吾南，赵冲吾北，齐临吾东，燕绝吾后，韩居吾前，六国兵四守，势甚不便，忧此奈何？”这句话将魏国四面受敌的不利局面一语道破。但是，说则容易做则难，因为变法必须要跨过特权阶层，直接获得最高统治者的支持才行，这也是变法志士唯一的选择。不幸的是，这在魏国是徒劳的。因为魏王、世袭贵胄、新进官僚本就是一体的政治同盟。魏国的最高权力与特权阶层是一条绳上的蚂蚱，穿的是同一条裤子。

这种板结化的社会结构，令魏国政局具有超强的稳定性。当这个利益共同体足以维持君王权力稳定时，整个统治阶层自然都不愿再承担变法的风险。所以，已经烂到骨子里的魏国特权阶层，一心沉醉于奢侈腐朽的生活，不再有任何雄心壮志。当魏国被拉下霸主的神坛后，国家荣辱早已被这帮蠹虫国贼抛之脑后。尽管魏国不时地冒出大批尖端人才，士民中不乏振兴故国的热血，但报国无门，灭亡已成定局。

最先变法的魏国为了减少革新的阻力，没有触动这些封地世族的核心利益。这一“后遗症”让魏国在变法过程中基本保持了一时的政治稳定，使新旧势力在变法中相互妥协，取得了各自满意的结果。但是，不彻底的变法，让魏国同时承受了新旧弊端。新法利于布衣人才进入庙堂，而封地制的保留又让老世族阶层稳坐江山。韩非子在《孤愤》中指出：变法者与世族出身的权臣是“势不两存”的天然政敌。这条血染的铁律在魏国没有得到直接体现。因为，李悝、吴起之后，所有的变法之士都没留在魏国，这不仅仅是因为政治腐败，更重要的原因是魏国社会结构严重板结化。

在燕国，虽不曾像其他国家那样出现宗室贵族的长期专权，但有识之士的被逐和不受信任，则与其他五国相同。当乐毅统帅燕国大军攻打齐国仅存两城的关键时刻，燕惠王任用骑劫替代乐毅为将，乐毅被迫逃至赵国。后来，骑劫在齐兵败而死，田单得以复国。

为什么中国古代数千年间政治制度沧海桑田，而权力家族化却绵延不绝？从三代到战国，从秦汉到隋唐，从两宋到明清，官员制度几多变迁，可权力家族化花样繁多，不断以新的形式复活，根源究竟在哪里呢？原来，利益如同鸦片，一旦沾上，谁肯放手？官本位的基础是权力的通吃性，而权力的通吃又是赢家的一个变种。

有人说，“宁可少活十年，休得一日无权”，可见，权力是多么可爱。贵族们操纵国柄，不是谋求富国强兵，而是为着攫取私人财富、为儿子谋官。何况，变法还这样轰轰烈烈地进行下去，革命就会革到他们自己头上来，甚至还会被架上断头台。“人为刀俎，我为鱼肉”的道理，他们是最明白的。

在这种情况下，变法者必须在很多条战线上同时防范和进行作战，既要防老的，又要防新的；既要防范身边的危险，又要防范远处的危险；既要防止内乱颠覆，又要防止外敌入侵和吞并。这是根本不可能完成的任务，变法者手上握有再强大的政权，智力、财力、人力总是有限，可挑战、危险、敌人则无穷尽。以有限应对无限，这就是变法者永远没有安全、永远不会长久、变法永远不会成功的原因。他们辅助君王把国家当家业，而家业是绝对不能放弃的。但这份家业的特殊之处在于，它从来就没有获得天下人的认可，而这份家业所有人都可以去动它的脑筋，就看有没有这个实力了。

只要怕“革命”革到自己头上的心理作祟不息，那么中国政治的更替就是连续不断的武力赌博，每一个政权既是这种赌博的结果，又必须参与下一场赌博。他们永远守不住本来就不属于他们的家业，在他们自认为找到了可以长治久安的可靠制度保障时，却意想不到地埋下了灾难的种子，变法意在医治痼疾，却往往成为下一个危机的起点。

革命还是妥协，这是个问题

变法，到底是要用革命性的手段，还是用改良的办法？这是一个争论了数千年的话题。公说公有理，婆说婆有理，谁也说服不了谁。如黑格尔说过的一句话，世上最深刻的悲剧冲突，双方一时看不出对错，只是两个都有充分理由的片面撞到了一起。

史上许多变法折腾来折腾去，并不是为了方向之争，而是纠缠于策略与路径。殊不知，世上没绝对的对与错，所谓的对与错、真理与谬误都是相对的。在一个时代确信无疑的价值被奉为“放之四海而皆准”的真理，未必适用于另一个时代，拿一时一地的经验、眼光去套整个历史，一定是很可笑的。世界是丰富多彩的，这源于它是异常复杂的，任何事情都不可能完全按照一方的意愿就能解决好，必要的各让一步是圆满结局不可缺少的路径。很多时候，有些人“一事当先，先替自己考虑”，忽视他人的利益和感受，在挡住别人去路的同时，也把自己的路堵死了，让原本可以各自虽有缺憾但能双方受益的问题，激化成矛盾冲突。如果多一点理解和妥协，予人方便自己方便。必要的妥协不是失败，而是双赢。

战国时期一些贵族遗老阶层也希望变法，但每个人对具体的变法目标诉求不尽相同，有时甚至是矛盾的。在万众一心盼变法的大环境下，实际隐含的是各阶层、各领域、各地区丰富多彩甚至彼此矛盾的变法诉求。这正是变法如同啃“硬骨头”的原因。赵武灵王、乐毅等在变法过程中，并非铁板一块，通过有效协调各方面矛盾，集最大公约数，形成变法的共识和合力，但他们不是一味地讲究妥协，否则变法很难突破、有进展。变法者必须具有这种大视野、大智慧、大胸怀、大魄力。

他们十分明白，妥协不是强压下的退缩，而是充满智慧的以退为进，也是获得胜利的艺术。妥协能够消除冲突，拒绝妥协，必然是对抗的前奏；领悟了妥协的艺术，学会了宽容，保持开放的心态，就能够在正确的道路上走得更远，更扎实。

这里，就看如何弹好这把“大钢琴”了。

纵观战国变法过程，有些诸侯国家时有激进，时有温和；有的激进中缺少周旋，有的温和中没有底线。就拿最先变法的魏国来说吧，当初为了减少改革阻力，没有触动这些封地世族的核心利益，让魏国在变法初期基本保持了政治稳定。这作为一种权宜之计是必要的，但魏文侯后面的硬招该出手时就出手啊！结果是他一软到底，变法之初通过妥协取得的成就也付之东流了。

赵武灵王胡服骑射这事，说简单一点，就是赵雍进行军服改革。春秋以来，中原汉军将士穿着长袍、铠甲很笨重，而胡人一身短束打扮，上马下马十分灵便，开弓射箭运动自如。结果是汉军虽兵器精良，却常打败仗，特别是在山地作战这身装束显得更加笨拙。公元前 326 年，赵雍登基后决心改革军装。

这一变法决策得到亲信大臣楼缓和元老重臣肥义支持，但叔父公子成想不通。赵雍找公子成说了一番大道理，还用警告的口吻说："叔叔为了固守习俗，却违背了先祖要我们保卫和拓展疆土的遗训，这不是我所希望看到的！"之后，公子成不再反对，但还有些贵族不肯穿胡服，赵雍说要治他们罪，他们就赶紧穿上了。

后来，赵武灵王贯穿了妥协精神，与大家说，不就是换一下衣服嘛，没有实质的利益损害。同时，他还亲自跑到不愿意改服装的大臣家里，苦口婆心劝说，嗓子都说哑了。大臣觉得君王都亲自到我家里来了，整天说服我，给足了面子，也就顺水推舟同意了。可见，赵雍是个善于做思想工作的好手、高手。

在中国进行一场变法势必是一个很长的过程，逐渐推进，在各方主动妥协或是不得不妥协的情势下慢慢推进，积土成山。但在变法的关键环节上，太讲究情面，指望用柔性的妥协来换取既得利益者的支持，如同与虎谋皮。后来，赵国的变法重走魏国之路，很快被贵族集团扑灭了。史上对赵国变法运动的评价是一致的，那就是"只是搞好了半场而已"。

从理论上讲，变法恰恰需要妥协，利益相关方要互相让步。这是一种大局意识。中国历史上的教训是什么呢？丧失利益的一方不妥协，得到利益的一方也不妥协，都不让步。变法者觉得积弊太久，好不容易抓住时机，一定要毕其功于一役，不然就没机会了。

战国时期变法的强力推行者大多是政治强人，具有很高的社会认可度、丰富的治政经验、渊博的学识和鲜明的个人意志。"变法"之所以称之为变法，实际上是一个变革“赘疣”的过程，不管是用合法的法律，还是临时规定，都有强制的成分在里面。而这个称之为“赘疣”的东西又是有争议的：从大局上来说，属于必须革除的；从单个个体来讲，则大多又是“近似”合理的。没有一个政治强人不想不割除“赘疣”的，而执行得不彻底，又势必影响变法的成效。

俗话说：“愚者暗于成事，知者见于未萌。”犹犹豫豫的行为不会成名，犹犹豫豫的事业不会成功。民不可与虑始，可与乐成功。古人有云：“论至德者，不和于俗；成大功者，不谋于众。”什么是法？对人民有利的就叫法；什么叫礼？有利于事业的就叫礼。所以，对于圣人来说，只要可以治国，不法其故；只要可以利民，不循其礼。

秦国为了顺利推进变法，商鞅采用了极端严厉的手段，不跟任何人妥协。他执法严明、公正，制度完善，任何一个国民都有立功受爵的机会，任何一个人触犯国法都将受到制裁，不管他是皇亲国戚，还是达官贵人。当时秦国上将军兼太子左傅嬴虔，掌握全国兵权，商鞅因其犯法而割掉了他的鼻子。这是多么大的决心和气魄啊！太子，就是后来的秦惠文王，由老师代为受刑，且被其老爸秦孝公流放了十多年。这种铁腕手段不但让国民心服口服，还让国民知道一个道理：秦法无情。

对于官僚体制来说，正确程序比正确的动机更加重要，但商鞅的做法无疑是把小辫子送到别人的手里。

后人回顾这一惊心动魄的历史一幕，悟出这样几个硬道理，并做出了几点归纳性的总结：

第一，做事不能犹豫不决，做人不能优柔寡断。

第二，智慧和道德高出于常人的人，命中注定要被人非议和污蔑，不必在意。

第三，真理往往掌握在少数人手里，所以人多不是力量，真理才是力量，敢于坚持真理的人才有力量。

第四，大多数人才智平平，德行一般，智不能料事，德不能担事；眼光不能看得远，胸襟不能容得多。所以，这些人不是我们事业依靠的力量，恰恰是我们需要抵制的阻力。

第五，做小事，可以和众人商量；做大事，只能自己决断。

第六，法也好，礼也好，其本质不在于一些条文和制度，而在于这些条文和制度背后的价值——治国和利民。价值永恒，条文和制度随时可变。

对于变法这样的事关国家生死攸关的大事，一味地妥协固然是不行的，一味地“死磕”也是行不通的。把握其中的要领，如同下围棋一样。中国的围棋艺术最富于智慧的技巧是弃子求胜，懂得放弃对获胜至关重要。高手的对弈，最后的生死对决往往在“打劫”之役。打劫，就是利用弃子攻击对手的薄弱地带。围棋技艺的极致，就是放弃的极致。相反，围棋新手不懂得放弃，虽然他也知道需要放弃，但一进入实际操作，他就会情不自禁地去尽力守住每一颗棋子。他怕输。越是怕输，越是要看紧自己的棋子，当然，他的结局只有一种，就是输掉整盘棋。即使是两个新手对弈，赢棋的一方也一定是更善于放弃的一方，双方棋艺的高低就体现在放弃上。

绝对占有，绝对危险，寻求安全的唯一办法就是放弃绝对占有。战国时期的多数变法者却从未表现出放弃的智慧，他们刚直到底，最后刚过则折。这种思维方式使中国的王朝一次又一次地全盘输掉，一次又一次地重建，后来者没有从前人失败中学到一点真知，依然像前代的帝王一样，尽最大努力把守每一个棋子，把任何一个棋子的丢失都看成是巨大损失。每当统治遇到危机时，他们的唯一应对方式，就是通过变法来本能地加强权力，追求更大的权力集中。他们从历代王朝失败中吸取的唯一教训，就是决心比以前的统治者更加努力地去死守棋子，结果是再次重蹈覆辙。

商鞅就是这样的人，一面是海水，一面是火焰，没有中间地带，对“同路人”如同春天般的温暖，对“反对者”则像严冬一样残酷无情。温暖的血肉与坚硬冰冷的石头，在商鞅身上浑然一体。这种反差极大的性格最适合某些需要立竿见影的铁腕变法者，因为他们需要恩威并重，需要杀开一条血路，但未必适合他们自身个体的命运。

他在那个血腥的年代里狭路相逢，以自身的意志书写了波澜壮阔的历史，另一方面，既然选择了鲜血与牺牲，必然会种下自身的悲剧。

我们并不崇尚暴力，因为传统的庙堂迷信暴力，觉得通过暴力就能把一切要求压下去。那么，你对我使用暴力，我也谋划暴力。暴力对暴力，以暴制暴，以暴易暴，导致了历史上很多动乱和悲剧。

当然，政治比围棋要复杂得多。一盘围棋的对手只有一个人，但在一个政治棋盘上，则有很多对手。在自以为危险会出现的地方大力加强戒备，采取各种防范措施，实际危险却完全在另一个地方出现，当它出现时，却猝不及防。

吴起改革的劲头之大、勇气之足，实属罕见。他是一个理想主义者，恨不得一下子将旧贵族势力全部扫清，使国家迅速强大起来。他雷厉风行、大刀阔斧式的作风也为后人称颂。然而，事与愿违，他的目标并没有实现。在楚国，不变法只有死路一条！但吴起的悲剧又告诉人们，搞变法不能只凭热情，还要讲究节奏、策略，还要照顾方方面面，他显然操之过急，欲速则不达。他的死是悲壮的，他是历史上第一个为变法事业献出生命的人。

楚肃王继位后，虽然将“射吴起而并中王尸”的贵族七十余家满门抄斩，但遗憾的是并没有乘胜追击。这种战略上的大是大非是万万妥协不得的，该狠的而不狠，结果没有培育新生的变法力量进入体制之中。既然新兴势力不足以填补国家动荡留下来的空白，那么旧势力回流是必然的结果。此后，楚国失去了制造新鲜血液的功能，改良版的世族分治政体的地位无可撼动了。

英国历史上也有过类似利益大洗牌式的变法。他们极少把国王杀掉，国王也并没有把要求变革者杀掉。当然，可能有这样一种情况，双方力量差不多，谁都打不过谁，那就通过谈判达成协议。改革者的要求是，国王征税要经过我们同意。国王的要求是什么呢？要保住自己的王位。那么，双方在维护自己最低限度利益的情况下妥协。国王当然想征税越多越好，可是他让步了，少征一点，改革派这一边，也妥协，也让步，在减少征税的情况下，让国王继续统治。这样就一点一点地取得进步，推进创新。

世间的万事万物，之所以能不断地运动、发展、前进，一个很重要的方面，就是在于保持了这种平衡的结果。要想取得变法彻底、持久的成功，变法者最好生活在平衡的哲学里。凡聪明的变法者都懂得尊重常识、顺应规律。品尝变法失败这杯苦酒，往往是漠视规律的结果。

我们历史上缺少这种妥协精神，信奉的是你死我活，是暴力。中国人在双方相持不下的时候，双方脑子里想的，还是要用暴力，把对方彻底消灭，诛灭九族。项羽进入秦国首都咸阳，不但杀了无数人，还把阿房宫以及秦始皇陵墓的地面上相当于 72 个故宫那么大的豪华建筑放火烧了。为什么呢？表示彻底打倒你。曹雪芹感叹说："落一片白茫茫大地真干净。"社会上可资利用的物质财富，就这样一次又一次葬送在你死我活当中了。

如果从宏观的中国历史来看，其他各方也同样是主角，每一个主角都有自己的立场系统，构成了一重重诡谲不定的漩涡，根本无法受制于同一个价值坐标。

战国变法运动实质上是政治形式之下的生产关系的变革。而生产关系的变革，不是风平浪静的，利益集团之间的斗争不可避免。如果认识不到这种斗争的复杂性、尖锐性，不准备付出代价，而屈服于旧势力、旧体制，则变法是很难成功的。这个时候并不是不需要讲妥协，而是要因地制宜，把握好战略上坚决与战术上妥协的关系。也就是说，在变法的最终目标、大的路径上决不能左右摇摆，必须坚定不移；在具体方法和策略上，要讲究求同存异，给对方一条体面的退路。这就是一种大平衡、一种大妥协。

变法者如果在战略上退缩不前，该出台的变法方案不敢出台，或者已出台的措施被旧势力曲解、"变异"而听之任之，就会导致变法失败。七雄之中，唯有秦国在中后期克服了宗室贵族的专权，并且逐步地在秦国政权中确立了布衣将相的格局，使变法取得了最终的胜利。但是，胜利之后不懂得留有余地，照样也会翻船的。

妥协不是"只栽花不栽刺"，不是做"好好先生"放弃原则，以牺牲大局来换取表面的一团和气、肤浅的人际和谐。这些不是真正意义上的妥协，而是走向了事情的反面。

李悝、吴起等变法者大部分都是知识分子，他们的血管里总是汹涌着激进的热血，以为只要通过一场改革就可以把一切不合理的制度破除，创造出了一个公平、公正、合理的新世界。所以他们做起事来，总是唯我正确，激烈、绝对、寸步不让，总是那么缺乏建设性空间。他们书生气十足，致使出现了变法虽具有操作性但难有持续性的悖论。古人在处理人与人之间的矛盾时就有退一步海阔天空之说，这实际是妥协的一种高境界。

有人说，变法不是请客吃饭。这话好说，实际操作起来该请的还得请。变法过程中必须准备好“革命”与“妥协”的两手，该出哪只手时就必须出哪只手，关键是要把握好出手的时机。

第五章

人才兴，则变法成

“国之栋梁也，得之则安以荣，失之则亡以辱。”

这是北宋改革家、文学家王安石在其《论材》中的点睛之笔，阐述了人才在治国安邦中的重要性。一个国家的兴亡史，一定程度上是人才与君王的作为史。人才与明主之间就像栖息的鸟儿，人才寻找明主而不是国度，明主在寻找人才建设国度。

战国时期各国的变法运动及相互间的激烈竞争，实质上是人才质量的大比拼。人才兴，则变法成；人才弱，则变法败。人才好似一个“支架”，撑起了变法的千秋伟业，但是这个“支架”随着各国政局的风云变幻、扑朔迷离而不断地在滑动。变法能否成功、能否彻底，就看这副“支架”滑向哪里了。

比拼的就是“头儿们”

纵观战国的变法史，人们可以清晰地看到，君王对于变法的成败承担着不可推卸的主体责任，人治社会认的就是这个“理”。他是聪明睿智，还是昏聩无能，往往直接关系变法的质量和百姓的祸福。于是，我们在战国的历史中不断看到，一些国家时而强大繁荣，时而苦难深重，时而太平无事，时而战乱不堪，君王的因素无时无刻地在发挥着作用。

一个国家核心领导集团的秉性、气质、气魄、胆略、能力如何，尤其是处于核心集团中的核心人物的智商与情商怎样，是这个国家综合软实力的十分重要的方面。再说大一点，世界各国文明的竞争，很大程度上是领导集团性格与力量的竞争。

说到这方面，先说说战国时期秦国的历代诸君。

秦国从立国到嬴政执政，历经600多年，一共有30多位君王。而与兼并六国关系最密切的是秦国后期的七代国君，他们分别是秦孝公、秦惠文王、秦武王、秦昭襄王、秦孝文王、秦庄襄王、秦王嬴政。这七代国君除秦孝文王当政只有三天，来不及作为可以忽略不计外，没有一个是庸主，个个都是英君，在任期间开疆拓土、靖边安民、洛河黄沙、万马千军，他们的气魄是何等豪迈，为秦国统一天下完成了自己应该承担的历史使命。

第一位，秦孝公。秦国的崛起可追溯到他的变法。秦国立国较晚，又偏处关中一隅，在战国中后期仍然是综合国力较弱的一个诸侯国家。如果不能变法图强，秦国兼并六国无异痴人说梦。秦孝公看到了这一关键点，重视并重用商鞅，施行变法。商鞅变法使秦国迅速发展，国富兵强，由此奠定了秦灭六国的经济基础、军事基础和制度基础。秦孝公出色地完成了历史赋予他的重任，为秦国以后的快速持续发展夯实了根基。

第二位，秦惠文王。他虽然车裂了商鞅，但商鞅的法令却没被废止。因此，秦国的崛起并未因秦孝公和商鞅之死而中断。秦惠文王不因人废法，也不搞意识形态之争，实为过人之举。他即位后，随着商鞅变法后秦国的迅速崛起，东方六国有识之士意识到秦国的强大对他们构成了潜在的威胁，于是积极寻找对策，开始用“合纵”的办法对付秦国。这是秦国崛起之后面临的新的重大时代课题。如果这个问题不解决，六国联军将会重创秦国，变法带来的强盛也会因此夭折。虽然，此时东方六国中的任何一国都不足以对强秦构成重大威胁，但是，若六国联合成功，以六国之力攻打他一国，即使秦国已经很强大，仍然是无法承受的。在这种情况下，秦惠文王审时度势，重用纵横家张仪。张仪根据新的形势与发展势态，针锋相对地提出了连横策略，对六国一一瓦解，逐个击破，最终化解了六国的“合纵”之谋与军事行动。秦惠文王也为秦国统一大业的继续发展做出了杰出贡献。

第三位，秦武王。在秦国的崛起史上，秦武王似乎并不重要，原因是他在位时间较短，只有三年。但是，即使是这么一位如流星般的国君，他对后来的秦始皇统一中国也功不可没。秦武王有一句名言：“寡人欲容车通三川，窥周室，死不恨矣。”“三川”原指黄河、洛河、伊河三条河，这里指含有这三条河的地区，辖境是今天河南灵宝县以东至洛阳的这片土地。秦武王一心向往的是能够坐车到达洛阳，看看周天子的王城。他的“窥周室”并不是去旅游观光，想参观一下周天子的都城而已，实际上是想取周而代之，一统天下。一句“死不恨矣”，可以看出他是多么渴望实现由秦统一天下的远大目标。

第四位，秦昭襄王。他在位时，秦国对六国已经占有压倒性的优势，应当继续东进，打垮六国的军事力量，为最终兼并六国做好充分的准备，这是秦昭襄王所应当承担的历史使命。为此，他多次任用魏冉为相，提拔白起为将，持续攻打三晋。白起伊阙一仗，打败韩、魏联军，杀死二十四万人。秦赵长平之战，白起坑杀四十五万赵兵，赵国一战就损失了这么多精锐部队，实际上已被打垮，基本上摧毁了赵国的有生力量，使东方六国之中再没有一国能够和秦国单独过招，这就进一步加快了秦灭六国的历史大进程。此外，秦昭襄王又任用范雎为相，采纳了范雎著名的“远交近攻”策略，制定了秦灭六国的大政方针。正是“远交近攻”四个字改写了中国的历史，使秦国兼并六国统一天下有了一个总体战略方针，也使秦灭六国的大趋势日趋明朗。

第五位，秦孝文王。这位君王前面已经提到过，他是秦王嬴政的祖父安国君，正式在位时间仅有三天，没有什么政绩，也没有什么败绩，因为在这个“九王之尊”的王位上坐过，史官不能在君王序列中删掉他，但只是一个符号而已。

第六位，秦庄襄王。是当年放在赵国做人质的异人，被吕不韦成功包装并推上王位的一代秦君。虽然他的在位时间和秦武王一样短暂，也只有三年，但之前在赵国寄人篱下这么久，人间的冷暖苦辣都尝过，因而锻造了他的非凡人生。秦庄襄王即位时面临的任务也是继续秦国的扩张大业，巩固发展秦国统一天下的大趋势。他重用吕不韦为国相，攻取韩国的军事重镇成皋、荥阳，建立了三川郡。这样，秦军便可以直达大梁，就是今天的河南开封。三川郡成为插在韩、魏两国腹地的一把尖刀，秦军就可以随时马踏中原。不仅如此，秦庄襄王还利用赵、燕两国之战，攻取了赵国榆次等三十七城，进一步削弱了赵国的国力。赵国土地的锐减，秦国“飞地”的不断增加，其中就有秦庄襄王的一份功劳。

第七位，秦王嬴政。这位千古一帝在举行加“冠礼”之后，首先解决的问题是巩固自己的权力。如何除掉嫪毐集团、吕不韦集团，在当时成为刻不容缓的压倒一切的中心任务。公元前 237 年，嬴政罢免了吕不韦的相国之职，标志着他巩固政权的任务已经告一段落。

嬴政正是凭借其祖先的基础，“奋六世之余烈，振长策而驭宇内”，加上他本人的杰出才能，善于用人，博采众议，从谏如流，敢于做出亡六国的战略决策，表现出雄才大略。他任人唯贤，虚心纳谏并使用军事外交和内部分化瓦解等策略，在采用远交近攻、先易后难、中间突破、后扫两翼、最后灭齐等环节上，处理得得心应手。他善于和敢于尽全力决战，信任压倒猜忌，有气吞海内的气魄，不失时机地统一了全国，表现了一个杰出政治家的才能，反映了新兴阶级的虎虎生气。嬴政又是个热衷于从战车和弓箭中寻找真理的人，在统一战争中，这种气概和本性再次暴露无遗。

争霸不是一朝一夕的事，需要好几代人前赴后继、不懈努力。如果有一代人不好好打理，不仅霸业无从谈起，甚至国家都面临被人吞下的危险。秦国最终能够统一天下，是战国时期七代国君不断接力的结果，并且每一棒都交接得很好。试想，如果中间有一位是昏君、庸君，或者是光吃老本的家伙，那么那个险象环生的年代里鹿死谁手也就搞不清楚了，中国此后的历史必定是要改写的。

这里，我们挑看第三任国君秦武王的作为。他是位承前启后的角色，在位时间很短，只有三年的时间，但他做出了非凡的业绩。

公元前 311 年，他派左丞相甘茂亲自率重兵攻打韩国的宜阳，即今天的河南宜阳。宜阳是陕西通往河南的重要通道，两边重峦叠嶂，中间一线通往洛阳，西距洛阳四十公里，是韩国的西大门，地理位置非常重要。如果拿不下宜阳，秦国就无法兵出函谷关，也就无法东进中原。但是，若想攻下宜阳，就必定要和韩国有一场大仗、恶战。韩国一旦失守宜阳，秦国就可以长驱直入，直达韩国的腹地。如此战略地位，秦、韩双方都看得很清楚。所以，再弱的韩国也必然死守宜阳。

面对这个形势，甘茂对秦武王说，要攻韩国，必须联合魏国，同时提出与副使向寿一块儿去魏国游说魏王。当时武王也没有介意，一口答应了。到达之后，想不到甘茂却对向寿神秘兮兮地说，你先回去，就说魏君已经同意联合攻韩了，但是一定要告诉秦武王攻韩之事行不通。只要你这样说了，将来事成了，功劳全归你。向寿顿时一头雾水，但他知道甘茂说的自有他的道理，便欣然同意折回，按照甘茂的交代向秦武王做了汇报。可秦武王听了觉得迷糊了，既然魏国同意联合攻韩，为什么还不动手开干呢?

后来，甘茂也回国了，秦武王马上召见了他。甘茂回答，宜阳是一个大县，战略储备非常充足，名义上是县，其实相当于韩国的一个郡。如果现在我们去进攻，很难得手。

接着，甘茂胸有成竹地给秦武王讲了三件不搭界的事。

第一件事是“曾参杀人”。当年，曾参在费地居住，费地有一个和曾参同名的人杀了人。于是有人告诉曾参的母亲，曾参杀人了。曾参的母亲纹丝不动地在织布机上织布。一会儿，又来了一个人告诉曾参的母亲，曾参杀人了，曾母还是镇定自若地织布。又一会儿，第三个人来了，告诉她老人家，曾参杀人了。这下，曾母立即扔下手中的布，翻墙而逃。曾参是历史上有名的贤人，知子莫如母，可听了三个人的传话后，就误认为儿子真的杀人了。故事讲完后，甘茂对秦武王道出了说这则故事的原委了：我没有曾参那样的贤能，大王您也不能像曾参的母亲信任自己的儿子一样信任我。我只怕率兵攻打宜阳，大王最终也会像曾参的母亲一样不信任我。

第二件事是“张仪无功”。张仪为秦国立了大功，西并巴蜀，北开西河，南取上庸，但天下人都认为是先王贤能，而并不是将主要功劳归于张仪。

第三件事是“文侯烧信”。魏文侯当年派乐羊攻打中山国，打了三年才把中山国给灭了。乐羊回师的时候高兴得很，以为自己立了大功。面见魏文侯之时，魏文侯拿出整整一筐状告乐羊的信让他看。乐羊吓得拜倒在地，连连说，这不是我的功劳，全是大王的功劳。

说到最后，甘茂一言道破：从这件事可以看出，任何成功都不是一个人的成功，而是一个团队的成功。其中，领导的支持与信任最为重要。不要总以为自己立下了多少功劳，而是应当看到，当你拼搏之时上级领导对你的支持有多大。

接着，甘茂又说道：我甘茂是个外来之臣，如果率兵去攻打宜阳，最担心有人告我的状，而且大王一定会听信这些话。这样，大王便会背着一个欺骗魏王的名声，而我也会落得一身诽谤。所以，虽然魏国同意和咱们联合攻韩国，但这一仗我不能打。

秦武王听完后，对甘茂暗自佩服，想不到这小子还留了一手。事已至此，只好爽快地说：我和你先订一个君子协定，你就放心去攻打韩国吧。

直到这时，甘茂才率兵攻打韩国宜阳，结果打了五个月，还没有攻下宜阳。真如甘茂所料，秦武王果然收到很多告状信，于是下令甘茂退兵。甘茂不罢休，底气十足地说，协定还算数吗？秦武王是位君子，做事哪能出尔反尔呢，随即又派重兵增援甘茂，最终甘茂杀了六万韩国士兵，攻下了军事重镇宜阳，洞开了韩国的西大门，秦兵从此可以畅通无阻地直插韩国的腹地。

有这样的“头头”带领的团队，能不所向披靡、战无不胜吗？变法的接力赛能不一棒接着一棒跑，向终点奋力冲刺吗？

此前，秦孝公也是有着这样巨大人格魅力，一则在于超凡的政治品性，二则在于对人际关系的洞察力与亲和力。这些在许多影视里都有情节，最为真切的是“戒伪”两字。也就是说，不能将秦孝公的许多行为视为临机作秀，而是充分体现其发自内心的真诚。亲而不伪，和而不同，厚而不木，重而不拙，这是区分作秀与否的“分水岭”。

秦孝公以后的六位国君当政期间，除秦孝文王外，国内也发生了一些内乱，并且与他们直接有关，但他们在重大发展战略上，个个是明君贤君，对外关系处理得个个都是英勇非凡，似乎是冥冥之中有天意在庇护秦国。

其实，那时秦国的国君选拔制度与东方六国没有什么两样，也是实行嫡长子继承制，偶尔也有兄终弟及。比如说安国君的继位，是因为安国君的长兄因病去世，他作为次子而成为王位继承人。可是有一点不同的是，这七代国君是在艰苦的环境和励志的氛围长大的，不断遭受他国的白眼，使他们从小埋下了“不蒸馒头争口气”的种子，连做梦也在想着“老子将来一定要收拾你们”的事。

家有犟子不败家，国有诤臣不亡国。这就是秦国历代君王敢于担当，成就大业的密码。

秦国从不迷信“本本”，而是珍惜和尊重实践经验。七代君王的高明之处就在这里，总是站在实践经验的肩膀上，又借助思维的宏大空间，使思想的翅膀不断在翱翔。从某种程度上讲，秦国七代国君思维的纵深领域，从根本上决定了他们所可能达到的深广极限。

而东方六国的国君呢，就不是那么回事了。整个战国 254 年间，田氏齐国共传承了 8 代君王，赵国传承了 14 代，韩国传承了 11 代，魏国传承了 8 代，楚国传承了 13 代，燕国传承了 14 代。

从七国君王任职的平均时间来看，东方六国与秦国相比，就不是一个档次上得了。秦国名分有 7 代，实际只有 6 代。这样算来，秦国六任君王平均时间有 42.3 年。相比之下，齐国的国君平均任职时间为 31.7 年、赵国为 18.1 年、韩国为 23 年、魏国为 31.7 年、楚国为 19.5 年、燕国为 18.1 年。可见，秦国君王任职时间比齐、魏国的长了 11 年，比韩国长 19.3 年，比楚国长了 22.8 年，比燕国和赵国长了 24.2 年。

那时候，七国君王没有任职时间的限制，无一例外地实行终身制，只要你活得好好的，不要担心有“任期制”赶你下台或者退居二线。秦国的每位君王比其他的国君平均多干了这么多年，并不是他们嬴氏家族有什么长寿的秘诀和基因，而是在于他们有个稳定的政治体制架构。

这几组数字对秦国而言至少说明了这样两个问题：一是国内政治清明，

宫廷内出现一些风波，但没有伤及筋骨，大家忙着干大事，很少有人去觊觎王位，一代一代正常过渡更替。二是君王们在位时间越长，越有“打基础、谋长远”的愿望，“一代接着一代干”的精气神一直很旺，真是一心一意搞建设，聚精会神谋统一，不敢有半点的懈怠之心。

东方六国的君王们除了个别的以外，基本上没有像秦国的国君那样，一以贯之地秉承开拓进取的精气神。这好像应了中国的一句老话：“富不过三代。”甚至，有的就在当代就把国家玩完了。

赵武灵王的一生，更像一曲交响乐，高潮迭起、荡气回肠，但人生实在祸福难料，当巅峰的乐章还在回响时，一个悲惨的终止符，却让这曲近乎完美的交响戛然而止。

缘由何在？这是一个由“梦”引发的悲剧。

公元前 310 年，赵武灵王做了一个梦，说通俗一点，做了一个春梦。他梦见一个女子在弹琴唱歌，醒来之后连唱词都记得一清二楚：“美人荧荧兮，颜若苕之荣。命乎命乎，曾无我嬴！”

过了几天，赵武灵王跟群臣一起喝酒，就一直在念叨这个梦，说很想见到梦中的女子。别人听听也就算了，最多心想这个老东西想女人都想疯了，但是领导身边从来不缺少捧臭脚的，偏偏有一个叫吴广的人动了心思，因为他正好有一个女儿小名叫嬴，大名是孟姚。

孟姚跟赵武灵王梦见的女子一模一样，这也太神了！灵王的情绪极度兴奋，好像沙漠里的胡杨得到了流水的滋润，顿时青春焕发，往后的日子就可想而知了。可是，无论身体多么强悍的君王，也难以承担如此快乐而又艰辛的体力活儿，赵武灵王慢慢地消损了体质和意志。

历来如此，治国理政那条布满尸体的大道上，一直有女人妖娆的身影穿过，几千年中络绎不绝。女人温柔多汁的身体，多次神奇地介入了历史。细检能在中国历史的回廊里留下佳影的绝代佳丽，几乎无一不是权力供桌上的祭品。

赵武灵王对孟姚倍加宠爱，不仅仅封她为惠后，还“子以母贵”，将宠爱延伸到惠后所生的公子何。公元前 301 年，惠后去世。临死之前惠后向赵武灵王提出了唯一的遗愿：立公子何为太子。这不是没事找事吗？立公子何为太子，太子章怎么办？

家事祸了国事，真是红颜祸水啊！

自私的孟姚不会知道，她的无理要求，将让她的丈夫和儿子坠入万劫不复的深渊！当然，这也不能全怪孟姚，因为她说完就走了，也没死缠烂打让赵武灵王非立不可。

可说是英雄难过美人关，也可说是赵武灵王感情很专一，他还是把孟姚的临终遗愿执行得相当到位，在她断气后立即撤换太子章，由章变为何，并安排曾经坚决反对穿胡服的大臣周袑穿着胡服，负责对新立的太子何的言传身教。公元前 299 年，赵武灵王“退居”二线，太子何继位，就是那位惠文王。

经过一番厮杀，赵武灵王死了，由于惠文王年纪尚小，赵国的大权落到了宰相公子成、司寇李兑的手中。经“胡服骑射”渐渐强盛起来的赵国，经过沙丘一难，变得前途不测了。

战国时期楚国的昏君和半昏君也不少，其中有：楚怀王、楚顷襄王、楚考烈王、楚哀王、楚王负刍等。这里，挨个介绍一下：

先说第一个，楚怀王和赵武灵王一样，属于前明后暗的半昏君，不信任屈原，信任那些奸臣。他昏庸的特色主要体现在对性的不节制的追求上。当初，张仪还没有发迹的时候去楚国谋发展，终于有一天见了楚怀王，并说："既然大王听不进我说的连横，那就让我回去吧。"

"你回去干什么，不许回去！"

"那我北上中原，去给您采办点儿东西，好不好？"

"黄金、珠玉、犀角、象牙，这些都是我们楚国出产的，寡人什么都不缺兮。"

"大王难道就不好美色吗？"

"什么？"楚怀王脸红了，"寡人有疾，就是好色兮。"

"中原韩国和大周洛阳的女孩，身材丰满，长发及臀，立在街巷，飘逸绝尘，仿佛神仙。"

楚怀王抓了抓脑袋，终于很不好意思地说："那，你去帮寡人办一办兮。"

张仪回到馆驿，立刻派门客出去到大街上到处喊嚷："到中原泡美女去喽，到中原泡美女去喽！"

"泡什么美女？"旁人问他。

"奉大王命令，去中原开发美女人力资源！"

楚怀王的老婆南后以及姨太太郑袖听说了，大为恐慌，赶紧送来黄金一千五百斤，央求张仪别给捣乱，开发什么美女人力资源啊！张仪收下黄金后，又跟楚怀王吃告别饭。喝到晕乎，看见南后、郑袖也扭着S腰，散发着招惹异性的信号，进来陪着大王，娇滴滴地劝酒作笑。张仪嗖地就把酒杯给撇出去了，两手趴在地上咚咚顿首："大王有如此天仙，我还上中原找什么美妞啊！张仪犯了欺君之罪，该死、该死。"

楚怀王一听话就来劲了，哈哈大笑："爱卿请起，就说嘛，天下哪还有比这两位更漂亮的美女！"

看看这个楚怀王，真是昏庸、好色、荒唐到了极限，此时他哪里还有什么心思去变法图强呢。

再说第二，楚顷襄王，这个属于前暗后半明的家伙，整天吃喝玩乐，国家大事不闻不问，竟把都城丢了。迁都到了陈县后，经过毛遂劝说，联合赵国抗击秦国，收复了 20 座城市，还算能干点事情。但后来与秦国合作之后没几年就死了，如果他们早合作几年，也许还能扭转局势。

第三个是楚考烈王，这是楚国最昏的昏君，即位没一年，迁都到寿春，割地赔款给秦国，大大加速了楚国的灭亡。后来人家还把自己的孩子送给他当太子，这真是大昏君。

再说后两个，楚哀王和楚王负刍，一个即位没几天被杀了，另一个是亡国之君。其实，楚国完全有机会再次扭转局面，如果项燕战胜秦军后长驱直入到秦国境内，也许还有希望。

魏国的昏君也着实不少，魏惠王就是战国七雄君王中最典型的昏君加庸君，之所以典型，在于他具备了这种君王给国家带来巨大破坏性的全部特征：其一，聪敏机变，但都玩的是小聪明，他有时有足以显示其高贵的特异怪癖，可谓志大才疏而多欲多谋。与晋惠帝这样真正智能低下的白痴君王相比，此等"庸君"具有令人目眩的迷惑性，完全可能被许多人误认为"英主"。其二，胸襟狭小，任人唯亲与敬贤不用贤并存，外宽内忌。这一特征的内在缺陷，几乎完全被敬贤的外表形式所遮掩，当时人们很难觉察。其三，在位执政期长得令人窒息，一旦将国家带入沼泽，只有渐渐下陷，无人能有回天之力。

魏惠王早期是个玩家，并有一个奇特的癖好，即酷爱熠熠华彩的珍珠，并认定此等物事是国宝。史载，他与齐威王狩猎相遇于逢泽之畔的那次真实对话，折射出了齐国对人才竞争的炽热，以及魏国的迟暮衰落。

赵国的情况同样如此。赵括取代廉颇，引来了赵国的灭顶之灾，足见赵孝成王平庸之极也。不可否认，一个国家君王的精神风貌，往往决定着这个国家的政治面貌。

在人治社会里，选择谁来作“主”，就成了这个国家、这个民族兴衰成败的关键。战国那时，往往有些昏君就像后来的各个王朝末年一样，政府腐败成那样，士兵再好也没用！

有的学者将吴起改革失败的原因归结为楚悼王死得太早，我看这只是学者的一厢情愿。首先，中国古代是人治社会，人在政在，人亡政息，社会改革得以进行主要是国君有变法图强的愿望。如果君王保守，不支持变法，仅凭变法者捣鼓是无济于事的。支持吴起的楚悼王早死固然可惜，但新上台的国王是什么态度呢？还是未知数。因为在楚悼王刚去世，吴起就被贵族杀掉了。吴起死后，变法失败，楚国又回到原先状态。同样，在秦国，支持商鞅的秦孝公一死，商鞅立即被车裂，可新法照样贯彻不误。总之，在中国历代王朝，能否实施变法，握有实权的最高统治者的态度至关重要，他们若无决心，缺少魄力，昏庸至极，底层的人再积极也没有用。

因而，战国变法的许多发起人都把成功的希望寄托在支持变法的“明君”身上。可是，一旦君王被反变法的旧势力左右或挟持，或者习惯了声色犬马，就会产生动摇。至于君王有病不能理政或者到了改朝换代的时候，就会直接导致变法的停止和失败，这是封建专制的必然结果。

同样的道理，在战国这个封建时代开端的年代里，商鞅等变法能否展开和顺利进行，除了正确有效的措施之外，还要取决于君王的勇气和魄力。如果没有秦孝公作坚强的后盾并给予强有力的支持，任何有才能的变法家要想取得成就都是不可能的。

就这样，变法就是在比拼“头头”们，“头头”们实在太重要了。在中国古代社会里，儿子败坏了老子的遗产，孙子颠覆了祖辈的根基，尸骨未寒，江山易色，魂幡尚飘，旧调重调，历史的颠覆，有时也来得太快，这是第一代创业者始料不及的悲剧。一个土财主，出了一个败家子，顶多破产而已；而偌大的政权，毁在败家子手里，那就是国破人亡的灾难了。

能识人，善用人

变法的关键在于人才。那时，人才的流动性很大，各诸侯国也自觉不自觉地都实行开放政策，国门始终是敞开的。这给人才流动、信息沟通创造了有利条件。在这种背景下，士人不受国界的限制，可以自由流动。

有了这个先天条件，秦国不遗余力，把自己的人才搞得多多的，变法事业自然有不竭的后劲；东方六国把自己的人才搞得少少的，无疑是在给变法工程抽血。只因这一着，输赢全在此。历览古今兴亡事，尽在朝中得人才。

“唯才是举”的提法出自东汉王朝垂死之时的曹操，但是“唯才是举”的行为最早就是秦国的人才原则。这个政策的实质就是，在一个广泛平等的平民化社会里，官员的选拔只有一个标准：才能。出身不限、国家不限。秦国在贯彻这个人才工作原则的时候，比东方六国都要彻底得多，以至于当时天下的人才大多都以投奔秦国为目标。很多出身于平民的读书人，之所以选择秦国而放弃故国，正是因为秦国会让他们更有前途，李斯就是一例。

不管白猫还是黑猫，抓住老鼠就是好猫。汇集在投奔秦国的人才队伍中，尽管他们怀抱着各自的想法，但都被秦国以宽广的胸怀所接纳。当年秦国发现修建郑国渠的郑国是来自东方国家的一个间谍时，有人建议把所有客卿都驱逐出境，但李斯历数客卿对秦国的贡献，最终没有使这个驱逐政策得以实施。由此可见，秦国庙堂里长期以来奉行的人才政策是坚持不懈的，不管国际风云如何变幻，就是没有发生过严重的人才政策倒退。

当东方六国都开始按孔子的民间教育模式培养人才的时候，秦国就积极招纳天下人才，他们的方针就是“不为我所培养，但为我所使用”。不管来自哪个国家，不管出身如何，秦国都表现欢迎，并加以重用。对于这些外来的人才，秦国叫他们为“客卿”。我们可以列出秦国客卿长长的名单：百里奚、蹇叔、商鞅、张仪、甘茂、魏冉、杜仓、范雎、蔡泽、吕不韦、李斯等，其他如荀卿、韩非等也可以算入其列。可以说，战国时期没有一个国家像秦国这样几乎来者不拒地招纳各种人才。如果没有这些“外国专家”来帮忙，秦国就不会强大。

秦国重用外来人才有两个明显的特点：

一个是态度很端正，在人才的问题上自认不如别人。有了这个谦虚的态度，自然会大量地吸收各国有才能的人来秦国为官。引进了这些人才后，并不是为了搞面子工程，将他们束之高阁，而是委以重任，授以实权，授以国政。根据马非百《秦集史》统计，自秦武王以后到秦始皇时代的一个多世纪的时间里，共有12名这样的右丞相：樗里疾，秦国人；甘茂（史籍记载为左丞相），楚国人；魏冉，楚国人；杜仓，未详；薛文，齐国人；楼缓，赵国人；寿烛，国籍不明；范雎，魏国人；蔡泽，燕国人；吕不韦，魏国人；隗伏，未详；冯去疾，未详。还有9名这样的左丞相：芈戎，楚国人；屈盖，楚国人；向寿，楚国人；金受，未详；徐诜，未详；王绾，未详；昌平君，楚国人；李斯，楚国人；不能确定其处在哪个君王时代的池子华，是魏国人。

在这些声名显赫的众多的丞相中，“外国人”占了68%以上。他们的主子“用人不疑，疑人不用”，该委官就委官，该授爵就授爵，毫不吝啬，根本不担心他们会“里通外国”。

秦孝公非常认同商鞅提出的“疑行无名，疑事无功”，这是变法得到顺利展开的基础。这种用人的大度，别说古代，就是当今世界上任何一个开放国家都难以做到，更是远远超出了以后“唯才是举”以及我们所能够给予的宽容限度。“惟楚有材”反而成了日后秦国灭亡楚国的原始力量。

另一个是注重拴心留人，让外来人才心甘情愿地为秦国服务。秦孝公不顾旧贵族的极力反对，坚定不移地信任商鞅，始终如一地支持商鞅推行变法，这就是用人不疑的先例。这种魄力对于想做大事的君王来说是必需的，也是非常必要的。何况，他们正在进行变法这个千秋大业呢！

秦国虽然在培养人才上没有什么特别的过人之处，这大概与其所处的地理位置有关，但六位国君在挖人才、用人才、留人才方面，个个都是身手不凡。这好像现在西方有些国家尽挖我们北大、清华学生一样，到了不择手段的程度。

秦国挖人才，六国送人才。六国哪有那么多人才啊？这还得感谢孔夫子呢！自周朝的官办学校衰落后，民间教育就大行其道。孔子是其中先导，很多人都模仿孔子的方式，招收学生推广教育。比方说，传说中的鬼谷子就教出了几个著名的学生，分别是苏秦、张仪、孙膑、庞涓，后来成为纵横家和兵家的代表人物。这种民间教育的方式，使得很多平民都获得了受教育的机会，打破了周朝封建制度下只有贵族子弟才能受教育的传统。孔子不是说过，“有教无类”吗?

这些平民学生为了通过读书获得前程，刻苦程度远超于贵族子弟。头悬梁、锥刺股、囊萤映雪、凿壁偷光这些故事，虽然发生的时代并不都在战国时期，但是它所反映的读书刻苦精神，是从战国时期开始形成的。学习的目的为了做官发财，既升官又发财就是学习投资的最好回报。在功利色彩浓厚的教育内容下培养出来的学生，往往对自己学以致用的要求，也表现出明显的急功近利。这个特点在苏秦身上很明显。其实，那个年代很多读书人在学习的内容上，以至于学成之后的应用上，都充满了“一飞冲天”的渴望。

前面说过，秦国自身的文化比较落后，奴隶制度又被破除得更为彻底，因而对于来自平民的人才没有多少限制。秦国客卿很多是平民出身，并且官拜高位。相比之下，这一问题在东方六国却有不同的体现。

君王嫡传，传的是王位，而能臣在哪里呢？乱世之际，何物最为宝贵?

变法兴国，何种资源最丰厚？战国庸君，最不在乎的是什么？这四个问号，后面皆是人才也！

齐、楚、燕、赵、韩、魏六国对人才也都极度渴求过，而在那个忠君爱国思想还没有完全形成的时代，“良禽择木而栖，贤臣择主而侍”是士人们普遍遵循的准则，能为故国效力固然好，但若不能如愿，到别国实现自己的抱负，也绝对不会受到任何指责。在那个大争之世，人才以空前的速度在列国中流动。尽管各国君王都知道人才的重要性，但能够真正留住人才、用好人才的君王却寥寥无几。

孙膑出山是齐威王用人政策的结果。齐威王如果不尊重人才，不会有孙膑的归齐；齐国大将田忌如果与庞涓一样妒贤嫉能，不会把孙膑推荐给齐威王；齐威王如果不重用贤才，孙膑就不会成为齐国的军师。由此，从齐威王到齐宣王数十年间，齐国一直运行在变法的坦途上，持续不断变法使齐国到了齐宣王执政时期，无论在经济上、军事上，还是文化上，都出现了鼎盛的局面。

魏国也是这种情况。魏文侯上台伊始，尽管还很年轻，一看那张脸就知道没有经过挫折的打磨，但在用人问题上显得很老到，组成了以自己为核心的变法集团，并且在吸引人才，放手使用这些人才方面着实下了一番功夫。战国初年，由于魏文侯揽才有术，用人有道，求贤之心甚诚，爱才之举甚敬，出现了人才荟萃，李悝、吴起、西门豹、乐羊、北门可、屈侯鲋等，受到重用后为变法竭忠尽智，做出了很大的政绩，而子夏、田方子、段干木等虽然没有直接参与变法，但通过直接影响魏文侯，对魏国社会的改变发挥了间接的、特殊的作用。就这样，富于变法精神的各种人才如众星捧月般聚拢在魏文侯旗下。群贤毕至，使魏国在霸业征程上踩了一脚油门，争取到了一段有利的国际国内环境。君臣一心，相互信任，这是魏文侯推进变法的力量之源、强国之本。《战国策·齐策五》有载：

> 昔者魏王拥土千里，带甲三十六万，其强而拔邯郸，西围定阳，又从十二诸侯朝天子，以西谋秦。秦王恐之，寝不安席，食不甘味。

这段话的意思是，以前魏王拥有国土方圆千里，三十六万士兵，凭借强盛国力，带领十二诸侯朝拜天子，企图向西谋秦国。秦王害怕，寝不安席，食不甘味。

可惜没过几十年，曾在战国七雄中作为第一强国的魏国则成为了“资助”别国人才最多的国家。

名将乐毅和名士范雎的流失是魏国最大的损失。乐毅是个奇才，同时又是一个“官二代”，他的先祖是魏文侯时的大将乐羊，由于乐羊率魏军灭中山国有功，被封在了中山国，后来中山被赵国兼并，乐家就流入了赵国。沙丘之乱时，为了避祸，乐毅回到了自己的故国——魏国，被封为受听不受用的大夫，并没有受到重用。此时，北方的燕国正在招揽天下贤才，条件也很诱人，乐毅就去了燕国，受到了燕昭王的重用。昭王没有看走眼，乐毅很快以其卓越的军事才能成为了燕、赵、韩、魏、楚五国联军的统帅，完成了五国伐齐的大业。若不是燕昭王突然病逝，若不是他与新燕王有矛盾，乐毅几乎将齐国这个东方第一大国彻底拿下了。

魏国的君王们总是感到“离开了谁，地球照样转”，对“乐毅事件”根本没有打算接受教训，依然对身边可能扭转乾坤的人才视而不见。吴起、孙膑、张仪、商鞅、乐毅、范雎、信陵君、尉缭，这一个个闪亮的名字都曾深刻地影响了战国的走势，他们都曾有过朴素的爱国主义精神，想为故国效力，可是除了魏文侯之外，一代又一代的魏君都没能真正地礼待和重用这些贤才，致使人才大量流失，导致了魏国自身“失血过多”，终由一个巨人之国成为了“小瘪三”，被无情的变法浪潮冲得无影无踪。

到了魏惠王当政的时代，魏国已形成了外宽内忌之风，在其后五代国君当政期间愈演愈烈，终于将各种各样的人才驱赶得干干净净。对吴起的变相排挤，对商鞅的视而不见，对张仪的公然蔑视，对范雎的嫉妒折磨，对孙膑的残酷迫害，对尉缭子的置若罔闻，对乐毅等名将之后的放任出走。

这种外宽内忌之风盛行，表现为几种非常怪诞的特征：其一，大做尊贤敬贤的表面文章，敬贤之名传遍天下，实质是为那些人才做了义务广告；其二，对身负盛名但没有干货，政治主张显然不合潮流的所谓大师级老朽，尤其敬重有加；其三，对已经叛离了故国的栋梁级人才分外敬重，只要可能，便聘为本国的兼职丞相；其四，对尚未成名的潜在人才一律视而不见，从来不会把眼光放在布衣士子身上；其五，对无法挤走的本国王族中涌现出的人才分外戒惧，宁肯束之高阁。到后来，魏国人才大量流失而得不到补充，队伍急剧萎缩。老的老、死的死、走的走，新的被打压、上不来。

自魏惠王开始直到魏假亡国，魏国对待人才的所有表现，都没有超出这五种做派。到了最后一个王族人才信陵君酒色自毁而死，魏国人才已经萧疏之极，实际上已经宣告了魏国的灭亡。

回顾魏国的用人史，几乎是一条僵直的黑线。一个国家在将近两百年的时间里始终重复着一个可怕的错误，其政治土壤之恶劣，其虚伪品性之根深蒂固不言而喻。

长期以来魏国这么多人才流失，几乎成了一个失控的洪流，其深层次的原因究竟在哪里呢？有旧贵族势力的排挤，有君王的怠慢轻视，有政见不一。还有一个人们不知的问题，那就是魏氏先祖有笃信天命的传统。魏国正史记载着毕万创魏时期的两次占卜卦象，这至少意味着魏国王族是很迷信卦象预言的，如果谁不畏命运安排，积极进取，那就会被认为是大逆不道的人。

南宋著名文学家洪迈在谈到战国人才流动时有一段精辟的论述：

> 七国虎争天下，莫不招致四方游士，然六国所用相，皆其宗族及国人，如齐之田忌、田婴、田文，韩之公仲、公叔，赵之奉阳、平原君，魏王至以太子为相。独秦不然，其始与之谋国以开霸业者，魏人公孙鞅也。其他若楼缓赵人，张仪、魏冉、范雎皆魏人，蔡泽燕人，吕不韦韩人，李斯楚人，皆委国而听之不疑，卒之所以兼天下者，诸人之力也。

这段话的意思是，七国争霸天下，没一个不招揽四方人才的。但其他六国所用的相国，依然还是自己的宗族子弟或者本国人，像齐国用田忌、田婴、田文为相，韩国用公仲、公叔为相，赵国用奉阳、平原君为相，魏王就是极致了，用了自己的太子为相。但是只有秦国不一样，秦国最初参与国政以求争霸天下的，是卫国人公孙鞅。而秦国任命的其他相国，像楼缓是赵国人，张仪、魏冉、范雎都是魏国人，蔡泽是燕国人，吕不韦是韩国人，李斯是楚国人。但是秦国都举国听命于这些人，从不怀疑他们的忠心，因此最终得以统一天下，就是这些人的力量。

无知者无智，魏国的衰落就是无知者付出的惨痛代价！

战国时期，只有秦国许多贤明的君王重视人才，以人才为珠宝，所以他们争着招揽人才，下令求贤，不惜重金收买，委以高官，百家争鸣的兴起正是适应了这种需要，需与求的结合，就导致了大量人才的兴起，游说之风的兴起，智力竞争的兴起。

齐威王在人才工作上表现得与其他君王有所不同，他把官场当作一个各种鸟雀扎堆的大笼子，要做的就是把笼子腾空，挑选新的鸟儿进去。他选人用人除了不避血统，还不论长相。就是那个孙膑，膝盖骨被剔了，脸被刺了字，齐威王照用不误，要不是本人推辞，都做齐国的大将军了。淳于髡的情况比孙膑好不到哪里去，首先出身卑微，是地位等同于奴仆的赘婿。其次身材矮小、相貌丑陋，还受过髡刑，就是被剃光头。这在崇尚“身体发肤，受之父母，不可损伤”的古代，是一种极具侮辱性的刑罚。就这样的人，齐威王还是予以重用，让他活跃于政治舞台。

孙膑、淳于髡这样的人，要放到现在，可能考公务员时连体检关也很难通过，主检大夫会将他毫不手软地删掉，否则人事部门也会将他们“把关”掉的，就算能混迹官场，最多也就是发挥“身体优势”，到残联挂个闲职。在人才问题上，有时候真的说不清楚，历史是在前进还是倒退。因此，在齐威王那段开明之治下，齐国从中央到地方都是人才济济。

当然，齐威王也不是毫无原则地用人的，他不关注出身，但重视结果，公正处置即墨大夫和阿大夫就是最好的证明。那时，齐国人才济济，百业兴旺，百姓富足，军事强大。但是，历史总是裹挟着时代的浪潮，汹涌而来又激荡而去。

到了齐闵王时代，大概是齐国的人才多了，闵王不再珍惜，总是感觉多一个少一个无所谓，既不尊敬，又不重用。稷下学宫学士已经发展到千余人，各国名士云集稷下。齐闵王好大喜功，自以为是，无纳谏用士的雅量。许多稷下先生对他极力进行劝谏，但固执的齐闵王却一再拒绝他们的良言善策，从而再也没有出现像管子那样能在政坛上经天纬地、出身普通的人才，而活跃于政治舞台上的更多的是王亲国戚。无奈之下，稷下先生们带着失望和愤懑，恋恋不舍地离开了令他们引以为豪的稷下学宫。正是这些稷下先生的烟消云散，宣告了齐国的盛世的结束，紧接而来的是秦国破齐。

人治体制下，君王的素质决定人才的聚散。君王如果能做到目光远大、胸怀宽广，善于发现人才、使用人才、管理人才、保护人才，则人才荟萃。反之，则人才丧失。在战争仍频、诸侯争雄的时代，得人才者强。春秋五霸的兴衰，秦国与六国的消长，都是人才政策开明与昏暗的结果，人才得与失的结果。

当初，赵国的强盛与人才的汇集密不可分。服务于赵国的人才有以下几个特点：数量大、质量高、品种全、不断线。据贾谊的《过秦论》介绍，东方六国出现的吴起、孙膑、带佗、倪良、王廖、田忌、廉颇、赵奢八大名将，赵国有其二；战国时期白起、王翦、廉颇、李牧四大名将，赵国也有其二。后来，问题出在哪些里呢?

赵国的人才政策在赵惠文王时期大放异彩，令人叫绝。可是好景不长，到了赵孝成王时期出现了很大的问题。

一是迷信客将。公元前 266 年，赵孝成王为了与燕国作战，竟然以地易将，以割让济东三城五十七市邑为代价，请田单出任赵将。赵奢坚决反对，认为赵国不是没有人可以担当此任。田单是齐国人，不会为赵国出大力的。这年夏天，田单率赵军反攻燕，拔了中阳，就是现在河北唐县西南的等三城，又攻取韩国注人，系今天的今河南临汝西。结果是“齐安平君田单将赵师而攻燕中阳，拔之。又攻韩注人，拔之。二年，惠文后卒。田单为相”。

二是一意孤行。最为典型的任用夸夸其谈的赵括。如果机械地用干部“四化”标准来看，赵孝成王也没有错到哪里去。革命化方面，赵括是名将、高级干部赵奢之子；知识化方面，他勤奋好学，熟读兵书；年轻化方面，他才三十来岁；专业化方面，军事理论造诣很高，是个兵法专家。其实，赵括只是个参谋人才，不是帅才。对此，其父赵奢知道，蔺相如知道，秦国也知道，就是赵孝成王不知道。长平之战，赵括亲自出战，被秦军射死，赵军大败。长平之战是秦并六国中的一个转折点，打开了东进的大门。三十多年后，赵国灭亡，赵括也因“纸上谈兵”而出了名。

三是用人之短。有人说公元前 256 年，燕国进攻赵国，夺取了昌城，即今天的河北冀州市西北。赵王命毛遂为帅御敌。毛遂大惊，坚辞不干，却未得赵王同意，结果兵败身死。毛遂是舌辩之士、急智之才，搞外交是个好把手，指挥战斗却不在行。但赵王认为，会说话肯定也会打仗，就像以前任用赵括一样。走极端有时是人的本性，即便是现在，仍然存在对人才一叶障目、一俊遮百丑的现象。在用人时，一会儿年轻至上，一会儿学历至上。一说年轻，恨不得到幼儿园去找，一说高学历，就是博士、院士。殊不知，术业有专攻，全才哪里有啊！

四是宠信佞臣。赵孝成王死后，其子赵悼襄王继位，也许是遗传的因素，这小子在对待人才问题上与其老子一个德行。他听信了奸臣郭开的谗言，解除了廉颇的军职，派乐乘取代他。当时，廉颇大怒，打跑乐乘，自己也跑了，投奔魏国。不久，廉颇又到了千里之外的楚国郁郁而终。郭开是赵悼襄王和赵王迁时期的红人，老奸巨猾，诡计多端，一意媚上。他为什么恨廉颇？因为郭开是一个擅长吹牛拍马的小人，疾恶如仇的廉颇曾在一次宴会上当面斥责过他，于是记恨在心。秦国间谍王敖曾就此事问道："你不怕赵国灭亡吗？"郭开答："赵国的存亡是整个国家的事，可廉颇是我个人的仇敌。"看看，小人的嘴脸在这一语中真是暴露无遗啊！这样的佞臣得志，岂有不败之理。

与秦国相反，楚国本来人才很多，隐士鬼谷子、庄子以及晚年居楚的学士荀子等，在楚地授徒著书。楚君中只要有个明君，把这些人才组织起来，足以能撑起楚国的大厦。师从鬼谷子的苏秦、张仪，还有师从荀子学的韩非、李斯，要么是怪才，要么是奇才，反正人人都是人才。但战国中期楚国权臣贵戚把持朝政，结党营私，妒贤嫉能，阻塞了楚士的仕进之途，国势由极盛而顿转衰落，最终为秦国所灭亡。

变法，看起来是革故鼎新，政策调整，而支撑这些的是智慧，说到底就是人的脑袋瓜子里的东西。它，就是人才最为本质的特征。

东方六国中不乏有许多也能称得上英明君主的国君，他们也发挥过各方面人才的作用，获得过很多的胜利，但胜利果实上充满了一己、一族之利的色彩。他们只问果实属于谁，而不计果实是怎么来的。因此，人才一次次流失，胜利果实难以得到真正的积累。说穿了，他们还够不上真正的政治家的级别。

用对手击败对手

“灰色地带”是近些年流行的一种说法，意思是在对与错、白与黑两个极端的中间，有个缓冲区和过渡区。其特点是暧昧不明，难以界定。可在战国时期，许多推行变法的君王和大臣们脑子里较少有这种中间地带的观念，非白即黑是他们的思维方式。在人才的引进与使用上，也被这种思维方式左右，有时候常常是过去强大的对手后来却成为了自己事业上最好的帮手。

从战国开始，上至公室贵族，下至士人，乃至一般百姓，但凡有能力、有本事，在一国一地不被重用，转而投奔他国，施展抱负的比比皆是。这并非战国时期形成的风尚，早在春秋之际，不少楚国的人才跑到晋国服务，当时就有一说法，叫“楚才晋用”。当然，这算不上是背叛祖国、卖国求荣，那时候的国家观念还没这么强烈。

东方六国在秦国虎狼之师东逼的压力下，不得不任用贤能之才救亡图存，但时间一长对外来人才仍心存疑虑，真正掌权的还是宗室，大批贤能之士往往藏龙卧虎于其门下，终究离权力中心远了。

秦国靠“外国人”打败了“外国”，建立自己的新世界。能够把敌人的人才挖过来，从软实力上掏空他们，那才是真正善之善者也。正如李斯在《谏逐客书》上所说：

> 昔穆公求士，西取由余于戎，东得百里奚于宛，迎蹇叔于宋，来丕豹、公孙支于晋。此五子者，不产于秦，而穆公用之，并国二十，遂霸西戎。孝公用商鞅之法，移风易俗，民以殷盛，国以富强，百姓乐用，诸侯亲服，获楚、魏之师，举地千里，至今治强。惠王用张仪之计，拔三川之地，西并巴、蜀，北收上郡，南取汉中，包九夷，制鄢、郢，东据成皋之险，割膏腴之壤，遂散六国之从，使之西面事秦，功施到今。昭王得范雎，废穰侯，逐华阳，强公室，杜私门，蚕食诸侯，使秦成帝业。

将这段话翻译成白话文，意思是，过去秦穆公求士，在西边从戎那里得到了由余，东边从宛地得到百里奚，在宋国迎来蹇叔，在晋国招来丕豹、公孙支。这五个人，并不生长在秦国，可穆公重用他们，结果吞并了20个小国，使秦称霸西戎。孝公推行商鞅的变法之策，改变了秦国落后的风俗，人民因此殷盛，国家因此富强，百姓甘心为国效力，诸侯各国归附听命；又大败楚、魏两国的军队，攻取了千里土地，至今还巩固地统治着。秦惠王采用张仪的连横之计，攻占了洛阳一带的地方；往西吞并了巴、蜀，往北获取了上郡，往南夺取了汉中，并吞了九夷的土地，控制住楚地鄢、郢；往东占据险要的虎牢，占领了肥沃的土地。于是瓦解了六国的合纵，使他们都向西事奉秦国，功效一直延续到今天。昭王得到范雎，废掉了穰侯，驱逐了华阳君，增强、巩固了王室的权力，堵塞了权贵垄断政治的局面，逐步侵吞诸侯，使秦成就帝业。

这完全是李斯的有感而发。从穆公时期百里奚来秦开始，秦国就为中原的人才搭建了平台，到后来的商鞅、范雎、张仪。甚至，嬴政大举进攻韩国只为一个才子——韩非子。“千军易得，一将难求”。嬴政不仅懂得这个道理，而且将这个道理注入了许多新的内涵。

这些人才中不少曾经与秦国为敌，率军在战场上与秦军大打出手。相对于秦国，他们是一个外国人。一个外国人，不远千里来到秦国，客观上所起的作用使秦国崛起，主观上还是想给自己搏一个出人头地的锦绣前程。可以这样说，一个社会的精英阶层的文化态度，往往决定该社会凝聚力、向心力、发展能力和发展方向。一个文化态度普遍落后的社会难以成为竞争的胜利者，而如果在文化理解上较为偏激，更有可能给社会带来诸多祸害。

自商鞅之后，秦国不断涌现出名相、名将。其中名将基本上都是本土产生的，而名相都是舶来品。

商鞅，原来是卫国人，来到魏国之后在公叔痤的手下当臣子，那时人们都叫他卫鞅。后来公叔痤把卫鞅推荐给魏王，但是魏惠王并不重视他。公叔痤对魏王说：“卫鞅是个奇才，你要么重用他，要么杀了他，绝不能让他出国。”结果，魏王没听。他的态度让公孙痤甚为失望，他从魏惠王轻蔑的表情中看出了这个国家是不可救药了。终于，他对卫鞅讲出了实情，并让他赶快逃走。

这真是悲催啊！只要是“家天下”大行其道并无所阻拦，屠杀、挤对、气跑功臣、能臣，就永远是一个再正常不过的事了。这是十分可怕的，比大地震、大洪水更可怕。

卫鞅逃走的时候，身上只带了一本书，就是李悝的《法经》。卫鞅就这样从魏惠王的眼皮底下消失了。后来，他再回到魏国的时候，身后带着秦国浩浩荡荡的军队。

还有蒙恬，秦始皇时期的著名将领，祖籍齐国，传说他曾改良过毛笔。蒙恬少年习刑狱法，担任过审理狱讼的文书。公元前221年，也是始皇二十六年，蒙恬被封为将军，随即率兵进攻齐国，因破齐有功被拜为内史，算是秦朝京城的最高行政长官，其弟蒙毅也位至上卿。蒙氏兄弟深得秦始皇的尊崇，蒙恬担任外事，蒙毅常为内谋，当时号称“忠信”，其他诸将都不敢与他们争宠。秦统一六国后，蒙恬奉命率30万大军北击匈奴，收复河南地，即今天的内蒙古河套南鄂尔多斯市一带，设置了34个县。后又渡过黄河，占据阳山，迁徙百姓充实边县，又修筑西起陇西的临洮，即今天的甘肃岷县，东至辽东，也就是今天的辽宁境内的万里长城，把原燕、赵、秦长城连为一体。长城利用地形，借着天险，设置要塞，有力地遏制了匈奴的南进。后受遣为秦始皇巡游天下开直道，从九原郡，即今天的内蒙古包头市西南，直达甘泉宫，截断山脉，填塞深谷，全长一千八百里，可惜没有修竣完工。就是这个外国人征战北疆十多年，威震匈奴。

正是在这一帮“外国专家”的辅助下，秦国才在大西北站稳了脚跟，奠定了霸主的基业。在秦国发展的关键时期，秦昭王更是任用了一大批外籍人士治国，使秦国成为七国中最强的一方诸侯。这些被拜为客卿、享有优厚待遇的外来人才，使得秦国的政治、经济、军事和文化都有了长足的发展。在用人制度上，秦国的客卿制度虽然也曾遭遇过波折，出现过麻烦，但敢于突破宗法格局，大胆起用外籍人士，无疑对秦国的崛起发生了重大影响。

在人才大战的战国时期，东方六国也招揽过“外国专家”，但最后结果并不太好。吴起就是这样的情况。

吴起拒绝与魏国公主联姻后只有离开那里，否则“卿相”的梦想永无实现的那一天。吴起背起挎包走了，越过黄河向南而去，继续追寻梦想。魏国的南方是一个古老而又美丽的国度，那就是楚国。

有古诗这样赞美楚国：

山随平野尽，江入大荒流。

月下飞天镜，云生结海楼。

万里大江，千里云梦泽，吴起进入虚幻缥缈的神话世界，一个很奇特的人在等他，等了很久很久，望眼欲穿。他的名字叫熊疑，就是那个楚悼王。

楚国那时江河日下，远非春秋霸主楚庄王问鼎轻重的时代。几年前楚军在大梁、榆关大败于三晋联军之手，丧失郑国土地。面对中原新霸主的崛起，楚军节节败退，国内暮气沉沉；楚悼王看不到未来，看不到光明。

吴起来了，犹如一盏明灯照亮荒蛮的荆楚大地。善于深思，体魄强健，这两者在一个人身上形成的化学反应，就是凝结为思想、意志，以及支撑其永动下去的无穷精力。

说起楚国，大家第一印象，似乎整个南方都划在楚国名下。其实楚国没那么大，吴起时代势力才囊括洞庭湖，到达广西北部。陈国和蔡国的土地名义上早已是楚国领土，但到了吴起之手才被真正巩固下来，挡住韩、魏两国疯狂扩张。

历史给吴起一次机会，一次证明自己是个好帮手的机会。

还有那个陈轸，楚国的纵横家，也是一个外国人。秦国在一次战争中打败了韩国，俘虏了韩国的两个将领。韩国臣公仲向韩王献计，用韩国的一座名城和一些兵器为议和条件，让秦国向南出兵攻打楚国。处在秦、韩军队联合进攻的情况下，楚国谋臣陈轸向楚王献缓兵之计，即告示全国，调兵遣将，扬言去救韩国。同时又派遣使者，携带很重的礼品献给韩国，阻止秦、韩合兵。韩王果然中计，听信楚国救援韩国的假言，派人与秦国断交。秦、韩两国大战，楚国坐山观虎斗，结果韩国大败。这不能不说是陈轸对“缓兵之计”的成功。

公孙衍曾先后担任过三国之相的经历，折射出战国时代“帮手”们的身份是经常转换的，甚至到了“有奶就是娘”的程度。

他是魏国人，在商鞅死后被秦惠王任命为大良造。公元前 333 年，他率领秦军向自己故国——魏国发起了进攻。此时的魏国既无精兵，又缺良将，根本抵挡不住秦国的强大攻势，只好割地求和。他们所割让的阴晋，就是今天的陕西华阴东，位于魏国与秦国的交界之处，也是公孙衍的家乡。而河西是秦国通向中原的门户。战国时期，各个国家对粮食的控制都很严，经常利用粮食问题来卡对方的脖子。魏国占据河西之地，死死地压制着秦国，卡死了秦国通往中原的道路，迫使秦国只能与魏国一家做生意。秦国不甘心受到魏国的盘剥，多次进攻河西，但都没有能够打通中原通道。

公孙衍当然明白河西之地的战略地位。中原是当时各地的商品集散地，控制着各国的粮食命脉。只有走向中原，才能拥有充足的粮食补给，才能在战略上处于主动。对于秦国来说，只有占据河西之地，才有可能走向中原。

魏国被迫割阴晋与秦国修好，秦国东进中原的一颗钉子被拔除了。秦惠王掩饰不住内心的喜悦，立即把“阴晋”这个颇具魏国意味的名字，改成了带有秦国色彩的“宁秦”。此后，公孙衍再度率军进攻河西要塞，俘虏魏国主将龙贾，斩首八万。经此一役，秦国已实际占据了河西之地。魏惠王便顺水推舟，把河西地区割让给秦国，向秦国求和。

魏惠王割让河西之后，派人重金贿赂公孙衍。于是公孙衍向秦惠王提出，趁秦、魏两国暂时和好之机，进攻别的国家。

就在这时，张仪来到了秦国。他告诉秦惠王，魏国四面受敌，正是伐魏的良机。公孙衍顾私利而忘公义，让秦国进攻西面的游牧民族，实属误国之举。魏国有霸主的根基，如果它缓过劲来肯定会全力攻秦，秦国恐怕就很难对付了。

秦惠王被说得如梦初醒，立即起用张仪为客卿。公孙衍遭到排斥，不得不离开秦国，回到魏国做了将军。

此时，魏国已经千疮百孔，国力衰退。于是，公孙衍就想拉拢别的国家，靠联合出击取胜。他首先找到齐国名将田肦，动员他出兵一起进攻赵国，还说只要出兵五万人，就可以很快打败赵国。田肦认为他说得太容易了，恐怕以后会带来大麻烦。公孙衍说，如果说得太难了，两国的国君就不同意了。等出兵之后，两国国君见有危险，肯定会派兵增援的。后来果然如此，赵国被联军打得大败。

“合纵”再次失败后，魏国开始全面倒向秦国。于是，罢免了主张合纵的宰相惠施，改任张仪为魏国宰相。之后，秦国便向魏国和韩国借道进攻齐国。齐威王派军应战，顽强抵抗，大胜秦军。秦国的这场失败，使张仪的连横策略遭受挫折。魏国内部主张亲齐的势力再次抬头。齐、楚两国要求驱逐张仪，魏国也派出使者到楚、赵、燕等国游说，争取“合纵”。

公元前319年，魏国把张仪逐回到秦国。公孙衍主张“合纵”，而且得到了东方各国的支持，被任命为魏国宰相。于是，公孙衍说服诸侯，组织起魏、赵、韩、燕、楚五个国家的兵马，联合出兵攻打秦国。由于各国利益不同，各国君主各有打算，实际出兵的只有韩、赵、魏三国。联军气势汹汹攻到函谷关，遭到秦国反击，结果竟不堪一击，一战而溃。魏国遭受损失较大，转而向秦国请求讲和，于是五国纷纷退兵。秦国乘胜追击，攻打没有求和的赵国。齐国也落井下石，趁机进攻赵国。赵国连遭惨败，大将几乎丧尽，损兵8万多人，“五国伐秦”宣告失败。

公孙衍发动五国“合纵”攻秦失败后，魏国大臣田需乘机指责、中伤公孙衍。魏襄王不再信任公孙衍，国家大权接着由田需所掌握。公孙衍在魏国待不下去了，只好到韩国去，当了宰相。在他的策划下，新一轮的“合纵”运动已经紧锣密鼓地展开。秦惠王为此深感不安，决定发兵攻打韩国。战斗打响后，韩国明显不占优势，其他盟国竟然无人发兵相救。前线日益吃紧，主张和秦国“连横”的韩国大臣公仲朋建议割地讲和，与秦国一起伐楚。楚怀王听到这个消息，急忙做出出兵救韩的样子，让战车停满了通向中原的大道。韩国接到报告，非常高兴，立即下令取消了入秦求和的计划。

秦王大怒，又下令向韩国发起更加猛烈的进攻。两军相持一年多，韩军被打得大败。公孙衍无力回天，只好逃走，再次回到了魏国。但魏国朝廷钩心斗角，公孙衍没有能重新登上历史舞台。据《韩非子》记载，他与大臣张寿有积怨，田需对他也怀恨在心，于是田需派人杀掉张寿嫁祸于他。魏王误以为是他杀的，就把他杀掉了。

在那个特殊的年代里，变法的能手常常来自于曾经为敌人服务的对手。变法过程隐秘多变，迫切需要一批这样的人物，既能诡巧地遮掩隐秘，又能适当地把隐秘装饰一下昭示天下；既能灵活地适应变动，又能庄严地在变动中翻脸不认人；既能从心底里蔑视一切崇高，又能把统治者的心思洗刷成光洁的规范。

一个社会经历转型，总会与其相适应的新生力量涌现出来。这些新生力量往往会以其独特的方式参与到社会变革的大潮中来，其中一些人会因此成为弄潮儿。历史在演进的过程中，不仅会淘汰落伍者，也会让一部分弄潮儿付出沉重代价。

能够把对手变成帮手，靠的是使出的手腕、开价的条件，但根本的还是靠招贤纳才者的眼光，靠的是气魄，靠的是那个大变时代提供的舞台。

秦国能吸引各国人才去投奔绝非偶然，能使白起成为这样的战神更有其必然之处。白起既无名师指点也非权贵，甚至是个文盲和草民，这样的人也只有在秦国这种近乎变态的“人头换官爵”的地方，才能从一名小兵变成百战百胜的武安君。白起如果一直“窝”在讲究贵族等级的国度里，是没有任何希望的。

任何一个国家在发展需求阶段，对人才的需求是第一位的，也是刚性的。在两百来年里拥有最丰厚人才资源的魏国，活跃在本国政治、军事舞台上的名相、名将寥若晨星，但在战国天空中成群闪烁的相星、将星，却十之七八都出自魏国。不能不说，这是一种历史的奇迹，也是一个历史的悲哀。

人才是变法的最大动力，也是变法的最大阻力。成事在人才，败事也在人才。

战国时代，对人才重要性的认识达到了空前的高度，无论是用才实践还是用人理论，都是中国古代历史上的最高峰。在这样的历史条件下，东方六国的人才相当一部分成为了秦国打败自己的帮手，真是不可思议啊！

第六章

治病除病根

“牵住牛鼻子，赢得满袋子”。

这是民间的一句俗语，意思是做事要善于抓住关键，就像“打蛇要打七寸”那样。如果打不准致命的部位，不但不能置其于死地，而且很有可能被蛇反咬致死。

战国变法的鼻子在哪里？在于体制。变法彻底的程度，就是对旧体制触动的程度。一个国家要在激烈的社会竞争中生存和发展下去，唯有不断发展自己的体制。如同一个人要自强、自立，必须有丰富的钙元素。一个国家要不断图强，必须有新的体制来支撑。否则，就会像一只没有装东西的空口袋一样，不能自立。东方六国变法中的一个致命败笔，就是没有狠狠地触动体制，最终败在体制的腐败上。

体制才是要害

变法是一项巨大的社会系统工程，它需要变法者对政治、经济、军事、文化等方面体制变革的必要性、可行性做出全盘考量，先变什么，后变什么；哪些短期可以实现，哪些不能急于求成，从哪里开刀，关键是要开哪一刀，都要权衡轻重和利弊得失，从而使变法有计划、有重点、分步骤地进行。总之，只有牵住这个变法的“牛鼻子”，才能始终掌握主动权。

在体制上做文章，如同针灸治病一样，用一根纤细的银针扎准穴位，就能够起到救死扶伤的神奇效果。针灸的要领是一针对一穴，讲究的是一个准字。变法要革除的大大小小的问题，就好像遍布人体身上的穴位一样，必须得找到总病根。找准穴位，还得狠扎银针。不痛不痒、隔靴搔痒，无济于事。

社会实践告诉了人们这样一个道理：凡在实践中反复、持续出现的问题，就不是个别管理者的能力水平问题，而是管理体制出现了问题。商鞅的两次变法不仅精准地找到一个关键环节——国家体制，而且找到了突破体制的切入点——军事变革。在中国古代集权制的社会里，兵权就是政权，政权就是兵权，两权实为一权。据有关史籍记载，当时商鞅在制度建设上采取了以下几项措施，也可以说扎下了这样几根“银针”：

他以李悝《法经》为基础，根据变法的需要及秦国的具体情况，制定了大量详细完备的法律，内容涉及行政管理体制、职官建制与管理制度、礼仪制度、军事行政、司法行政、监察制度、财政经济管理等方面。《秦简·秦律十八种》和《秦简·秦律杂抄》等记载，《工律》、《效律》是用来加强手工业的管理，《为吏之道》是任免和晋升官吏的行政法规，《田律》、《仓律》、《传食律》涉及农事管理、畜牧业生产和田赋征收，《金布律》用于管理商业。以法治取代礼治，不仅可以实现对社会的有序管理和严格控制，有利于集中全国的人力、物力、财力投入战争，而且以法律的形式将军事制度改革上升为国家意志，为变法提供了法理支持。现存秦律中的军事法囊括了兵役、戍边、后勤、警卫、作战、官员管理各方面，《傅律》管理民众应役、免役的登记，规定成年男子十七岁进行兵役登记，六十岁方可免除；《军爵律》规定按军功赐爵的一系列法律程序，包括“劳”（战功）、“论”（核实）、“拜”（举行仪式）、“赐”（赐予田宅和奴隶）、“迁”（将爵位迁转给后人）、“归”（归还已得爵位，折算成另外的赏赐）；《戍律》规定官吏调动百姓筑城守边的程序及违反制度的处罚；《敦表律》规定劳绩赏罚方面的内容，如未能按期服兵役或役期未满归乡者，按律均需治罪。

此外，涉及军事内容的普通法律有：《置吏律》规定军事官员的任命必须经过法律程序；《除吏律》规定对不称职军事官员的处罚及其保举人所应承担的法律责任；《除弟子律》规定对各种违反军法行为的处罚措施；《工律》规定制造武器要刻官府名称作为印证，以强化制造者的责任心；《徭律》规定军事工程必须保证质量，未达标准的要承担法律责任；《效律》对军事物资、账目的保管作出规定，数量不足或有损坏之处要按律论处。完善的法律成为军事制度变革的坚实后盾，而且培育了那种毫不打折扣的铁一般的执行力。

为了保证这些政策制度得以顺利实施，商鞅坚持“两手抓”：一手拿着狼牙棒，一手拿着军功章。有军功的，让你显赫荣耀；没有军功的，让你失尽面子。可以说，那时候军功章里自有黄金屋，军功章里自有颜如玉。

以利益为牵引，驱动民众积极为国效力，这一思想源于商鞅对民众心理和时代特征的准确把握。军功爵制，实质是以经济手段培养当兵光荣的社会风气、调节社会价值取向，其意义不仅在于鼓舞士气、增强军队战斗力，更在于国家通过特殊政策，以物质利益补偿和奖励军人履行职责时所付出的超常代价，实现军人政治地位的提升。

任何制度的渊源都存在于利益中，利益对制度具有极大的潜在影响力。游离于社会法规之外并为民众广泛接纳的“潜规则”，就是固有的文化传统在社会制度层面的反映，这种“潜规则”既可以成为制度的有益补充，也能从反面消解制度的约束力和权威性。因此，制度只有与利益契合，发挥其积极因素，抑制其消极因素，才能真正深入民心。没有这种利益根基作支撑，军事制度变革必然会举步维艰。秦国的军事制度变革，是与多数人固有的利益走向相一致的。

客观上，在长达一个半世纪的战争中发展起来的秦文化便带有较多的军事色彩，比如，“择勇猛者立之”的王位继承法则。秦文化中已形成了严格的嫡长子继承制，但执行得并不严格，因为在战争环境下，只有“勇猛者”才能率众杀敌，夺取胜利，获得生存与发展。再如，庶长制。秦人率军之将为庶长，庶长既是军官又是政务官，官职设置带有浓厚的军事色彩。复如，以置县作为主要统治形式。秦国人在扩张战争中每占领一个区域，都要置县。所置之县，因地处偏远，必须依靠军政合一的机构强化统治，以保证领土安全，具有一定的军事性。秦文化先天所具有的军事性在商鞅变法后急剧膨胀，原因在于商鞅变法是以法家思想为指导，而法家思想本质上是一种军事思想，法家对百姓的统治，实质上是军事管理。

商鞅真是个心理大师和很接地气的社会学家，在变法中坚持从“自利”这一人的天性出发，紧紧抓住“名”、“利”两字，充分利用手中执掌的刑、赏大权，不断深化变法。他曾说过：“人君而有好恶，故民可治也。人君不可以不审好恶。好恶者，赏罚之本也。夫人情好爵禄而恶刑罚，人君设二者以御民志，而立所欲焉。夫民力尽而爵随之，功立而赏随之，人君能使其民信于此如明日月，则兵无敌矣。”用现在的话说，人天生就有喜欢和讨厌的东西，所以君主能利用它治理好民众。因此君主不能不了解清楚民众的爱好和厌恶的习性。民众的喜好和厌恶是使用奖赏和刑罚的根本原因。民众用尽了力，那爵位也随着得到，建立了功绩，那奖赏也跟着得到了。君主假如能让他的民众相信这一点，那军队就会天下无敌了。

凡人都有厌恶羞、辱、劳、苦，都喜欢显、荣、逸、乐。根据这一心理特征，商鞅在变法中用严刑峻法禁止奸邪盗贼，制裁“事末利及怠而多贫者”及“为私斗者”等等，用厚赏鼓励耕战，把人们对名利的追求，纳入国家设定的轨道，使之为“富国强军”这个最高目标服务。

秦国最终夺取了天下，只能归结为当初商鞅的变法抓住了关键，建立了最管用的制度。或者说，他们把这个新制度建设得最彻底，也运用得最彻底。这个新制度，就是初具规模的中央集权制。或者准确地说，国君集权制。国家依靠代理人即官员对国家进行实际管理，官员掌握着王朝的各种实权。对于君王来说，国家管理最为关键的环节就是管理和控制官僚，使他们既是君王的好管理者，又是安分守己的庙堂上的忠臣。于是，君王一边要约束官员，使之不能在维护自身既得利益的同时毁掉君王的江山社稷，一边又要给些经济实惠和甜头笼络住这些官员，激励他们鞠躬尽瘁，死而后已。

这一制度，能够最大限度地集中国内的资源和财富，最大限度地激发民众的生产潜力和战斗勇气，并保持一种令行禁止、步调一致的“集体性格”，从而使秦国在优胜劣汰的激烈竞争中脱颖而出。

王权的集中，直接巩固了封建经济的统治地位，这种经济的特点便是自给自足的自然经济，是封建的个体的小农经济。而这种经济模式的发展也需要一个强有力的国家政权，以维护国家的统一和社会的安定，保证小农经济的生产和再生产。秦国勇敢、大胆地向这个方向靠拢。

而东方六国则是扭扭捏捏、羞羞答答，认识到了体制变革的重要，但又不愿意撕掉自己脸上那一层所谓文明的面纱。他们也进行了军事变革，但这种变革只是在政治体制和文化传统的外围修修补补，一旦进入深层次，就立刻遇到了强大的阻碍力量，并且立即停了下来。就这样，那些嘲弄鄙视秦国的东方诸侯，因背负着沉重的文化包袱而举步维艰，以至趋于疲弱，直至亡国。对于他们而言，文质彬彬的礼乐文化，就像自己套在脖子里的枷锁。当这个枷锁威胁到生命的时候，打开这个枷锁的钥匙却找不到了。有时候，勇气恰恰来自于无知，而力量正是出自野蛮。野蛮和文明的较量，本来就是历史的常态。而在战乱年代，历史选择的往往是野蛮的力量。

商鞅变法之后，秦国在生产力发展、生产关系、剥削关系、阶层关系、行政建制和制度、政治体制、社会思想这七个方面发生了深刻的变化。这些变化都是在长期的、反复的、激烈的阶层对阶层、社会集团对社会集团的斗争中实现的，其中贯穿着流血的和不流血的斗争。

由于变法捅了体制这个“马蜂窝”，使战国之际中国社会无论从政治上还是经济上，都发生了剧烈的变动，这种剧烈变动的结果必然是社会制度的变化，社会形态的变化，而在其他时期找不出类似的剧烈变化。当时的整个中国都沸腾了，在历史的舞台上短短的一百多年的期间不断地翻腾着轩然大波，这绝不是什么“和平过渡”。东方六国最为糟糕的是并没有紧紧抓住机遇进行一场深刻的社会变革。

其实，在战国七雄之中，起初秦国是最没有资格统一天下的，当时最有资格的是齐国。

齐国，根正苗红，实力雄厚，算得上一个正牌的强国。早在春秋时期，时逢齐桓公这等明君，又有管仲等贤才相助，齐国对内尊王，对外攘夷，事业如火如荼，达到了顶峰，成为了老牌的“霸权主义者”。后来，虽一度败落，但瘦死的骆驼比马大，何况齐威王时又进行了一些政治、经济、军事方面的变法，国力得到了复苏。进入战国时期，齐国称王称霸，威风不可一世。如果没有相当的实力作后盾，是不敢如此折腾的。秦国在统一六国的过程中，最后一个灭掉齐国，除了地理上的原因外，也有政治、经济、军事等方面的考虑。后来齐国的问题出在他们没有发挥好早期变法所积累的先发优势，实践成果没有上升为制度成果，许多变法的动作只是停留在应景之策上。

制度是管长久的，规范全体的。失去了制度支撑，小打小闹的变法动作做得再好、再热闹，还只是雕虫小技。那时，齐国变法已经转达了风向，开始以儒家为主，实行所谓的“仁政”、“布王道”，没有涉及体制这个核心，想用儒家观念根治社会顽疾，结果威风不可一世的“老牌帝国主义”，就这样稀里糊涂地亡了国。

还有楚国，这个战国时期最大的国家，春秋时期是以它和晋国为主角的舞台。进战国后，楚国大多数时间处于默默无闻的状态，大伙儿要反秦时他也跟着踢上一脚，秦国来拉拢又接受，齐国来求助也出兵。这个做事没有多少头绪的国家，之所以在秦国统一战中是唯一打败过秦国的国家，完全是吴起变法时给积攒的一些底子。吴起死于非命，后来的楚王们将“洗脚水和孩子一起泼了”，致使这场变法变到一半就搞不下去了，更谈不上有什么制度上的完善、发展了，最终使楚国一直没有跟上时代发展的步伐，也就无法集中国力发展强大起来。这样一来，它不过是一只巨大的野猪，秦国这只老虎可能在野猪强壮时不敢猎它，但是面对这个把自己养懒了的野猪，老虎能不猎它吗?

东方六国的一个共同特点，就是政策僵化，缺乏变通，同时朝堂争斗激烈，内乱不止。对于他们的国人而言，窝里斗不仅成了一种文化，而且成了一种习惯。没有了窝里斗，他们的社会变得了无生趣。

古语云，不破不立。纵观当时天下形势，能够笑得时间长一点的，都在“破”与“立”的辩证法中寻找出路。

战国初期还有一个头号强国是魏国，曾改革政治，奖励耕战，兴修水利，发展封建经济，北灭中山国，即今天的河北西部平山、灵寿一带，西取秦西河，即现在的黄河与洛水间，遂成为战国初期的强国。魏武侯继承父业，在位时期国政军事多继承文侯，国力强盛。但是由于体制上没有重大突破，变法的成果没有得到很好维持，并且显得十分脆弱。

韩、赵、燕三国也是这样的情况，它们出彩的地方各有各的不同，可失败的症结是一模一样的。

体制，是战国变法的最大的、最为要害的穴位，银针扎准了它，就能革除顽疾。这个“大穴位”面前，东方六国有的已摸准了它的所在，并且将锋利的银针猛扎了下去，但只是扎了一半就放弃了；有的知道“大穴位”连着筋脉，也知道扎针所带来的效果，但只是望而却步，着实不敢碰它；有的既不清楚“大穴位”的所在，也没有扎针的想法，面对不可收拾的局面，只是“脚穿溜冰鞋，滑到那里算那里”。因而，尽管六国留给子孙许多精彩的变法故事，但更多的是留下了羞愧的省略号和无奈的感叹号！

突破现有体制，只是变法之程走了一半，让新生力量涌现出来，依靠新生力量抗衡守旧派，依靠新生力量推动变革，是必须做的下篇文章。新生力量产生于新的激励机制，而新的激励机制使新的生产关系变得更加有效，社会更加融合和稳定。

只有不怕积怨，不畏凶险，置个人安危于度外，雷厉风行地遏制住破坏变法的守旧势力，真正让体制与时俱进，才会收到“令行而禁止，法出而奸息”的神奇效果，才有资格来谈富国强兵的目标。如果软弱妥协，畏首畏尾，明哲保身，不敢闯、不敢拼，变法就冲不出一条血路，最终也只能半途而废。

修修补补难长久

如果把体制比成麻袋，那么体制中出现的这样那样的问题，如同麻袋上出现的漏洞一样，是再也正常不过的事情。变法的最大功能，就是设法补好这些漏洞，使袋子里的东西各就各位。如果这个麻袋已经不适应袋子里所装的东西，那么就要考虑换麻袋，或者重新编织麻袋了，如执迷地在旧麻袋上补来补去，那是徒劳无功的，甚至会毁掉整只麻袋。

变法是个系统工程，不像女人结毛衣上三针、下无针那么简单，它需要有比较完善、比较彻底的措施，而这种措施只能来源于社会实际，来源于广大民众的实践。制度创新，是熔责任、勇气、方法、态度、精神于一炉的实践，必须代表百姓的利益，必须顺乎民心，适合民愿。否则，变法者一心想奏“交响曲”，那结局只能是“咏叹调”。

政治上的任何小修小补、小打小闹，都不足以应对时艰、挽救危亡。不触动体制这只“麻袋”，只是满足于眼前的社会稳定，那么什么“强国兴军”、什么“兴利除害”，什么“统一山河”，都不过是一句空话而已。

商鞅的成功在于他的变法抓住了问题的核心，从而像魔术师一样，变出一个生龙活虎的秦国。先抓军事，这是在那个崇尚“丛林法则”的年代里，是最硬的硬道理；再抓农业，等于在丛林里让自己强身健骨，力大无比。

战国时期其他诸侯国家的衰落，一个根本原因就是变法活动只有修修补补的机巧，而没有大刀阔斧的魄力，最终因变法停滞而走入死胡同。是补麻袋还织麻袋，对于统治者来说是个“躲不开、绕不过”的“坎”，如果怕这怕那、趑趄不前，抱着“多一事不如少一事”的消极态度，甚至将问题矛盾击鼓传花，固然求得了一时轻松、周全某些利益，但只能把现实问题拖延成历史问题，让危机跑在了变法革新前面，最终引发更多矛盾、酿成更大危机。

起初，东方六国都进行过涉及体制的变法，并且都取得了一定的成效，但他们的变法无论是在体系上，还是在力度上都无法与商鞅比拟。李悝变法失之于缓，吴起长于军事与吏治而短于政治，昭王只重在揽才，申不害舍本逐末局限于帝王之“术”，而邹忌和赵武灵王的改革范围就更加狭窄了。由于没有松动现有体制这个“根”的配套招数，难使变法代表先进生产力的发展方向，得不到社会架构中最具活力的新兴力量的支持，所以无法巩固和发展变法的成果，这就是东方六国最终没能从一时图强走上最终富强的原因。说到底，他们只是在体制的那只麻袋上补了几针而已。而商鞅的两次变法正是精准地找到了社会的主要推动力量——自耕农，牢牢把握了秦国在第一次变法后社会经济的变化脉搏，坚持壮大自耕农阶层，坚持以农耕和军力为立国之本，通过中央集权以举全国之力来维护社会秩序，打击反对势力，在政治、经济、军事、文化领域形成了一整套严密的制度，最终成就了变法的巨大功绩。

赵武灵王对赵国的国情不是不清楚，但他的变法只是抓了问题的一个角，主要是在军事制度的改革。他学习了北方游牧民族的骑射的战术方式，采用了骑兵编制和胡人服饰，可他并没有将改革扩展到政治特别是经济制度的领域，使得以经济为基础的综合国力没有从根本上得到加强。以长平之战为例，赵军在战争中被困四十六日，竟得不到粮草等基本战略物资的有效供给，造成官兵相食。为了苦撑危局，赵国不得不低三下四地向齐国借粮，结果还是落了个空。即使经过“胡服骑射”后的赵国，经济仍然是“短腿”，没有足够的实力来支持战争。这个“短腿”，说到底是制度的“短腿”。

他们的变法在政治上没有推动封建化的进一步发展，其血缘政治与贵族政治表现得十分明显。我们并不否认赵国胡服骑射改革对中国战争史、军制史、服饰史、思想史所产生的重要影响，但从战国后期赵国所面临的形势来讲，需要全方位的变法，特别要通过经济与政治制度相应配套的变法，把先进的生产力释放出来。然而，它的修修补补，既没有为赵国的对外扩张打下长久厚实的经济基础，也没有为赵国的社会发展奠定政治基础，同时也形不成造就治国人才的文化环境。这是在战国后期血腥竞争的形势下，是无法生存，难以立足的。

战国时期的变法家兴许也能看到，变法冲破了奴隶制度、奴隶思想的束缚，弘扬了封建主义精神，使人类的思想和社会生产力获得了空前的解放，但是不同的变法方式对生产力影响也是不同的。变法是个急不得又慢不得的活儿，如果采用平缓的、被动的方式，能完善与改进现有的社会制度，因此不会造成目前生产力的破坏，这在一定程度上说是有利于社会发展的。但这种变法很难彻底，即使成功了，留下的“后遗症”也很大。而变法采取暴力、激进的手段，必然对国家机器、对社会生产力造成一定的影响，在变法之后必然要对国家的体制、制度进行重建，因此要花费一定的人力、物力和时间。

在条件允许的情况下，变法家都会选择第一种方式，可在战国这样的年代里选择第一种方式，必然会失败。商鞅在总结吸取前人经验的基础上，才走上了这条铁腕变法之路。政治变法无疑是变法大业中的核心问题，它涉及国家选人、用人和重要制度的设计。然而，中国古代政治变法多在统治阶层进行，没有用配套的措施整体推进，这对于老百姓而言实在是太遥远的事，民众关心的还是生活问题、温饱问题。吴起变法没有涉及与民众利益相关的经济问题是一大缺憾，提出的“罢无能，废无用，损不急之官”，精简机构，还要求官吏“私不害公，谗不蔽忠”，“塞私门之情，一楚国之俗”等举措的确是好事，但他省下的行政经费用于训练军队，“要在强兵”，而没有搞好基础建设，只缝补军事这个漏洞，显然是不够的。在当时，不扶持小农经济，不保障农民利益，就不会得到民众的支持。不像魏国，李悝颁布“尽地力之教”，西门豹实行“藏粮于民，寓兵于农”，当时农民切实得到了好处，这就使变革有了稳定的社会基础。吴起改革缺少这方面内容，如同一个人缺了一条腿，不可能走得太远。照吴起的思路，只抓政治，不抓经济；只抓军事，不抓民生，再给他几年的时间，国家也好不到哪儿去。

吴起的悲剧再次说明了，搞变法不能搞“单打一”，还要讲究配套、系统，照顾方方面面。政治与经济是一对孪生兄弟，经济是基础，政治是上层建筑，作为基础的经济既然发生了变化，政治迟早要做出相应的反应。不论政治制度改革和经济制度改革孰先孰后，政治制度与经济制度必须互相适应是不争的事实。新的体制总是产生不出来，旧体系的痼疾必然彰显无遗。

魏国变法的起步是成功的，基本上做到了全面协调发展，成效也很明显。如果当时的变法态势能够持久下去，不仅能够领跑于战国时期的整个变法运动，而且能够领跑于整个时代，“六王毕，四海一”的天降大任可能会落到他们的身上，可它留的“尾巴”太大了，没有及时废除世袭贵族封地制。它最为深刻的教训早在周王朝时就被印证了，形同“国中之国”的世族封地，是古代国家最大的乱源。享有多重特权的封地世族，是变法最大的阻碍力量。结果最先变法的魏国从开始的编织新麻袋，到了后来变成了补麻袋，并且没有将最关键的一块补好，结果可想而知。

补麻袋式的变法主要特征是小打小闹，根本抓不住问题关键，也起不了什么作用，反而越补越乱。

韩国的变法措施就很能说明这个问题。韩非曾作过这样的比较，认为“申不害言术，而公孙鞅为法。术者，因任而授官，循名而责实，操生杀之柄，课群臣之能者也；此人主之所执也。法者，宪令著于官府，刑罚必于民心，赏存乎慎法，而罚加乎奸佞者也；此臣之所师也。君无术，则弊于上，臣无法，则乱于下，此不可一无，皆帝王之具也。”这话的意思是：申不害提倡运用术而商鞅主张实行法。所谓术，就是依据才能授予官职，按照名位责求实际功效，掌握生杀大权，考核群臣的能力。这是君主应该掌握的。所谓法，就是由官府明文公布，赏罚制度深入民心，对于谨慎守法的人给予奖赏，而对于触犯法令的人进行惩罚。这是臣下应该遵循的。君主没有术，就会在上面受蒙蔽；臣下没有法，就会在下面闹乱子；所以术和法缺一不可，都是称王天下必须具备的东西。

韩昭侯用术考察臣下，此法有时为近臣仿效，成为他们借君之手除掉自己政敌的利器。然而，韩昭侯毕竟“术”高一筹，臣下们的阴谋终不免落入圈套。这种雕虫小技在江湖上使使还行，作为变法之举用于治国，实在是有点“小儿科”了。诚如《韩非子·定法》所说：“申不害虽十使昭侯用术，而奸臣犹有所谲其辞矣。故托万乘之劲韩，七十年而不至于霸王者，虽用术于上，法不勤饰于官之患也。”这就是说，申不害不专一地推行新法，不统一韩国的法令，奸邪的事就增多了。所以奸人认为旧法令对自己有利，就依照旧法令行事；认为新法令对自己有利，就依照新法令行事；他们从旧法和新法的矛盾、前后政令的对立中取利，那么申不害即使频繁地让韩昭侯运用术，奸臣仍然有办进行诡辩。所以，申不害凭借兵力雄厚的强韩，经过十七年（《韩非子·定法》所言七十年为十七年之误）的努力还没有成就霸业，就是因为君王虽然在上面用术，但没有在官吏中经常整顿法令，结果带来了害处。

要想变法成功，必须以大刀阔斧的魄力对陈腐落后的体制进行彻底的革新，并且要有条件有步骤地破除各种利益勾结。

当初，秦孝公在人生的弥留之际，出于对秦国未来的忧虑，同商鞅多次探讨变法的未来走向，两位政治家在谋划国家未来的过程中，时而陷入深深的忧虑，时而又充满了憧憬。秦孝公最为担心的是自己的后代掌权之后，可能会像所有的末代昏君那样败坏国家。对此，商鞅的心理比较坦然，胸有成竹地指出，当前变法已经在秦国形成制度，可以说是扎下了比较牢固的根基，大功已基本告成，不怕有昏君糟蹋国家，退一万步讲，哪怕太子变成了坏国王，但只要新法还在，秦国也能避免衰落的危险，因为“新法已自成体系”，秦国法治体系已经形成，而不再是人治国家。整个国家机器都可以自行正常运转。即便以后出现了昏庸君王，秦国也不至于会堕落到危险的地步，相信体制的神奇作用，“除非有大庸之君和大奸之臣同时出现”，蓄意破坏新法。相信，秦国一旦有了雄才大略的君王出现，必将能带领这个充满生机和希望的国家，横扫江山，一统天下！

这一切，都被商鞅言中。是幸，还是不幸，个中滋味，只有秦国的宫廷最清楚。不过，东方六国也没有少尝。

各国在变法高潮过后，应当通过铸牢制度的“笼子”来维护新的社会关系，进而巩固和发展新的生产力。这是一项需要较长的时间才能完成的任务。当然，这本身就含有变法改制的内容。各国变法的大量事实表明，变法之后体制和法制建设成就的大小，最终决定着国家的兴衰。

这里，有一个事例可以说明这一点。

那个时期很多有权有势的人物都养门客，著名的人物有四公子：孟尝君、春申君、信陵君、平原君。秦国的吕不韦也养门客，但他与四公子不同，吕不韦本身就是一个平民，一个商人，而四公子都是贵族。四公子养门客代表着贵族向平民的过渡，但贵族依然发挥着巨大的作用。而吕不韦养门客已经没有了贵族的踪影，彻底平民化。这背后意味着制度的变迁。

制度的变迁不会自然出现，需要在关键的时刻推它一把。平民拥有土地取代贵族拥有土地的另一个变化是，原先贵族大片土地的割据导致对王权的巨大威胁，小规模而分散的平民拥有土地，从个体上说，难以挑战王权。并且，单个平民由于自身力量微弱，他们获得土地不像贵族那样理直气壮，而具有被授予的成分。因此，当兵就变成王权制度下平民的义务。各个国家变法之后形成平民社会，都同时形成各自的高度集权，每一个集权都消除了贵族的权利阻隔，使社会管理方式统一，效率极大提高，竞争必然更加激烈和残酷，这就是战国时代的实质。

政治就是这样，从领导策略上说，它是一门艺术，你可表现个性，挥洒自如，但从制度安排上看，它却是一门严谨、精细的科学，在目标和路径之间有严格的一致性，彼此限定对方。

燕王哙和晚年的赵武灵王不再设法编织制度这只大麻袋，而是忙于缝补一些小漏洞，一个玩起了“禅让”的闹剧，一个竟然准备将国家一分为二，好给“一儿一国”，并将这些小儿科的东西纳入变法的计划。

复制过去的经验，忌谈以往的教训，是多么的危险啊！哙这个超前的行动家、幼稚的政治家、痴迷的考古爱好者的理论水平远高于实践能力，他的手段是书上的，他的美梦也是书上的。终于，他在变法的道路上带着自己的队伍跑偏了。

变法需要勇气，全面深化的变法需要魄力，而重构体制的变法，更是对变法者政治胆略和整体思维能力的考验。从深化变法到更加注重变法的系统性、整体性、协同性，从缝补麻袋到编织麻袋，体现了变法者对当时形势的清醒认识，对深化变法的迫切要求，对变法走向哪里的宏谋远虑。

历史老人在战国的时候表现得很诡秘，一项成功变法的决定因素，有时往往并不在于民众对这项变法的共识，而是在于能够做出变法抉择的当权者的胆识。当权者的胆识应当是既有敢于实施变法的胆量魄力，又要有找到变法方案的见识能力。变法往往是牵一发而动全身的，必须从社会、政治、军事、外交、文化、经济、社会等方方面面通盘考虑，不仅要设计一套未来几十年不会落后的方案，而且还要与现实社会的实际情况相结合。

东方六国补麻袋式的变法付出的代价实在太大、太沉重了！

政治有多清，变法走多远

一次，吴起对魏武王说："大王征战多年，深知攻守之道。您亲自率军攻打过别国的城池，他们的城墙不可谓不高大，他们的护城河不可谓不宽阔，他们国境的山脉不可谓不巍峨，他们国境的河流不可谓不湍急，然而您能够战胜他们，不是因为他们的地理位置，而是因为他们国内的民怨沸腾。所以，我说地形险阻，和成就霸业没有关系，关键在于政治清明，民众安宁。"

魏武侯听后如醍醐灌顶，感慨地说："你说得太好了。以后我就把西河全权交给你。"

从这一段对话中，看出那战国时期各国变法能否深入、深刻，关键是看这个国家的政治环境是否清明。而当时各国的政治生态又是如何的呢？

先说说楚国，因为它比较具有代表性。

前面讲过，楚国宗法贵族势力强大，政治腐败，内部派系林立，贪婪无忌，"好伤贤以为资，厚赋敛诸臣、百姓，致使楚国多盗，盗贼公行而弗能。"楚悼王时曾企图打破"不用异族"的旧框框，向中原各国寻求变法人才。可惜吴起变法时间太短，加之楚国积弊太深，悼王死后变法就被废止了。楚国虽然在早期的兼并战争中取得过一些胜利，然而其大而不强，政治四分五裂，军政大权始终掌握在贵族昭、景、屈三家之手，政治上能不腐败吗？

楚国到怀王时，政治更加腐败，内部派系斗争尖锐，有能力使楚国振奋的屈原不被重用屡遭流放，最终含恨而死。上官大夫和令尹子兰等无能小人充斥着楚国朝廷，这期间又爆发了庄蹻事件，使楚国的统治力量更加分散，越来越虚弱了。楚国贵族的腐朽暴虐及国内的分裂和紊乱，使得变法难以为继，让秦国在兼并战争中大占便宜。公元前 279 年，秦国改变了先攻灭魏国的计划，派大将白起率军进攻楚都郢都，不久便拿下了。据白起分析，之所以能轻易攻下郢都及其周围几百里的富庶地区，因为楚王恃其国大，不恤其政，而群臣相妒以功，谄媚用事，良臣斥疏，百姓心离，城池不修，既无良臣，又无守备。到了公元前 277 年，秦国又攻取楚的巫，并在黔中设置了黔中郡。从此，楚国西部的半壁江山为秦所得，其颓败之势已难以挽回。

齐、赵、魏、韩、燕国也曾政治清明过，但只是昙花一现，结果大好河山也就相继被断送了。

齐国在齐威王时国势强盛，政治清明。然而，到齐宣王时齐国政治开始走向腐败，一蹶不振。当秦国陆续进攻韩、魏、楚、燕、赵五国时，齐国的相国后胜却接受了秦国的贿赂，不仅不助五国抵抗秦国，而且不修战备，不做任何战略防御准备，使后来秦国在攻灭齐国时一路高歌猛进。变法，在那时的齐国也就成了多余的话题了。

魏国到魏武侯时期，政治开始腐败，先是吴起被疑而负气出走楚国，继而商鞅离开魏国去秦国当官，之后是张仪入秦等等。这些人都是当时的奇才，他们的流失足见魏国政治风气的污秽，也造成了魏国的衰落。从襄王到安釐王，魏国政治始终无所振作，国君不求发奋图强、选贤任能，而是嫉贤妒能，原本有治世之才的信陵君本来可以挽魏国这个既倒的大厦，却因安釐王畏其贤能，不敢任其以国政而报国无门，含恨而死。

魏国的政治生态总是反反复复，好像一个喝高了酒的壮汉，一会儿清醒、一会儿犯糊涂。其实，这与国君的开明与否直接相关。他周围总是待着一批不知办事，只知附和之徒，他也一定感到非常寂寞非常孤独的，但也一定会养成他的独断专行和刚愎自用。制度就是这样铸造人的性情：它把所有的臣下都铸成唯唯诺诺，只知附和的奴才，也把君王铸成碌碌无为的昏君，因为他们已经习惯于听取赞歌和接受无休止的恭维了。

韩国在昭侯死后，变法也就告一段落了，政治气候骤变。在战国这个权力竞争激烈的时代，污秽的官场空气使君臣内不能奋发图强，增强国力，以抵御外侮入侵；外不能纵横捭阖，有效维护国家的利益，在大国间的兼并战争中只能充当小国或缓冲国，来寻求生存空隙。

燕国在昭王去世后，政治开始腐败，燕惠王昏庸无能猜疑乐毅，使骑劫代之为帅攻打齐国，结果被齐将田单打败，燕军损失惨重。之后，燕国的内外政策更加失误，内不能发愤图强，外不能明确首要敌人，只是忙于与赵、齐等国的混战，从而耗损了国力。在那样的年代里，人们根本不再想起变法这档子事了。

说到政治清明这个话题，又不得不好好说一说赵国。

从赵盾到赵襄子立国，可称为早赵时期。由于政治不清明，导致内乱妄杀频仍，大起大落，是早期赵部族最显著的特点。

早在春秋时期，赵氏家族历经赵盾、赵朔、赵武、赵成（景叔）、赵鞅（简子）、赵毋恤（襄子）六代，大约一百余年。这六代之中，发生的内乱妄杀事件主要有四次：

其一，赵盾时期部族内争，导致赵氏部族分裂，被屠岸贾势力大肆杀戮。

其二，赵简子废嫡，改立狄女所生庶子赵毋恤为继承人。这是赵氏部族第一次废嫡立庶之举，为以后的废嫡立庶之风开了先河。

其三，赵简子妄杀邯郸大夫午，导致自己孤立逃亡，开启了政治妄杀先例。

其四，赵襄子诱骗其姊夫、代地部族首领饮宴，密令膳食官以斟水器具击杀之。《史记·赵世家》上说："其姊闻之，泣而呼天，摩笄（发簪）自杀。"

这些都是典型的内乱妄杀。显然，早期赵部族在处置部族内政方面没有稳定法则，缺乏常态，妄杀事件迭起，导致其部族命运剧烈震荡大起大落。

进入战国之后，这种内乱之风非但没有得到有效遏制，反倒是代代有发生，十二代中竟有十一次之多：

第一次是公元前 425 年，赵襄子死，其子赵浣（献侯）立。赵襄子之弟赵桓子密谋兵变，驱逐赵浣，自立为赵主。

第二次是公元前 424 年，赵桓子死，赵部族将军大臣再度兵变，乱兵杀死赵桓子儿子，复立赵浣，是为赵献侯。

第三次是公元前 387 年，赵烈侯死，其弟武公立。武公十三年死，赵部族将军举事政变，废黜武公子，而改立烈侯子赵章，是为赵敬侯。

第四次是公元前 386 年，赵武公之子赵朝发动兵变，被攻破，逃亡魏国。

第五次是公元前 374 年，也就是赵成侯元年，公子赵胜兵变争位，后被粉碎。

第六次是公元前 350 年，赵成侯死，公子赵继发动兵变与太子赵语（也就是赵肃侯）争位，最后赵绁失败，逃亡韩国。

第七次是公元前 299 年，赵武灵王传位王子赵何废黜原长子太子赵章，退王位自称主父。后来又不忍赵章废黜，复封赵章为安阳君。其后赵章发动兵变，与赵何争位，权臣大将赵成支持赵何，击杀赵章。

第八次是赵成再度政变，包围沙丘行宫三月余，活活饿死赵武灵王。这真是“春去秋来盼爹死，有朝一日坐江山”啊！

第九次是公元前 245 年，赵国发生罕见的将帅互相攻杀事件。这主要是赵悼襄王命乐乘取代廉颇为将攻燕，廉颇咽不下这口气，率军攻击乐乘，致使乐乘败走，廉颇也无法再在赵国立足而逃亡魏国。这是战国时代极其罕见的大将公然抗命事件，而赵国朝野却视为寻常。几年后赵国复召廉颇，即是明证。

第十次是赵悼襄王晚期，废黜原太子赵嘉，改立新后倡女之子赵迁为太子，种下最后大乱的根基。

第十一次是赵迁即位，内乱迭起，郭开当道，诛杀李牧。

一个国家十二代竟有十一次兵变、政变、内乱，战国时期绝无仅有。

这里，我们不妨分析一下第十一次内讧事件。李牧作为战国时期唯一没有打过败仗的战将，其死因足见赵国的庙堂之上政风已经恶劣何种程度了。

公元前 229 年，即赵王迁七年，赵国由于连年战争，再加北部代地地震，大面积饥荒，国力已相当衰弱。秦王嬴政乘机派大将王翦率主力部队直下井陉，就是现在的河北井陉县，杨端和率河内兵卒共几十万进围赵都邯郸。赵王任命李牧为大将军，司马尚为副将，倾全军之力抵抗入侵的秦军，使其多次受挫。后来，昏聩的赵王迁一听到这些谣言，说什么李牧、司马尚勾结秦军，准备背叛赵国，便不加调查证实，立即委派宗室赵忽和投奔过来的齐人颜聚去取代李牧和司马尚。一直信守“将在外，君命有所不受”的李牧接到这道命令，为社稷和军民生命考虑而不服从，赵王暗中布置圈套捕获李牧并斩杀了他，司马尚则被废弃不用。赵王临战之际听信佞臣诛无辜忠诚良将，使得只过了三个月，秦军就攻下邯郸，俘赵王迁及颜聚。

李牧这位纵横沙场的名将最终死在他誓死保卫的祖国的君臣的手中，因优秀被害、因尽力被害，使后人无不扼腕叹恨，以致司马迁义愤地骂赵王迁“其母娼也”。

战国诸侯大争，每个国家都曾有过内讧事件，然而像赵国这般连绵不断且每每发生在强盛之期而致突然跌入低谷者，实在没有第二家。赵国之乱政风习代有发作，始终不能抑制，且愈到后期愈加酷烈化密谋化，不败才怪呢！赵国乱政痼疾，是赵国变法停滞以及灭亡的直接内因。

东方六国都曾在战国时期某个时段呈现出强势，又都因为当朝君主的昏庸无能而衰败。其原因主要在于这些国家缺少较为合理的政治制度保障，国家的一切行为完全依靠君王个人的意志。最终，当国家的君王无所作为、无能为力时，整个国家的发展就会偏离正常轨道。

开创封建历史上的盛世，几乎都是顶尖的雄才大略、独裁专制的英明之主。有时候就有这样的悖论，往往是皇权愈大，政治愈清明，大小官吏愈不敢贪赃枉法。因为，国业就是家业，谁对家业不负责任呢？何况，我国的君王向来不直接管黎民百姓的，总是委托县老爷和知府、道尹之类的亲民之官和巡抚、总督之类的地方官。皇权大了，他们就不敢乱来了。

在政治腐败，利欲熏心的社会环境里，一切都因循往复，形成一个互为因果的恶性循环锁链：政治需要变法，又腐蚀着它；变法是为了政治，又动摇了它。这一切过程中，它们互为牺牲品。

相比之下，秦国的政治生态又是如何的呢？

应该说，政治比较清明，社会矛盾相对缓和，统治集团基本上对统一战争持积极态度，办事效率高，社会稳定。

变法开创了秦国客卿制度和军功爵制度这两大人事制度，为人才源源不断地来到秦国提供了制度保障。秦国这种任人唯贤的客卿制度，收罗了天下人才为秦国所用，使得一大批治国治军的贤才为其出谋献策，形成了一个围绕秦王的高水平的智囊团体。在秦国的每一代君王身边的智囊团都远远胜于东方六国。从此，选贤任能、任人唯贤的用人制度在秦国深入官心。

以异国人为卿，六国也有过，但六国中掌握实权、主持政事的绝大多数是宗族和国人。秦国却不一样，它敢于突破世卿世禄制，大量启用东方诸国人才，拜为卿相，委以重权，举国听之。不可否认，秦国国内也存在本土派与客卿派之间的明争暗斗，在一些问题上甚至斗争激烈，寸步不让。然而，在战争年代，两派力量多数时候能够以大局为重，以维护国家利益为出发点，这就保证了秦国在对外兼并战争中战略目标明确，内政外交稳定有序。

高层是这样，基层也是如此。有了清新政风，大家为了一个共同的目标，不顾一切，坚定不移地往前奋进。当时，秦军里有首名为《无衣》的歌谣，好似他们的军歌。歌谣是这样唱的：

岂曰无衣？与子同袍。王于兴师，修我戈矛，与子同仇！

岂曰无衣？与子同泽。王于兴师，修我矛戟，与子偕作！

岂曰无衣？与子同裳。王于兴师，修我甲兵，与子偕行！

其大意是，谁说没有衣裳？和你共用长袍。君王要起兵，修整好戈和矛，和你共同对敌！谁说没有衣裳？和你共用内衣。君王要起兵，修整好矛和戟，和你共同作准备！谁说没有衣裳？和你共用战裙。君王要起兵，修整好铠甲和兵器，和你共同上前线！

这首歌谣反映了秦国兵士团结友爱、共御强敌的精神。全诗分为三章，采用兵士相语的口吻。在激战前夕，兵士们聚在一起紧张地修整武器。这时，有人顾虑自己没有衣裳。他的战友就充满激情地劝慰他："谁说没有衣裳，我和你共用战袍！"又用大义来激励同伴："国家出兵打仗，我们且把武器修理好，我和你面对着一个共同的敌人。"从歌谣中不仅可以看到兵士之间的友爱，也可以看到他们在国难当头的时刻，心甘情愿地承担起重大牺牲的爱国精神。诗歌音节短促，声调激昂，生动地表现了秦国兵士们同仇敌忾、慷慨从军的情景。

秦国自商鞅变法确立了依法治国的理念之后，秦国君臣处处以法律为行为准则。荀子曾云："其百吏肃然，莫不恭俭、敦敬、忠信而不楛，古之吏也。入其国，观其士大夫，出于其门，入于公门，出于公门，归于其家，无有私事也，不比周，不朋党，倜然莫不明通而公也，古之士大夫也。观其朝廷，其闲听决百事不留，恬然如无治者，古之朝也。"这就是说：到了都城官府，他们的各种办事人员都很严肃认真，无不恭敬、俭朴、敦厚、忠实、诚信而且不恶劣，是很古朴的办事人员。进入国都，观察他们的读书人和官员们，出了自家门，就进入公家门，出了公家门就进入自家门，没有办自己私事的；不和同勾结，不结党营私，无不明白通达而且公正，水平高超，是很古朴的读书人和官员。观察他们的朝廷，他们听政决断，所有的事都不留待第二天，很安然地就像没有治事一样，是很古朴的朝廷。

秦国君王也偶有糊涂的时候，但对秦法确立的重视军事，重农耕的政策压根儿没有变的想法，并始终全面、坚决地贯彻执行着。人亡政不息，是体制起了作用，而体制能够成为常青树，当是政治环境滋养了它。

第七章
得民心者得天下

“民为重，社稷次之，君为轻”。

这句话出自于《孟子》，说得让老百姓心里痒痒的，但在不正常的年代里是完全不切实际的空想。说得不好听一点，这句话是一句书呆子气十足的话；说得难听一点，则是废话。颇有幽默韵味的是，从这句话产生那天起，在整个封建阴影笼罩下的中国，这三者的次序是完全颠倒的。

战国的变法运动是那个时代最为鲜明的特色，而老百姓作为“被改革”的阶层是无法把握变法大政方针的，形容他们当时的生活，可用两个有“随”字的成语：随遇而安、随波逐流。但别在根子上小看了老百姓，“知屋漏者在宇下，知政失者在草野”，百姓的参与、感受，他们的得失、热情，他们的行动、取向，就是民心。民心向背，有时天下随之。

百姓看中的是实惠

河南省内乡县有一个保存比较完好的县衙，其中有一副对联颇为引人注目。上联是："得一官不荣，失一官不辱，勿道一官无用，地方全靠一官。"下联是："穿百姓之衣，吃百姓之饭，莫以百姓可欺，自己也是百姓。"这上联讲的是如何看待"官"，下联讲的是如何看待"民"。点睛之处，全在响尾。

任何一场变法要取得成功，首先要解决一个依靠谁、团结谁的问题。如果离开了老百姓的支持，变法就成为无源之水，无本之木。而老百姓是最讲实惠的，变法中没有考虑富民这一条，想让他们来积极贯彻这样那样的变法方针、政策，只能忽悠一时，不能折腾长久。因为，大伙儿绝不会饿着肚子跟你闹什么"革命"的。

唯有藏富于民，让民众享受变法带来的经济发展成果，在国富中找到幸福感、归属感，变法才会有凝聚力、战斗力。唯有民富才是真正的"国富"。

随着战国七雄的变法不断深入，很多老百姓由奴隶变成了自耕农，在政治地位上有了本质性的进步，这在统治者眼里，也许是"够意思"了。要让他们成为变法的积极参与者，就得让他们的腰包先鼓起来。在变法与百姓的关系之处理上，他们的思维方式有两个共同点：

一是民众是变法的接受者。战国时期几次大的变法，都是自上而下推进实施的，民众不是主动地投入而是被动地接受君王及变法主持者给自己颁发的各种变法号令。在变法过程中，属于老百姓自己能发挥的空间几乎没有。同时，由于变法的接受者是自耕农，其活动范围和视野受到很大的限制，要做的只是年复一年地耕作，多打粮食和服劳役，变法成功与否，远没有达到与自己紧密相关的程度，成功了吃饱一点，不成功则吃差一点，就这么简单。如商鞅治秦，吴起治楚等，其目标是为了富国强兵，但客观上是在民众脖子上套上了一根绳索。如此一来，百姓被圈在集体生活中还是穷光蛋一个。

二是变法的推动者不是民众而是官员。既然变法自上而下，各级官员理所当然地成了变法的推动者，而官员又受制于各种复杂的既得利益关系，对变法的心态各异，首鼠两端是其基本特点。所以，当变法者一命呜呼，老百姓自然在边上旁视、漠然。

历史地看，商鞅的变法在当时是成功的，但他自身归于失败，原因是有些变法手段不接“地气”，让百姓被动地参与，更没有一条帮助老百姓富裕起来的政策。

在《商君书》里，可以找出几句话来佐证。

一是“政作民之所恶，民弱；政作民之所乐，民强。民弱国强，民强国弱”。这就是说，国家政策是人民憎恶的东西，人民就弱；国家政策是人民喜好的东西，人民就强。人民弱了，国家就强；人民强了，国家就弱。

二是“国为善，奸必多。国富而贫治，曰重富，重富者强。国贫而富治，曰重贫，重贫者弱”。意思是，国家施行善政，民众中就一定会出现许多奸诈之人。国家富有，但执行让人民贫穷的政策，叫做富上加富，富上加富的一定就强大。国家贫穷，但执行让民众富有的政策，叫做贫上加贫，贫上加贫的一定就衰弱。

三是“民弱国强，民强国弱。故有道之国务在弱民”。这话的意思是：民众弱势，国家就强大，民众强大，国家就弱势，所以治理有方的国家一定要使民众处于弱势。

凡此种种，在《商君书》的不同篇章里，都有大同小异的表述，无疑这是商鞅变法的一个核心理念。概括起来说，他变法的目的就是将国家与民众对立起来，使之水火不相容，有国家的强大就没有民众的幸福，有民众的幸福就没有国家的强大。要实现独裁者让国家强大的理想，最重要的事情就是使民众更加弱小。换句话说，大国崛起的基石，理所应当的就是民众的苦难和泪水。秦国后期发展壮大起来，雄视四海，一统天下，就注定要以全体百姓的幸福为代价。

在这种变法理念驱动之下，商鞅变法的具体手段，几乎都是围绕着如何通过使民弱来达到国强的政治理想而展开的。对生活在这一时代的秦国人来讲，这种变法理想来自于老板秦孝公也好，还是来自于商鞅这个外国专家也罢，都是一种从天而降的苦难。

史籍上记载，商鞅变法“行之十年，秦国道不拾遗，山无盗贼，民勇于公战，怯于私斗，乡邑大治”。这里描绘的几乎可以说是天下大治的所有征兆，可秦国的子民们丝毫感觉不到。因为以上繁荣景象并不是来自于人们的道德水平提高和民风的纯朴，而是严刑酷法的外在强制。“令民为什伍而相收司、连坐，告奸者与斩敌首同赏，不告奸者与降敌同罚”，即让人民以“什”、“伍”为单位相互监视，互相揭发，揭发了就有大功，不揭发就要受到严厉的处罚。

我们可以想象在这种“严打”环境下生活的民众，肯定每天都是胆战心惊，魂不守舍。如果自已犯一点小错或者好心办了坏事，很可能就要被揭发，发现别人有问题或者估计他有问题就必须去揭发。否则，就会大难临头。这真是发动群众斗群众，人与人之间没有什么信任感，成了虎和狼之间的关系。变法后出现的“天下大治”局面，其背后像死一般的寂静。

在秦国武装崛起的征程上，洒下的是无数民众痛苦的眼泪、飘荡着无数兵卒无望的呼号。虽然变法也曾让他们尝到过一些小甜头，比如通过杀敌而得到爵位，看到当年高高在上的贵族颜面扫地而出了一口恶气，但与这些甜头相比，他们付出了沉重的代价，忍受着难以想象的痛苦。

这种变法手段百姓居然能够承受？对此，商鞅自有他的办法，这主要体现在三个方面：愚民、辱民和穷民。在商鞅的眼里，仅仅使民众处于蒙昧和卑贱地位还远远不够，这只能说是走出了“万里长征”的第一步，更重要的是，由国家制定出超强硬的政策，以使民众更加贫穷。只有他们穷得叮当响了，才会自觉自愿地依赖政府，听任国家的摆布。

俗话说，无商不富。商业依托的是市场，而市场这只看不见的手，远比政府要“聪明”，对社会变迁的反映要比政府快得多。民众富足起来的标志之一，就是国家出现了较为广泛的中产阶层，与之相伴随的必然是商业经济的繁荣和思想的活跃。偏偏商鞅对秦国商业实施了以下几条“新政”：

其一，把商业和商人统统推上对立面予以重拳打击。重农抑商的传统在中国流行了两千年，其滥觞者便是商鞅。在《商君书》里，他不厌其烦地多次指出，国家要富强，就必须打击商人，最好是由国家出面，全面取缔商业。他认为，商人是游民，他们来往四方，以追逐利润最大化为目的，虽然可以使经营者致富，但对国家却有很强的腐蚀性。第一，商人走南闯北，见多识广，头脑灵活，不好忽悠；第二，商人收益多，而民众一旦富有，就会轻看国家的赏赐；第三，其他原本在家里踏踏实实种地的农民，要是看到商人经商致富了，就会跟着学习、效仿，这就动摇了以“农战”为核心的基本国策。于是，商鞅对商采取极端政策，规定凡是擅自从事商业活动的，全家一律逮捕，遣送到官府当奴隶。

此外，还针对具体的商业门类，制订了颇为细致的具体措施。比如：禁止粮食交易、取缔民间旅馆、提高酒肉价格，以便让大多数人消费不起，经营者只好关门。这真是釜底抽薪之计啊！总之，打击商人就是要使民众不可能通过贸易谋生，只能乖乖地在家“修地球”，一辈子做个老实巴交的农民。

“农战”本身不全是坏事，然而农是为了战，战是为了霸业，霸业是商鞅的事业，是他的追求，最后却霸住了世道与人心。相比之下，在色诺芬时期的希腊，农民种地是为了生活，打仗是为了保卫土地。商鞅的农战是侵略性的，颇有点军国主义味道，而古希腊的农战是为了生存，依赖于这块土地的人拿起枪杆子，是为了保卫自己的家园和生活的基本条件。古希腊人作战回来，能听到自家农田里庄稼的拔节声，而秦兵作战回来很少能看到自己当年的同伴了。

其二，割“商业主义的尾巴”绝不留情。不仅以经商为职业的纯生意人要被严厉打击，即便是老百姓偶尔搞点家庭副业，或者偶然做点小生意，也在严禁之列。农民在向国家缴纳公粮时，没有运输工具的人家，往往会雇用别人的车子。这些帮人运粮的车主在返家时，通常也会顺手牵羊地带帮别人运输货物。本是天经地义的事情，但在商鞅的眼里，这是严重违法行为。这的确太不近人理了，但商鞅的理由是由特殊逻辑支持的：农民用自己的车子去帮人运输，就会耽搁地里的农活。

这个理由真是有点歪理邪说了！主要靠在地里扒食为生的农民，难道真的会为了一点点补贴家用的外快就撂下一年的口粮吗？实质上，农民这种搞点小外快是偶尔为之，却触摸了商鞅最为敏感的神经。因为顺带帮运，会给他们带来经济效益，而除了从土里扒食被允许外，其他任何可能给个人产生经济效益的行为，都与秦国的大政方针和发展需要不相吻合，甚至是在“挖国家的墙脚”。商鞅既是这样规定的，也是这样真抓实干的，规定民间的车子、拉车的牛和车子的载重量在纳粮时要严格检查，必须与登记注册的情况相一致。

其三，做足做尽“抽血”这篇大文章。征收重税的好处不言而喻，一方面，国家收入增加；另一方面，民众收入减少。那时候的主要税种为人头税，为了避免民众偷逃赋税，商鞅进行了世界上最早的“人口普查”和“身份登记”。活着的人登记，去世时再注销。其做法和今天没多大区别。商鞅认为，只有“民不逃粟，野无荒草，则国富，国富者强”，民众不能偷逃赋税，田野上就没有野草，那么国家就富有了，国家富足了也就强大了。

在防止普通民众逃税的同时，还对被允许的少量商业加重赋税。“重关市之赋，则农恶商，商有疑惰之心。”意思是，加重关税和市场上的商品税，那么农民就不会轻易尝试经商，商人也会对自己还能否坚持下去产生怀疑。据专家估算，那时秦国政府向民众收取的各种赋税，再加上徭役折算成实物，大约相当于民众年收入的五分之四。可以这样说，一个秦国百姓辛辛苦苦干一年，到头来属于他自己的，不过是全部所得的 20%，其余的 80%，都为他那个国家添砖加瓦去了。

其四，自然资源也全都是“我的菜”。将山林湖泊尽量收为国有，其原因不只是为了扩大国有资产，还在于商鞅认为，依靠山林和湖泊谋生的猎人、药农和渔民，也是不务正业的需要打击对象。他们没有被绑在土地上，具有一定的流动性，政府不方便对他们实施有效的管理。

从独善其身的角度看，商鞅的一生做得是很好，从不“傍大款”，也没有与商人“勾肩搭背”，但从治国理政的方面看，这可是行不通的，最起码你不与商人往来，但不可对他们毫无感情，甚至视之为寇仇。在他变法之时，国家管制了“山泽之利”、粮食买卖和旅店经营，自由商人几乎被消灭。这样，自然而然地把全国老百姓变成会说话的工具。尽管商鞅表面上给了秦国民众一个强大的、令其他国家闻风丧胆的虎狼之国，但民众却对他的横死没有丝毫怜悯。这说明，一场以牺牲民众根本利益，把每个民众都变为国家机器上的一颗螺丝钉的变法，不可能真正得到民众的拥护。

于是，对秦国民众来说，这个国家再强大，再怎么所向披靡，又与我有什么鸟关系？

强国可以凭暴政而速成，但不顾百姓生死和承受能力而一味追求富国强国，这样的目标即便表面上实现了，可最终都是短暂的，甚至会加速政权的衰弱乃至灭亡。对于一个国家的统治者来说，从富民到富国，是久久为功的工程，尤其富民更是不可或缺的。

然而，得意之时，往往也是失意之始。商鞅用自己的牺牲证明了他的变法实际上是一把“双刃剑”，它使秦国强盛，采用的是极端的手段，当严酷的刑罚迫使他人就范，他自己的安全，也同样难保。这个国家的臣民，包括商鞅本人，用自己的血，为秦国的战车润滑，使它越跑越快，势不可挡。这是包括司马迁在内的后人，回视起秦国强大和统一时，心情特别复杂的重要原因。

也许，在特殊的社会里，商鞅对一些刁民德行的观察和结论在一定程度上符合事实，甚至基本符合事实，社会现实在某些程度上也可以印证他所说的话，甚至一个统治者按他的那套去办，一时还真的能“成功”。但是，他们忘了一点：对于政治来说，光有事实是不够的，还应该有价值；对于一个统治者来说，光有“成功”是不够的，还应该入情入理。

十九年后，商鞅输了，输得身败名裂，家破人亡。

“但是”后面又一个“但是”，我们今天的历史教材和一些学者常常这样告诉我们：虽然商鞅本人失败了，他的政策却在秦国取得了成功，终为秦国灭尽六国，一统天下打下了基础。不过，我们再稍微耐心一点，再往后十六年，秦国这座大厦轰然倒塌了。这点时间对于一个朝代来说一点都不长，对于一个已有五百多年立国历史的秦国来说，更是一点都不长。这能说商鞅是真正、彻底成功了吗？

秦国统一中国后，秦始皇又把商鞅的统治模式放大到全国，使得民不聊生，社会矛盾更加尖锐。一个有数百年历史，有一百多万军队的当时世界上最强大的王朝，输给了草根陈胜、吴广，输给了半文盲刘邦、项羽。

秦国，从秦非子算起，存在近七百年；从秦襄公算起，有五百多年。几百年的兢兢业业，几百年的发愤图强，几百年的不息追求，几百年的忍声吞气，到攻无不克，战无不胜，囊括四海，并吞八荒，一统天下，谁知道最后，竟是瞬间崩溃一败涂地？

伟人之所以伟大，是因为他的背后有着广泛的社会支持。芸芸众生之所以愿意跟随他们的脚步，是因为相信他们能够满足他们的欲望。没有一种力量能够消除这种欲望，如同没有一把刀能斩断浩浩的长江一样。一个从来不问百姓幸福、安康、富裕，只追求国家强大再强大，以满足统治集团不断膨胀贪欲的国家，在单一追求“强大”的历程中，应该听听许多思想家冷峻的声音：兵强则灭，木强则折。可惜的是，在功利第一的国家，是听不进思想家忠言的。

分析商鞅变法得与失，也许可以使我们有所感悟。秦朝灭亡之后，自汉至清的两千多年历史中，从陆贾、贾谊开始，没有一个有良知的读书人由衷地同情、歌颂秦朝，没有一个朝代的官方意识形态肯定秦朝，甚至没有一个野心家、暴君敢于公开声明自己效仿秦朝。就这样，秦朝几乎在所有的时间里，被所有的人毫不留情地抛弃。

商鞅与他的对手们在那个血腥的年代里狭路相逢，以自身的意志书写了波澜壮阔的历史。他纵然驰骋千里，却冲不破自身命运的限度，无论他当初多么成功，惨痛在等着他；他的成功必然是悲剧的，他是悲剧的英雄，创造了一个悲壮、凄美的经典场面。正是这样一个个悲剧性的场面，使历史在螺旋形的发展之中，平添了几许壮烈与有趣。

以现代政治伦理来说，政府的所有举措，激进改革也好，保守维持也罢，第一要义都是让百姓富裕。战国七雄的变法都把国家强大远远放在民众富足之前，强调“国强民安”，而不是“国强民富”。所谓“安”者，听话也，把他们锁定在“耕战”两字上。为此，他们不遗余力地加强集权统治，肆无忌惮地对民众役使、压迫，实行弱民、愚民政策。君王奴役这样的百姓，成本才会降到最低。这样，遇到老天爷帮忙的年份，大家有口饭吃，碰到饥荒到来的时候，不饿死，就成为最大的善政。

在当时，不扶持小农经济，不保障农民利益，就不会得到人民的支持。李悝颁布“尽地力之教”，西门豹实行“藏粮于民，寓兵于农”，都使农民切实得到了好处，一时间使魏国的变法革有了稳定的社会基础。后来，由于这些富民政策没有得以持续下来，农民的好日子很快得而复失。

战国后期，魏国每石粟卖 30 钱，农民每户种 100 亩地，在平常年景的收获，除去吃饭和交税，余下 45 石粟，可卖 1350 钱。当时，每户社闾尝新、春秋之祠要用 300 钱，每人一年穿衣等要花 300 钱，如每户按 5 人计算，全家要花 1500 钱，还差 450 钱。这里，还不算人情往来，如婚丧诸事、天灾人祸方面的开支。

自古以来，如何让民众富裕起来，是历代思想家和变法者所共同关注的“第一命题”。儒家的孔子提出“不患寡而患不均，不患贫而患不安”，认为最好的状态是“均无贫”，类似于福利社会。但这些理想如何实现，他本人也没有具体的办法。老庄的道家也主张均贫富，其实现方式是“损有余以补不足”。

这些想法极具理想主义的色彩，为什么两千多年以来一直没有实现呢？源于这些主张在中国不可能行得通。只注重在现有的财富中进行“均贫富”，而没有发展生产力的实实在在的富民措施，变法是难以持久的。

梁启超不是说过吗，“今日世界之竞争，不在国家而在国民”。

铁血缰绳

《曹刿论战》中有这样的记载："曹刿请见。其乡人曰：'肉食者谋之，又何间焉？'刿曰：'肉食者鄙，未能远谋。'乃入见。"后来，"公与之（曹刿）乘，战于长勺"。

这是发生在春秋时期的平民参政个案，比战国时期魏国李悝首开变法之门早了262年，与后来的商鞅变法相距325年。长勺之战，事关鲁国命运前途，在这么大的问题上，在这么重要的关键时刻，鲁庄公能痛快地采纳一个平民的建议，实属难得，在后来的史籍中基本上没看到这样的记载了。看来，这也一个空前绝后的平民参政议政的典范。

战国时期轰轰烈烈的变法运动，犹如一场声势浩大的话剧，基本上都是由君王和大臣们导演的，老百姓只有跟着走，没有什么说话的权利和渠道。要想"学习曹刿好榜样"，只能是梦中的事。因而，变法成果的好坏，大家的感受反映不上去，多数君王只听大臣特别是受宠者的汇报。而大臣们从不同立场出发，对变法的实际情况或夸大粉饰，或贬损歪曲，甚至诽谤攻击，一言九鼎的君王了解不到实情，所以变法大事完全操在上层官员之手，而老百姓只能被动地"接受"。

不过，实施变法之初，特别是遇到阻力的时刻，变法主持者为了赢得老百姓的支持，需要把老百姓搬出来，证明"民心"的所向。客观地说，"民心”在执政者的心里时重时轻，好像一把“扫帚”一样，屋子脏了拿出来用用，平时就放在一边谁也不会想起它了。

商鞅起初在发动民众、组织民众上下了一番功夫，目的是要取得大家的支持，但当他获取的权力以后，就慢慢地把民众并不当一回事了，不管百姓的意愿如何，只凭着自己的好恶，改他所改，变他所变。

“徙木立信”本来是一件很无聊的事情，再多的银子也买不来政府的公信力。不过，重赏之下必有勇夫，还真有一个更无聊的人站了出来，配合商鞅收了场，以致多少年以后，有人还怀疑这个小子是不是一个“托儿”。

当商鞅的事业达到了前所未及的巅峰时，他本人也成为秦国一言九鼎的大人物，之后再也没有听到他有什么“问计于民”的事迹了。反而，他越来越自我膨胀了，是他把秦国像变戏法似的鼓捣成了一个大国、强国，自然有自我膨胀的充足理由。当时，还有一些普通平民对变法说三道四，商鞅采取了从重从快的方式处置了他们。正是以国家暴力机器为后盾，商鞅的变法得以推行，把全体民众当作了自己变法的人质。

法家思想中一些本来优秀和先进的东西，走到了极致，就滑向了原义的反面。

可以想象，一个社会如果每双手的每个细微动作都被严密监视着，主宰这个社会的铁腕人物还怕没有百分之百的支持率？可以想象，当时老百姓对商鞅的许多掌声，是他歇斯底里的叫喊和故作刚毅的手势诱导出来的。很荒谬的是，对反对变法者，商鞅无情打击；对为变法唱赞歌者，商鞅同样也不放过。有些原本说过变法坏话的人，大约是从变法中得到了好处，于是转而歌颂变法。商鞅没有像常人想象的那样，对此感到高兴，甚至把他们组织成一个宣讲团，到全国各地现身说法。他的处置是“尽迁之于边城”，也就是把他们全都下放到偏远地区。商鞅的理由是，“此皆乱化之民也”。对国家政策，民众既不能反对，也不能赞美，这种奇怪要求的本质就是政府不希望民众对国家政策说三道四，你们只能像机器一样，不打折扣地认真执行。反对或支持，都表明你们还有独立思考的能力，而在大多数时代，民众独立思考都是一件令统治者睡不着觉的事。

商鞅，后世对他争论很大，有人称之为神明，也有人称之为魔鬼。之所以称之为神明，因为他变法图强，使秦国强大，之所以称之为魔鬼，因为他杀了太多的人。一百多年中，为其新政而死的人更是数之不尽，足以与华山比高，足以填满黄河，足以使土地更加肥沃。他改变秦国人的生活方式，为秦国人设计出一条崭新的道路，生孩子、种地、打仗、死人，再生、再种地、再打仗、再死人，循环往复。

商鞅死后被车裂分尸，人头、四肢拴在五辆车上，五匹马驾车，肢体一分为五。对于商鞅的遭遇，秦国百姓无动于衷，不屑一顾。无论在变法中笑过的还是哭过的人，基本上没有人去同情，尽管秦国当时仍然沿用他制定的国家政策。

在商鞅掌控的这根“铁血缰绳”下，变法只可能是在民众的血与泪中完成的。学会尊重每一条生命，是任何国家与民族走向成熟不可或缺的品质之一，只是很多时候，当权者以国家利益的名义，轻易地把鲜活的生命，供奉在历史的祭台上。严刑只能威服一时，而不可行之一世，唯有宽严相济，才是治世之道。

而商鞅对百姓严酷到了极致，甚至到了草菅人命的程度。比如新法规定

“弃灰于道者被刑”。什么叫“弃灰于道者被刑”呢？就是你把垃圾倒到马路边上也要受刑。随地倒垃圾固然不好，但因此要砍掉一只手或别的什么器官，真是冷酷到底。而且这种严酷的刑法明显针对老百姓，国君和贵族是不会到路边倒垃圾的。

据史书的记载，商鞅有一次一天之内在渭水之滨处决七百多名对新法持异议的人，使“渭水尽赤，号哭之声动天地”。有必要杀这么多人吗？有那么多坏人吗？多半是为立威而已。有人说这是变法必须付出代价。这真是一派胡言，他仅是为了建立专制统治，而不惜滥杀敢于说点儿真话的人罢了。

商鞅的新法颁布以后，当时全国上下议论纷纷，商鞅的对策是“一律流放”，变法是不准议论的。这种为政者的霸道习惯后世源源不绝，被相当多的变法者采用。这样的社会，今天的人听起来还是有点不寒而栗。

当初，商鞅在卫国和魏国时，只是个边缘性偏执狂政客，国君都当他是疯子，只有从小受到虐待的秦孝公与他一见如故，在秦国展开了人类历史上极为疯狂的“集权集财式军国主义国家”试验。

政治狂客的眼里，治下的百姓最好都是些蒙昧无知的愚民，事情就比较好办了。因为愚民没有独立思考的能力，比较好欺骗，甚至他们感知痛苦的能力也相应迟钝。所以，最简单的办法无疑就是把全国老百姓都变成一个个连名字都不需要的只有编号的机器。为彻底禁止百姓“瞎议政”、“乱议政”，商鞅也真是煞费苦心：

一是让百姓没有书念。读书使人明智，知识就是力量。在迫不及待要使民众愚昧无知的统治者眼中，能使人明智并带给人力量的诗书非常不合时宜。商鞅曾多次指出，诗书和礼乐、诚信、仁义等，都是如同虱子般有害的。一个国家倘若容许这些东西存在，这个国家就很危险。他认定的理想状态是，“愚农不知，不好学问，则务疾农”。意思是愚昧的农民无知无识，不会推崇学识，就会一心一意地种庄稼。禁绝了民众阅读诗书接受教育，他们只好一辈子当个快乐的劳动机器和战争机器。可以想象，商鞅当时肯定像现在的“扫黄打非”展示胜利果实一样，把“黄”和“非”的东西当众焚毁，外加一把火烧掉了大量民间私藏的诗书。

在《韩非子·和氏》中有“商君教秦孝公燔《诗》、《书》而明法令”的记载。由此可见，商鞅是我国历史上第一个提出焚书的人。这一点，直接启示了秦孝公的孝子贤孙特别是嬴政，竟然搞了更大规模的焚书。可惜，就像唐代诗人讥讽的那样：坑灰未冷山东乱，刘项原来不读书。

从理论上讲，思想是最自由的，最不受拘束的。但秦国时期的老百姓的思想是得不到真正自由的，不但要受到种各样的限制、干涉，有时甚至会被严重地禁锢起来，使得有生之灵只能陷入不死不活的状态。

二是不让百姓自由流动。战国时期，虽然我们把那些大者数千里，小者不过数十里的诸侯称之为国，但当时的国和今天的国还是有根本区别的。其中最重要的一点，就是当时的各个国籍的人都有自由迁徙、择地而居的权利。齐国文化发达，可以迁到齐国，楚国好做生意，可以迁到楚国，均无不可。商鞅却认定，本来秦国人口就少，如果让民众自由迁徙，随随便便迁到国外，必然会使秦国治下的民众减少，而他们恰恰又是种地和打仗的“机器”。

那时不但不提倡计划生育，反而鼓励母亲们都像“英雄妈妈”一样，最好生上一长串。人口多了就有更多的流动数量，而商鞅认为，即便民众只是在国内自由迁徙，他们也会因见多识广而不好管理。所以提出："使民无得擅徙，则诛愚。乱农之民无所于食而必农。"意思是，禁止民众自由迁徙，那么他们就会愚昧无知。如此一来，那些不安分地到处迁徙的人就会失去混饭吃的地方。问根究底，正是商鞅第一个以国家立法的形式，中止了百姓"用脚投票"的权利。他不但使秦国变成了一军营，而且变成了一座地狱。难怪秦国短时间内"道不拾遗，山无盗贼"了，原来他们人人都去当"警察"与"特务"了。

三是不让百姓有"海外"关系。再愚昧的民众，一旦有机会和外国人交往，就会了解到外面的世界，自然就会把自己的生活与外面的生活加以对比，从而产生诸多"偷渡"、"嫁老外"等念头。

为了让百姓老老实实在家待着，并且不能东张西望，就必然要在隔绝民众与大墙外沟通的同时，向民众鼓吹自己的政策 OK。这样谎言才会成为真理，并被民众欣然接受。商鞅的这条法令一经颁布，一道无形的"三八线"在秦国百姓与外界画上了。从此，这个世界就只有两个国家，一个是秦国，另一个是敌国。

就这样，秦国很快地"富"了，但根本谈不上什么"贵"。正如《红楼梦》所描述的四大家族中的薛家，虽然"珍珠如土金如铁"，却难当"富贵"之名，因为薛家没有爵位，说"富"是实情，论"贵"则是空谈。秦国也是这样，当时说它"富强"尚可，而根本谈不上什么"文明"了。

为了达到愚民的目的，商鞅在变法中还来了这样几条：

其一，用连坐制度实行严打常态化。连坐这东西，历代统治者都看到了它的"好处"，乐此不疲地从商鞅那里抄袭下来。商鞅的连坐制度规定，民众必须互相监督，互相检举，互相揭发。对于发现奸人而不告发的，处以腰斩；积极检举揭发的，予以重奖。在这种地狱般的环境里，邻里、朋友，甚至亲族，因缺少最起码的安全感而统统沦为潜在的告密者，每个人都不得不充当国家不花钱的特务。这种做法逼使民众人格卑下、自私和渺小就自不待言了。

其二，任用奸人。商鞅断定，“用善，则民亲其亲；任奸，则民亲其制”。意思是，国家任用善良的人，那么民众就会相亲相爱；国家任用奸恶的人，那么民众就会敬畏国家制度。商鞅变法的诸多条款中，这条最令人费解。按常识，不论什么样的社会体制，良民总要比奸民好，为什么商鞅却认为要重用的不是良民而是奸人呢？其实，具备健全人格而又良知未泯的良民，一般情况下不会去充当不光彩的告密者。在商鞅看来，农民和士兵还必须是卑贱的和贫穷的，这样政府才能用爵位和财物之类的小恩惠，吊起他们的胃口，他们才会随时为了博得这些东西而不惜举报在一口井里喝了几十年水的老邻居、老朋友。

长期处于卑贱地位，渴望有朝一日出人头地的奸人们，在官爵向他招手时，他们残害的人有可能是邻居，有可能是朋友，也有可能是亲戚或兄弟，如同虱蚊追逐血腥。当奸人得到重用，他们必将以一百倍的热情投身到为秦国“富国强兵”服务的特务行当中去。当然，这一变法的副产品是，一旦心地善良可能成为遇祸之由，而检举揭发却能升官发财，谁还会看重什么良知、道德之类的鸟玩意儿？这样，在极短的时间里，商鞅就神奇地把秦国这个原本就远离文明沐浴的国家，变成了其他诸侯更加鄙夷的没有人性的禽兽之国。

其三，等级尊卑彰显化。不是那个等级的人，就不能穿那个等级的衣服，否则就是犯罪。这一条就是以非常直白的方式，把全国所有的人划分为三六九等，其目的则是要刺激底层民众，满街都是穿制服的，你难道就不想脱掉旧衣换新裳吗？想！那就很好，你就“听政府的话，按政府的指示办”，检举他人，或是捐献粮食，或是到战场上杀敌。

中国历史上，没有一个朝代做到秦国那样，把社会和人简化到这个程度，把集权和效率发挥到这个地步。也许对商鞅来说，不见血的权力运行，根本无法保证变法的顺利推进。

于是，暴力，成了秦国的底色；功利，成了秦国的基因。暴秦，也由此而得名。当其他诸侯国在周王室的正统中遵循礼乐治国的时候，秦国却对软绵绵的礼乐文化嗤之以鼻，将其看成了阻碍生存的“毒虱”；当其他国家分疆裂土，大兴分封制的时候，秦国则实行了半军事化的郡县制度；当其他国家任人唯亲，维持贵族统治的时候，秦国则是任人唯才，不拘一格选拔异姓人才，奉行彻头彻尾的功利主义。就这样，在春秋战国长达500年的历史中，秦国虽然位列诸侯，但因尚功利，淡血缘，薄文化，始终没有被纳入到周王室的正统之中，倒是让一股世俗、庸常之风逐渐弥漫开来，残酷地侵蚀了民族健康的肌体。功利主义者一切以结果为导向，挖掘出了人的深层潜能，秦国上上下下能不拼命地干吗?

当时，商鞅正一股脑儿地想着干大事，根本不会想到世上还会有“报应”这只无形之手呢！商鞅被迫逃亡时，面对客栈老板所说：“商君的法律，凡客栈的主人不去验明客人身份而收容他的，处以死刑”，不禁长叹道：“想不到为法的弊端，竟到这个地步！”但是，他已经醒之晚矣!

这不是百姓希望看到的变法必须付出的成本，更不是商鞅想看到的必须付出的代价！

其实，每个人终其一生的道路上，总有拐不过去的死角。当商鞅告别魏国，往西大步流星走出的时候，对这位一心只为自己功名着想的政治狂客来说，付出生命是他喜欢把事做绝的必然结局，或许就是天生的性格注定了的。在他的理念指引之下的秦国，果然强大到灭了六国，成为当时世界第一强国，但此后中国人的国民性出现了越往后越退步的趋势。有人仔细翻阅中国历史后发现，古代的中国人和后来的中国人，似乎根本不是同一个物种。从春秋到唐宋再到明清，中国人的性格嬗变历程如同直跌下来的瀑布。

吴起也是这种情况，司马迁曾说他“行之于楚，以刻暴少恩亡其躯。悲夫！”意为吴起一到楚国执政却因为刻薄、暴戾、少恩葬送了自己的生命。从性格看，说吴起“刻暴少恩”并无不确之处，这是吴起的性格，也是法家的性格。古往今来，社会矛盾越尖锐越好吗？敌人越多越好吗？吴起的悲剧很值得后人深思。

历史的细节总是让人扼腕，如果吴起是个温和派，八面玲珑，楚国的变法就能进行得下去吗？这可能谁也说不准，因为假说经常在历史面前碰壁。

所以商鞅、吴起等变法家的结局，并非他们所料不及、不可避免的，只是因为他们是完全的理想主义者，为了变法大业而得罪了那么多的人。海明威有过一句名言：所有的罪恶都始于清白。商鞅、吴起等大概也是如此吧！

也许，当初商鞅、吴起的眼里绝对看不上这样一幅社会生活场景的。那就是在人类活动节奏极为缓慢的时代，牧歌式的城邑田园社会是一种大背景，任何人都不可能逾越这个社会条件。统治者与被统治者的依附关系，因为空间距离的稀疏而变得松弛；社会阶层剧烈的利害争夺，因人口的稀少与自然资源的相对丰厚而变得缓和；太多太多的人欲，都因为山高水远而变得淡漠；太多太多的矛盾冲突，都因为鞭长莫及而只能寄希望于德政感召。所以，“邻里相望，鸡犬之声相闻，民至老死不相往来”的图画，在那个时代是一种现实，并非老子描绘的虚幻景象。同样，明君贤臣安步当车以巡视民间，树下听讼以安定人心。

如此背景之下，产生出的是以德服人的治国理念，意图达到民众的自觉服从，实在是统治层的一种高明的选择。高明之处，在于它的现实性，在于它能有效克服统治者力所不能及的尴尬。当然，那个时代也不止一次地出现过破坏这种治国理念的暴君。但是，在暴君治国的词典里，永远没有这样的治国条文。

变法是关乎千百万民众切身利益的阳光事业，必须取得民众的真心拥护、坚决支持和广泛参与，才能确保变法的正确方向，取得预想的成果，否则将寸步难行。让民众参与到变法的浪潮中来，在变法过程中与掌舵人一起啃“硬骨头”，涉险滩，冲破思想观念的障碍、突破利益固化的藩篱，从而不断解决前进道路上的问题挑战。

亨利·梭罗说过，我们首先是人，然后才是公民。秦国的百姓没有什么盼头，没有低头喘息的闲暇，没有个人的隐私之处，他们连人也谈不上，更不用说享用公民的权利了。殊不知，人的社会性远大于自然性，在这古老的原始法则面前，人的竞争不只是停留在对食物与异性的贪婪上，还在自身的尊严上。

可怕的是，过去中国人在历史教科书上造了不少神，也造了不少魔，但较少用人的角度看待很多历史人物。而历史往往不是由一个全知、全能、全善的神人按一个美好的蓝图打造出来的。

血腥的“福祉”

战国时期秦国有一个怪现象，老百姓整天盼着要打仗。史籍有这样的记载：“民之见战也，如饿狼之见肉，父遗其子，兄遗其弟，妻遗其夫，皆曰：不得，无反。”意思是，只要政府号召参军参战的布告一贴，大家一定比注射了吗啡还兴奋，或者好像饿狼看到牛羊似的。顷刻间，就会出现父亲送儿子、哥哥送弟弟、老婆送丈夫的场面，举家欢天喜地，热烈欢送亲人上战场，那光荣的程度，后来的中国人中举人、进士也不过如此。更令人愕然的是，亲人们都对即将出征的子弟这样叮嘱道：你要是没砍下敌人的脑袋，就不要活着回来见我。

史书上还记载，各国跟秦国打仗的时候，发现秦国的人啥都没穿，就拿着把刀上来了，都争先恐后要抢人头。长期浸泡在商鞅设计的体制里，他们好像着了魔一样，人的野蛮性和战斗性不用作任何动员就会被全部激发出来了，就像一个开关，只要用手轻轻一按，就会立即启动或者关闭。

这种带有血腥性质的智慧，无意之中成为了一项民众的福祉。

在巨大的战争机器面前，个人的生命显得很渺小，常常在不经意间就会被风吹跑了。面对死神的频频招手，秦国的老百姓为何偏偏好上打仗这一口呢？

说白了，打仗能改变身份。商鞅变法中最重要的一条就是，没有军功的贵族，一律废除名位，而普通民众，只要战场上杀人够了一定的标准，就可以授予爵位。这就意味着变法是在为秦国社会重新洗牌，重新洗牌会遭到既得利益者的反对，但也会获得为数众多的民众支持。毕竟任何一个社会，处于草根的底层总是占绝大多数。

那时普遍实行的“军功爵制”，一下子把普通百姓的胃口吊起来了。特别是对那些贫寒子弟来说，贵族阶层的生活始终被一块巨大的玻璃隔着，看得见而钻不上，军功是唯一的通道。

战国时期官吏一般都领取实物俸禄。高官可以食禄千钟，甚至到三千钟、万钟。稍低的俸禄为一千石，依次而下为八百石、七百石、六百石、五百石、四百石、三百石、二百石、一百石、五十石。更低者为斗食。按照秦制，六百石以上者皆属高官级别。官吏有特殊功勋者，国家往往赏赐田地。如《商君书》曾说：“得甲首一，赏爵一级，益田一顷。”

那时，秦国在赏赐的原则上有比较严格的规定。

原则之一，一切拿军功来说话。斩杀的敌人首级越多，获得的爵位越高。如果能斩敌人首级五颗，还可以役使隶臣五家。总之，在敌人的头颅里装有自己想要的一切。

原则之二，一切按照身份而定。爵位高者赏赐重，爵位低者赏赐轻，对士兵的奖赏低于军官。依照秦制，划分爵位为二十级，从一级公士到二十级彻侯。军队在攻城围邑时如能斩杀敌人八千以上，野战时如能斩杀敌人两千以上，就是全功。凡立全功的部队，就对全军进行赏赐，而赏格以五大夫

（九级）为分界，划分为两类，对五大夫以上的高爵赏赐重，在正常的官爵升迁之外还有“赐邑”、“赐税”、“税邑”等。而对五大夫以下的低爵，则只赏赐官爵一级，或者最多加赐几千钱、几个奴隶而已，而没有“赐税”、“赐邑”、“税邑”等重赏的好事给你。

原则之三，一切赔本的买卖是不干的。规定“赏罚并行，立功有赏，无功者罚，赏罚分明”。秦国军队以伍为基本战斗单位，据《商君书·境内》篇，一伍之中如有一人战死，其余四人即获罪；如有二三人战死，其他人的罪名更重。将功折罪的唯一方法是杀敌：一人战死，须杀敌一人。二人战死，须杀敌二人。所以秦军战士要想得到“斩一首爵一级”的奖赏，必须是在斩杀敌人的数量中扣除了己方死亡人数后，方能获得。这样一来，士兵要想获爵位并不是轻而易举的事。每五人设一屯长，每一百人设一将。打仗时，百将和屯长如果没斩获敌人的首级，统统处死。

这种赤裸裸的“人头奖励政策”，彻底把秦军打造成毫无人性的野蛮之师。商鞅变法的思路，用现在的话说就 7 个字，叫做“备战备荒为打仗”，就是一切为了打仗，一切为了前线。

秦孝公在位 24 年，发动 6 次战争，平均每年 0.25 次。秦惠文王在位 27 年，发动 17 次战争，平均每年 0.63 次。秦武王在位 4 年，发动 2 次战争，平均每年 0.5 次。秦昭襄王在位 56 年，发动 48 次战争，平均每年 0.86 次。秦孝文王在位 1 年，没有来得及发动战争。秦庄襄王在位 3 年，发动 3 次战争，平均每年 1 次。

在商鞅看来，战争是让国家强大和稳定的最好办法，这是检验变法成功与否的唯一标准。在《靳令》一文中，他说，“国贫而务战，毒输于敌，无六虱，必强。国富而不战，偷生于内，有六虱，必弱”。总之，穷了要打，富了更要打。这支依靠爵位来拉动和刺激的军队，其嗜血癫狂显然不是东方诸侯所能抵挡得住的。文明败给了野蛮，是因为野蛮可以藐视一切人间道德。

军爵制前中国跟西方一样是贵族制，军爵制后，中国变成了一个平民型社会，这个影响非常大。商鞅变法使得秦国变成一个军事强大的国家。就像现在的美国一样，不得不过几年要打一次仗，因为不打仗自己国内以军工体系为主的工业经济就停滞了，综合国力就会下降，什么“美国梦”就别谈了。秦国当时就算国君不想打仗也不行，因为老百姓从小就为了打仗准备着，如果国君不打仗，他的地位可能也就坐不稳了。

商鞅的强国之术堪称中国历史，乃至世界史上最残酷和严厉的一种，是一次激进的国家主义试验，在经济模式上则体现为“命令型的计划经济”。在他的治下，每个秦国人其实都成了国家的工具，宛若后世出土的那些兵马俑，人人面无表情而无比强悍。

这种制度很神奇，即使士兵们的肉体消失了，被埋掉、腐烂了，但他的细胞却渗透到空气中，被秦国人呼吸，并进入他们的身体，像肥料催生植物一样，让国民越长越威猛，让秦国的国君一代比一代更加好战。

放眼整个战国时期，好战的根子在于“军功爵制”，而这一制度并不是秦国的专利。魏国变法最早，提出“食有劳而禄有功”，不再以“亲、故”而以“功劳”作为赏赐的标准，实际上已经具有了军功爵制的性质。后来，战国七雄都推行过“军功制”，只是叫法不同，力度各异。秦推行“军功爵制”最彻底、最典型，对当时和后世的影响也最大。

吴起在楚变法，对封君之子孙三世而收爵，削减百吏之禄秩，然后用所收减的爵禄“以奉选练之士”，也具有军功爵制的特点。

赵孝成王依据赵襄子时代“功大者身尊”的法规，下令对降赵的韩上党守冯亭等“以万户都三封太守，千户都三封县令，皆世世为侯，吏民皆益爵三级，吏民能相安，皆赐之六金”。

在燕国，实行了“公子无功不当封”。乐毅破齐有功后，“燕昭王大悦，亲至济上劳军，行赏飨士、封乐毅于昌国，号昌国君”。并以上功、中功、下功、无功来区别赏赐的等差。

在韩国，申不害创立了一套“循功劳，视次第”的任官制度，规定“见功而与赏，因能而授官”。

齐国也实行这套新制度，也是军功爵制的不同表现形式。

秦国强调唯军为荣的先军政治，冲破了西部群山的捆绑，打开了向东的缺口，像一群野狼一样冲向东部的平原。在他们看来，国家强盛固然必须发动战争，国家衰弱就更应该发动战争，唯有把“毒”输给敌人，国家才能强盛。

那个冷兵器时代，交战双方的武器装备相差无几，又是近身肉搏战，想要在战斗中完全做到“保存自己，消灭敌人”几乎是不可能的。而生活于这场崛起运动下的秦国民众，尽管眼见国家一天比一天强大，却没能拥有日甚一日的幸福，反而与这个冷冰冰的国家越来越对立。

战国中后期，华夏大地上战火纷飞。尝尽了战争之苦的老百姓渴望和平，但长期的混战进入了最后的白热化状态。一心想发动战争攻打别人的只是上层统治者，对于社会底层的民众来讲，为了一个位子有可能被“拉壮丁”

或被忽悠去攻打别人。从他们内心来说，不可能为了权势者的利益而积极接受战争，毕竟“陈尸遍野”的场景是真实的。

社会成员普遍的职业认同心理，往往决定了当时的社会的凝聚力、向心力、发展力和发展方向。一个普遍将打仗奉为追求的社会，即便可以在竞争中脱颖而出，却是难以持久的；如果对战争的感情认同较为偏激，更有可能给当时的社会带来诸多祸患。因为，人类社会的生存和发展需要方方面面的人才参与，需要科学家、需要军事家、需要企业家，需要白领，也需要蓝领。如果一个国家最优秀的人才都去打仗，视将军为高于一切，那么他们必然在这个体制里内耗，为了争权夺利费尽心机，会将生命的责任感和原始创造力都抛到九霄云外。

战国时期百姓长年生活在水深火热之中，今天还是赵国的子民，可能明天就成了魏国的奴隶了。各诸侯国为了一己私欲，为巩固自己的王权地位，置百姓的生死与不顾，长年的动乱，使人们早已厌倦这样的生活，内心渴望能过上平安稳定的生活，而现实慢慢地淡漠了大家的国家和民族意识，所以人们在潜意识里渐渐形成了希望天下统一的稳定局势及社会和谐安定的主观愿望。

老子说过：“兵者，不祥之器”，“大兵之后，必有凶年”。在此前提下，他又提出了一个非常重要的思想：“胜而不美”，意思就是哪怕你战胜了，你是个胜利者，也不要感到自美，不要太高兴。他说：“战胜，以丧礼处之”，即使胜利了，你也要应该用丧礼这样的态度来处理、来对待胜利。这些，秦国的庙堂里是听不进去的，老百姓也一时听不进去。

我们每一个个体生命只有回归人性本色，才能找到真实的自我，而每个时代只有尊重人性，才能找回人性中爱的光辉。一个民族选择珍视生命但决不能惧怕阵亡，为了正义的战争甚至能够承受更大的牺牲。

一个只崇尚通过打仗获利的社会环境，将是一个沉闷的环境，也是一个无趣的时代。所有这些，都是一个没有创造力的社会的体现。其实，对于这样一个环境，民众内心还是恐惧的。对秦国来说，所幸的是在鼓励打仗的同时，政府还是比较实干的，基本上做到了打仗生产两不误。要不然，光靠“先军政治”是换不来“强国梦”的。

诚然，假如忽略人类历史悲剧中的受难者，就是在轻践人类和生命本身，假如忘记了发动战争的罪恶，就难以抵达真正的文明、富强的世界。

第八章

战略：乱云飞渡谁从容

“春天猴儿面，阴晴随时变”。

这是我国民间的一句谚语，意指春季的天气变化无常，忽而风和日丽、阳光明媚，忽而阴雨连绵、冷风习习。“变”，是它的鲜明特点，也是它的固有规律。

战国时期的“国际形势”就是那个样，华夏的天空扑朔迷离，七雄之间时而为友，时而是敌，利益决定立场，诚信与道义被彻底地边缘化了。但凡有利益出没的地方，就会有趋之若鹜的人群。这真如19世纪英国政治家和作家本杰明·迪斯雷利说过的一句话：“没有永恒的朋友，只有永恒的利益。”在这样复杂多变的大环境里想顺利、有效地推进变法运动，很重要的是能否从容应对时局，既善于守拙，又能敢于亮剑。其实，驾驭国际局势如同下围棋一样，就看你怎么拨弄手下的“敌”、“我”两个子了。

以不变应万变 VS 用万变应不变

今天你打我，明天我纠集几个同盟国来打你，相互间没有多少义气可言，而是“利”字在先，诸侯国与诸侯国之间关系是赤裸裸的利益关系。在这样的大环境里，政治家、思想家、军事者，还有政客、兵痞、骗子、商人等各种各样的人粉墨登场，演出了五光十色、轰轰烈烈的悲喜剧。很多很多的人都在这个充满着刺激的赌徒时代的舞台上扮演着自己最愿意扮演的角色。

春秋时期，诸侯国并不是主权国家。既然诸侯国不具备主权独立国家形态，那么诸侯国之间的邦交就不是所谓的国家间关系，因而也就不可能产生所谓的国际法体系。周王室与诸侯国之间形成宗藩关系，尽管那时诸侯国正在从地方行政单位向脱离王室控制的独立政治体发生角色转变。由于奴隶制本身的缺陷和国家管理手段上无法克服的毛病，因此春秋时期的诸侯国成为事实上的地方割据势力。

战国七雄中，沿黄河流域从西到东有三个大国，分别为秦、魏、齐，在战国前期具有左右局势的力量。那时，当一方遇到危机或自己的力量不足以打败对手时，往往向第三方求援，而第三方往往出于自己的利益需求或某种考虑，决定是否救援。

春秋时期在“救援”的决策问题上，也考虑利益多少，但更多的是考虑道义。例如公元前 506 年，吴国军队攻入楚国，并且很快占领了郢都。楚国大臣申包胥奉命前往秦国乞师求援。当时秦哀公是这样盘算的：秦国距离吴国较远，加之秦国本身地势险要，吴国入侵楚国的行动，对秦国本身的利益并无直接威胁，便不想出兵救援，让申包胥先在馆驿休息，表面上推说待与大臣商量后再定，暗自观察形势，权衡利弊。但申包胥认为楚王尚在颠沛流离之中，自己作为楚国的臣子，不能住下休息，于是“立依于庭墙而哭，日夜不绝声，勺饮不入口，七日”。秦哀公终于被申包胥这一“忠义”行为所感动，决定出兵救楚。结果，秦国军队打退了吴军，使楚国得以复存。

战国时期的情况就不一样了。《战国策·齐策一》中的一篇策论，叫“邯郸之难”，说的是公元前 354 年，魏国攻打邯郸时，赵国曾向齐国求援。起初，齐国内部在是否救援的问题上认识不一。相国邹忌主张“不如勿救”，而策士段干纶认为，如果魏国兼并赵国，“则我不利”。于是，齐王决定出兵救赵国，下令“军于邯郸之郊”。但段干纶连忙阻止，他认为直接出兵邯郸援救赵国，“是赵不拔而魏可全也”，不如先出兵威胁魏国的襄陵，待“邯郸拔”，尔后进攻魏国，这样“是赵破魏弱也”。齐王听从了他的建议，拍案叫绝，便先派兵向襄陵进发，以钳制魏军。第二年，魏军攻破邯郸后，齐军迅速出击，魏急忙退兵回救，在桂陵被齐军打得大败。

这里可以看出，齐国出兵救援的指导思想很明确，交战国双方力量消耗得愈多愈好，等到他们都精疲力竭的时候，再出兵救援，这样便可以最大限度地实现自己的利益。很显然，如果在交战初期就出兵救援，齐国和赵国虽然也能战胜强大的魏国，但这样一来，处于被援地位的赵国就会成为利益的既得者，作为出援者的齐国，却只能成为力量的丧失者，等于白白做了一笔

“蚀本生意”。

在这样的国际环境中，要开展轰轰烈烈的变法运动，练好自己的内功，实现变革图兴的宏伟愿景，必须要把握好自己的战略定力，也就是通常讲的战略意志力，学会“外圆内方”的策略。其中，“内方”就是自己的战略定力，始终“咬定青山不放松”，如果没有足够的战略定力，“外圆”也只能随波逐流、举止难握。

战略落实中会不断遇到新情况、新问题，甚至是严重干扰和大的外部条件变化。战略执行者能否保持战略定力，就成了战略成败之关键。从某种意义上讲，一个国家的建设与发展有时恰恰是自己的敌人来决定的，这是一个说起来荒唐可笑，行起来难以摆脱的悖论。战国七雄的沧桑，其实就是在受悖论的支配。

一边排山倒海般地厮杀，一边轰轰烈烈地变法，变法与战争紧紧地联系在一起。战争是对外的，变法是对内的，虽然对象不同、指向不同，但两者密不可分。要使变法不断深化，必须有一个有利的国际大气候，方能排除一切干扰。同时，变法的成效又为稳住“大气候”提供强大的物质和精神“能源”。

在这风云变幻、互不信任的雾状的国际环境中，秦国从秦孝公到秦王嬴政即位的90年中，遇到了内政、外交、政治、军事等领域中各种各样的新问题、新矛盾、新斗争，国家也多次走入低谷，对外扩张或防御中也胜败相随。但有一条不得不肯定，这些嬴姓的君王们带领秦国的子民始终把握住这样两点：

对内，秦孝公留给后人“强国富民”、“农战”的基本国策，以自己战略的不变应对国际环境的万变。如，兴建都江堰、郑国渠两大水利工程，持续促进了秦国的农业大增产。尽管郑国渠的开工有外国间谍的背景，但只要客观上对发展农业有利，秦王还是照干不误。史籍有载："及至始皇，奋六世之余烈，振长策而御宇内，吞二周而亡诸侯，履至尊而制六合，执敲扑而鞭笞天下，威震四海。"这意思是，到始皇的时候，他大大地发展了前六代君主的功业，挥舞着长鞭来驾驭全中国，将东周、西周和各诸侯国统统消灭，登上最尊贵的宝座来统治天下，用种种刑具来迫害全国人民，威风震慑四海。并且"收兵铸金人，函谷正东开"。

对外，采取"远交近攻"的战略。大家对商鞅的历史贡献比较熟悉，可范雎当时做出的贡献绝不在商鞅之下。秦国通过商鞅两次变法很快强大了起来，但是如何正确运用自己的实力完成统一大业，范雎给秦国指明了正确的方向。他指出的战略方针就是"远交近攻"。

说到范雎这个人，这里顺带一下有关他的传奇人生，这也是那个时代使然。他在少年之时就有谈天说地之能，治国安邦之志，起初想去辅佐魏王，由于没有晋见渠道，只好先投靠中大夫须贾门下做家臣。当时魏国与齐国关系紧张，魏国派须贾前往齐国，重新建立友好关系。范雎与须贾同行。在齐国，齐襄王以言辞责备魏国，须贾无言以对。范雎代须贾作答，言辞入情入理，不亢不卑。齐襄王十分诧异，便使人暗地里对范雎说："我们国君十分赏识您的才能，希望您能留下来。"范雎回答说："我与魏国使者一同来到齐国，而不一同回去，是无信义的行为，所以不能留下来，请齐王见谅。"齐襄王更加敬慕范雎，又派人赠送黄金和美酒给范雎。范雎只收下了酒，把黄金退还了齐国。

回到魏国后，须贾诬告范雎私通齐国。丞相魏齐把范雎擒来严刑拷打，把范雎打得遍体鳞伤，奄奄一息。周围的人说："范雎死了。"魏齐看见范雎躺在血泊之中，一动不动，以为真的死了，命人扔到茅坑里，任人把屎尿撒在他身上。到了晚上，范雎看见只有一个士卒在看守，就对他说："我已被打成这模样，肯定是活不了，你行行好，让我死在家中，我定当重谢。"士卒于是回去报告魏齐，说范雎死在茅坑里，臭气冲天。魏齐说："那就扔到郊外去吧！"士卒偷偷把范雎带回了家。范雎对家人说："魏齐明天一定会派人去寻找我的尸体，如果找不到，必生疑心，来我们家里搜查，如果那样，我就活不成了。我在西门有个结拜兄弟，叫郑安平，请马上送我到他家中。我走了以后，你们为我发丧。第二天，魏齐果然来到范雎家中，见家人披麻戴孝，就不再怀疑了。

再说范雎在郑安平家渐渐养好了伤，并改名为张禄。过了半年，秦国的使者王稽出使魏国，郑安平想办法接近王稽。王稽问："不知你们国内是否有未曾做官却十分有才能的人？"郑安平叹息道："先前有个叫范雎的智谋之士，被相国打死了。"话没说完，王稽就说："可惜呀！此人若能到我秦国，一定能施展其才能。"郑安平接着说："我们这里有位张禄先生，其才能不在范雎之下。"王稽说："既有这等人物，何不引来相见？"郑安平悄悄带着范雎深夜来到旅馆拜见王稽。王稽以天下大事相问，范雎一一发表自己的见解，讲得头头是道。王稽高兴地说："先生可愿意和我一同到秦国？"范雎说："我在魏国有仇人，能到秦国为官，是我求之不得的事情。"于是王稽带着范雎回秦国。一路上谈笑风生，十分投机。

进入秦国境界，有一队车马从西而来。范雎问："来者何人？"王稽说：

"这是我国的丞相穰侯。"穰侯名叫魏冉，是当时秦国太后的弟弟，实权派人物，也是妒能嫉贤之辈。范雎说："我得在车厢里避一避。穰侯看见您从外国带回个宾客，肯定不高兴。让他看见了，麻烦事就来了。"果然，两队人马相遇以后，穰侯问王稽："你从别国带回了宾客吗？这些人全靠嘴巴吃饭，其实没什么大用。"穰侯走了以后，王稽对范雎说："你可以出来了，穰侯已经走了。"范雎说："穰侯这个人生性多疑，他马上又会折回来搜查。"于是和郑安平两人先走一步，王稽车马在后。果然，大约走了十里地，有二十匹快马从后边追赶而来，声称奉丞相之命，前来搜查。这帮人把车里车外仔细搜了个遍，自然什么也没搜着，这才转身走了。王稽称赞说："张先生真是智谋之士。"于是命车马快速前进，直奔咸阳。

王稽朝见秦昭襄王，向他推荐范雎，但没有引起昭襄王的重视。差不多过了一年，范雎写了一封信给秦昭襄王，简要地分析了一下当时秦国的形势，并提出了对策。秦王差不多把张禄的名字给忘了，看了信之后，决定召见范雎。秦昭王对范雎的论断大为佩服，拜其为客卿，共同谋划用兵攻战之事，并且调整国家战略，将韩、魏两国作为秦国东扩的重点。

那个时候，与秦国利害直接相关的是韩、魏两国，分别在晋南、豫西，与关中平原相邻，是秦国面临的最现实的威胁。可是，秦国对付的手段是又打又拉，战火止于函谷关，再没有往东燃烧过。这样，战国的政治格局和军事斗争在地域上就呈现出东西对立的基本特点，由战国初期的群雄割据混战演变为山东、关中两大集团相互争雄的局面。

昭王三十九年，昭王依照范雎的计谋，派兵进攻魏国，攻占了怀地。两年后，又攻占邢丘。昭王四十二年，范雎又为昭王谋划攻打韩国，首先攻占地处韩国咽喉地带的荥阳重镇，将韩断为三截，陷其于危亡之中，不得不听命于秦。经过一系列征战，秦国国势越发强盛，东方各国无不畏惧。

正是范雎正确分析了当时国际大势，提出秦国若想称雄诸侯，以往奉行的传统“连横”政策足矣，但若想进取天下，该策略就显得重点不明、力不从心，必须采取“远交近攻”的战略。如此一来，就可以达到“得寸则王之寸，得尺则王之尺”的效果。

范雎的“远交近攻”战略的具体路线图是这样的：先综合运用“利诱”与“威慑”两大手段，控制韩、魏两国，并借以威服楚、赵，从而迫使齐国亲秦，然后回过头来再消灭韩、魏。由近及远，得一城是一城，得一地是一地，逐步向外扩张，好比蚕食桑叶一样，逐步兼并天下。

当然，再周密的计划，再挖空心思的设计，如果不能变成“决胜千里”的具体行动，那只能是海市蜃楼、水中花、镜中月；如果在落实的过程中，战略被片面地理解和执行走样变味，那就有可能不仅达不到预定的战略目标，甚至事与愿违，带来不良、灾难性的后果。

对此，秦国没有丝毫的马虎，从庙堂之上到大小将领，不仅战术上重视敌人，而且战略上自我加压。因为，秦国面临的对手还是很强大的。如果说秦国是个成功者，一定意义上是他的敌人使其最终成功的。敌人的力度决定了秦国的高度。失去了敌人，也就失去了“我”。把这句话反过来说，就是敌人存在，我才能存在。人，不可没有敌人。只有敌人“万岁”，我才能“万岁”。

从秦国由小到大、由弱到强，灭六国诸侯，统一中国，这场伴随着金钲羯鼓、滚滚狼烟、群雄逐鹿的百年历史大剧中，正是秦孝公及其后六代秦国君主对秦孝公开创的治秦、强秦、富秦基本国策的百年坚持和发展创新，正是他们始终坚持、坚信、坚定战略定力的结果。

这份滴水穿石般的韧劲和坚持是什么？正是我们今天讲的“战略定力”。高瞻远瞩、胸怀大志的秦孝公在商鞅变法中为秦国发展制定的基本国策，经秦国超乎寻常的代代坚持和发展，终于在历史的天空中绽放出了绚丽的光彩！

从整个秦国的国家层面上来说，这是一个坚持正确发展战略，保持高度的战略定力，最终取得伟大成功的榜样。后来，正是有了范雎的正确战略方针作指导，秦国统一天下的进程才正式进入了快车道。

东方六国面对激荡变化的国际形势，好像没有了“主心骨”似的，采取五花八门的战略，实质上是在“以万变对不变”，结果把自己变没了。

魏国是一个因缺失战略定力而导致国家衰亡的典型。与秦孝公同时代的魏国国君是魏惠王，在位 51 年，是战国时期在位最长的君主之一，魏国由盛转衰恰恰发生在这一时期。当时的魏国侵占了秦国河西大片土地，综合战力国力远在秦国之上，在东方六国中排在前三位。魏、赵、韩本是春秋大国——晋国的大族群，“三家分晋”得以立国。魏惠王前的魏文侯、魏武侯两代国君对魏国的发展方略是：第一，坚持连续进攻河西高原秦国良田，进而吞食秦国关中，最终吞灭秦国；第二，巩固和发展同赵、韩两个国家的传统友谊；第三，保持同东方其他诸侯国的平衡不战关系。

根据当时的天下形势，如果魏惠王能坚持其祖先辈指定的发展方略，或许魏国会成为最后的中原霸主。但魏惠王已经在战略上犯了严重的路线错误，先是放弃了对秦国的扩张，然后对赵、韩两国发动挑衅战争，率先破坏了三晋国家的同盟结构，同时对东方其他国家陆续开战。正是魏国“压秦战略”的改变和放松，使弱小的秦国获得了喘息和变法图强的时机。秦国变法初显成效后，一举收复了被魏国侵占的大块土地。秦国开始变强，魏国衰落。慑于秦国压力，魏国从安邑迁都大梁。后来的几十年，魏国国力每况愈下，秦国稳步上升。秦、赵两国长平大战之后，秦国实力远远超过其他六大战国中的任何一国，一统天下，成了历史之必然。

人们常说“思路决定出路、理念决定未来”。对战国时期的那些战略家来说，所谓的思路也罢，理念也罢，实际上是一种战略选择。有了正确战略之后，能否成功关键，要看是否按战略的定位、方向、目标坚定不移地执行下去，也就是说一个国家不只需要一个好的战略，还必须要有坚定强大的战略执行力。

那时的齐国、赵国秉承的是“有便宜就捞”的地区扩张主义。

在桂陵和马陵之战中，齐国两次打败魏国，迫使魏王变服折节带领一些诸侯王入朝齐王。此时的齐国国力达到了鼎盛，它率军南胜楚国于垂沙，稍后联军又西向攻入秦函谷关，竟迫使秦国割地求和。然而，齐国的对外扩张并没有给自身带来实实在在的利益，对外扩张只是为了地区称霸，它连年发动对秦、楚国的进攻目的是迫使强国屈服，并非是为消灭其有生力量。这还真有点春秋时期贵族的遗风，但这在战国时期是绝对吃不开的。因而，它“合纵”对秦、楚两国的战争并没有使这两个国家受到重大损失，反而帮了别人做“嫁衣裳”，使盟国得到了不少土地，自己却连年对外征战，劳民伤财，消耗了巨大的国力。后来，当它倾其所有力量歼灭处于中原的宋国时，却遭到了天下诸侯国的一致遣责，在全世界面前弄得一点脸面也没有，差点亡国，从此就彻底衰败下去了。

在战国中后期，面对秦军大举东进，东方各国大都难以抵抗，唯有赵国尚能与之单独过招。然而，赵国的对外战略理念自始至终都是致力于周边扩张，就像一只没头的苍蝇到处乱碰，没有明确的全局性的战略观念，所攻占的土地并非具有重要战略价值，基本上是白忙乎了一阵。为了对外扩张，它还常常莫名其妙地被小国拖进一些不必要、无名义的大战中，而这些战役又没有给赵国带来至关重要的利益。

楚国实行的是消极防御的现实主义对外战略理念。在那个年代，你吃不了别人，别人就会吃了你，光守护自己的“一亩三分地”，迟早是守不住的。楚国实施的这种对外战略理念，实质上是以其策略手段来防止他国实力的增大，以达到维护自身安全的目的，玩的是“巧实力”。这并不是一种完全的笨拙策略，只是用错了对象，用错了时代。

燕国对外战略理念起伏较大，从开始实行的孤立主义到后来的有限扩张主义。到燕昭王后期，燕国有了资本后就将对外战略理念转为寻找时机，参与中原各诸侯国之间的事务，参加各国之间的“合纵”与“连横”活动，企图利用大国之间的矛盾创造有利于燕国的外部环境。然而，燕国的这种有限扩张主义战略带有“有仇不报非君子”的浓厚的色彩，不看国际大环境的变化，而是急于报私仇，先图个痛快。于是，在燕将乐毅率军攻破齐国，劫掠大量财富之后并没有审时度势、有所克制，而是准备凭全民动员、全民皆兵一举攻灭齐国，最终还是被齐军击败。看来，这个“一根筋”的燕国一点战争辩证法也没有学过。之后与赵、齐两国的连年混战，这种相互征伐的战争消耗了燕国的国力，却为秦国的统一客观上提供了便利。

由于战略目标和实现手段的不断变化，东方六国在战略上一直处于一种左右摇摆的状态，导致了不是你打我，就是我打你，在这个“国际大舞台”上，“你方唱罢我登台”，要么就是“死猪不怕开水烫”，“宅”在国内看着天花板，实行“三不政策”：不参与、不作为、不计划。到了那个份上，谁还有心思忙乎变法呢？结果，内政与外交成了两只死棋。

战略之要在于“略”，“略”之要在谋大事兼及一隅，争千秋不争一时。首要的是要善于观大势、谋大事，对国内外发展大趋势有准确的认识和判断，不为一些表象甚至假象所迷惑，不人云亦云、盲目跟风。尤其在残酷竞争的世界里，一个国家首先不能自己乱了方阵，做到“任凭风浪起，稳坐钓鱼船”。无此前提，智慧和文化则无以附丽。战略定力一旦乱了，就只能靠和亲、朝贡、投降、称臣、当顺民，或者具有鼠兔一样的繁殖力，才能让自己苟活下来。历朝历代，没有对外的战略定力，哪能在国内深化改革呢？没有深化改革，再先进的军事理念也会成为一堆瓦砾。

战国时期的变法实践表明，把握好国家的战略定力，必须具有丰富的实践，崇高的目标，坚定的信念，非凡的胆识，辽阔的视界和超群思维。

弊在赂秦

以前，史学界都认为“秦王扫六合”，一统中国，是秦国通过变法后兵强将勇，武力扩张的必然结果。这点肯定没错，但这只说了问题的一个方面，宋代的苏洵，也就是苏东坡的老爷子另有高论，他在那篇著名的政论文《六国论》中开宗明义：

> 六国破灭，非兵不利，战不善，弊在赂秦。赂秦而力亏，破灭之道也。或曰：六国互丧，率赂秦耶？曰：不赂者以赂者丧，盖失强援，不能独完。故曰：弊在赂秦也。

这段话的意思大家都熟悉，就是说，六国的灭亡，不是（因为他们的）武器不锋利，仗打得不好，弊端在于用土地来贿赂秦国。拿土地贿赂秦国亏损了自己的力量，（这就）是灭亡的原因。有人问："六国一个接一个地灭亡，难道全部是因为贿赂秦国吗？"（回答）说："不贿赂秦国的国家因为有贿赂秦国的国家而灭亡。原因是不贿赂秦国的国家失掉了强有力的外援，不能独自保全。所以说：弊病在于贿赂秦国。"

赂秦所指的也许是世界上最早的"以土地换和平"的雏形。

历史证明，六国灭亡的一个重要的原因，就是他们没有坚持实施强国之策，面对强秦胆战心惊，总是用"割地求和"的方法来换得睡一夜好觉。如此"以地赂秦"，秦国不用战争就可得到比直接使用战争多出几倍的土地，结果呢？"以地事秦，犹抱薪救火，薪不尽而火不灭。"就是说，用土地侍奉秦国，就犹如抱着柴禾去救火，柴火烧不完，火就灭不了。这话真是说到点子上了。如此争相割地贿秦，最后正如汉代贾谊所言"于是从散约败，争割地而赂秦，则成败，不战而强弱胜负已判矣"。

土地对于秦国实在太重要了。战国之初，这个边陲小国地处崤山之西，属于中原以西苦寒边远地带、交通闭塞，而东方的楚、赵、韩、燕、魏、齐六国的兵力是秦国的十倍，土地是秦国的五倍。

战争需要源源不断补充兵员，而军队员额的增加，与人口增长直接有关，人口的增长依赖于耕地的扩大。在古代，庄稼收成乃国之命脉所系，直接关系到国家的生死存亡，多少强大的帝国因为填不饱农民和士兵的肚皮而难以强撑。当时落后的生产力使人类改造自然的能力十分有限，要富国强兵，一方面选择在哪个地方生存、繁衍是十分重要的；另一方面必须要增加耕地的绝对量。战国时期，那个国家耕地最多，那个国家人口就最多，那个国家国力就最强盛。

秦国靠战争夺取土地之外，还得到别的国家不少的贿赂，这种贿赂小的是镇邑，大的则是城池。有关资料表明，秦国接受别国贿赂所得的土地和战争所得的相比较，竟然为百倍之多。其他国家因贿赂秦国所失去的土地和战败所失的土地相比较，事实上也有百倍之多。那么秦国最想得到的，其他诸侯国最不担心的，就是大片大片的土地。

想当初，东方六国的祖先冒着风霜雨雪，披荆斩棘，才有了这片广阔的土地。子孙后代对它很不爱惜，拿它送人，就像抛弃小草一样。今天割去五座城池，明天割去十座城池。可是，一觉醒来，到了第二天起来看到边境上秦国的军队又来了。每国的土地是有限的，而秦国的欲望是无限的，用有限的土地来满足无限的贪欲，送给它的越多，它的胃口就越大。这种“赂秦”不用打仗，谁强谁弱、谁胜谁负，已经分得非常清楚了，以至于到了后来灭亡的地步，也是理所当然的。

到了战国后期，以地赂秦换取暂时和平的策略可以说是占了东方六国的主导地位。何以导致？一方面是弱国无外交，不得不如此；另一方面缺乏谋略，与政治上短视有关。还有一个主要原因，就是六国君王中了秦国的挑拨离间的诡计，造成六国之间相互怨恨、猜忌，争相在秦国面前讨好，导致了不能真正团结一致，“合纵”联合抗秦。

六国败的时候割地出于无奈，但不败的时候也在割地求太平。长平之战后，应该说赵、秦两国都已经筋疲力尽了，双方都在为下一步行动各自猜着拳经。此时，赵王提出拿五个城池送给齐国，以此作为与其结成同盟的见面礼，并立即命虞卿出使齐国，商谈进攻秦国之军机大事。没想到，虞卿还没有从齐国回来，秦国的使节来了。赵王一看自己的阴谋被揭穿了，不容多说，主动提出割让六座城池给秦国。当时，秦国使节还没有吹胡子瞪眼睛呢！

翻开《资治通鉴》，看到里面有这样一个记载，说的就是东方六国“以土地换和平”的灭亡之路。

公元前 278 年，秦国派白起领兵进攻楚国，攻占郢城，火烧夷陵。楚襄王的军队闻风四散，不再迎战就把国都向东北迁到陈地，等于把郢城白白送给了秦国，于是秦国封白起为武安君。

公元前 275 年，秦国相国穰侯魏冉率军进攻魏国，韩国派暴鸢率军去救魏国。对此，魏冉决计先攻破韩军，杀死四万人。结果暴鸢逃往开封，魏国只好献出八座城求和。魏冉却不依不绕，继续攻打魏国，赶走了魏将芒卯，进军北宅，魏国又割让温邑再次求和。

公元前 273 年，赵国、魏国联合进攻韩国华阳。韩国向秦国告急，秦王不救。韩国相国对陈筮说：“事情危急了！希望你能抱病连夜走一遭！”陈筮到了秦国，拜见魏冉。魏冉冷笑道："事情危急了吧？所以才让你来啊。"陈筮却说："不着急。"魏冉生气地问："为什么？"陈筮回答："韩国要是真的逼急了，就会转而投靠别的国家。现在还不算急，所以再来秦国求救。"魏冉忙说："我答应出兵了。"于是与武安君白起及客卿胡阳率军救助韩国，八天后到达，在华阳城下击败魏军，又赶跑芒卯，俘虏三员敌将，杀死13万人。白起又与赵军大将贾偃交战，设计在黄河中淹死赵兵2万人。最后，魏国的段干子建议割让南阳给秦国以求太平。

后来，纵横家、苏秦族弟苏代对魏王说："段干子想掌握秦国的相印，秦国想占据魏国的领土。现在大王您让想夺地的秦国控制相印，让想要相印的段干子来控制魏国土地，他们互相勾结，魏国的土地就会丧失干净。用献地方式向秦国讨好，好比抱着干柴去救火，干柴烧不完，火是不会灭的。"魏王说："话虽是如此，但是事情已经开始进行，无法改变了。"苏代又劝说："下棋时之所以重视'枭子'，是因为这个棋子方便时可以吃子，不便时可以停止。现在大王使用智谋为什么还不如下棋用'枭子'那样灵活呢？"魏王到底没有听从苏代的劝告，割让了要地南阳求和。

南阳可是个要地，还有修武这个地方也是如此。韩国、魏国向秦国屈服后，秦王便派武安君白起联合韩、魏两军进攻楚国。尚未出发，楚国已派使臣黄歇前来，怕秦国乘胜一举消灭楚国，急忙上书秦王，翻译成白话文是这样说的：

> 我听说物极必反，冬天、夏天的交替即是如此；走极端则危险，垒棋子即是如此。现在强大的秦国的地域，遍及天下，控制

西、北两端，这是自古以来，拥有万乘车马的大国从未达到的。楚国三世先王都不忘与齐国接壤，以切断联合抗秦阵线的韩、魏中段。如今大王派盛桥在韩国掌权，盛桥迫使韩国割地给秦国，大王您不动甲兵，不施威势，就得到百里土地，大王可谓能干之极！大王又出兵攻魏，封堵魏国门户，攻下河内，夺取燕、酸枣、虚、桃等地，进入邢丘，魏兵云集而不敢前救，大王可谓战功累累！大王休息军队，两年后再举用兵，又吞并蒲、衍、首、垣等地，兵临仁、平丘，使黄、济阳据城自守，魏王只好屈服。大王又占据濮磨之北，使土地互相联结于齐国和秦国的腰部，切断楚国、赵国的联系中枢，各国三番五次地联合、聚会，终于不敢来救，大王可谓威名赫赫无双。

截至目前，被秦国鲸吞的楚国土地已有2000—3000里，是楚国把秦国喂肥了。楚国吃老本，把祖宗的土地都赔光了，楚威王九泉之下知道后多伤心。现在，大王如果能保守功业威势，收敛继续进攻的雄心，而在领地上广施仁义，消除后患，那么，大王的功业绝不止是三代圣王之后的第四个，五位霸主之后的第六个！但是大王如果倚仗军队众多，凭借武器精良，乘平毁魏国的兵威，想以武力使天下各国君王都向您俯首称臣，我担心您会引来后患。《诗经》说：‘常见善始，少见善终。’《易经》说：‘小狐渡水，尾部浸湿。’这都是指开始容易，结束困难。当年吴国听信越国，出兵攻齐，已经在艾陵战胜齐国，回来却被越王在三江之滨擒杀。智伯瑶信任韩、魏两家，联合进攻赵家，围攻晋阳时，胜利已指日可待，韩家、魏家却突然反叛，智伯瑶终于在凿台之下被杀。如今大王忌恨楚国尚未灭亡，而忘记了楚国灭亡只会使韩国、魏国强大，臣下我认为您的这种做法不可取而为您忧虑。楚国，是您的援手；其他邻国，是您的敌人。现在大王相信韩国、魏国亲善秦国，这正像当年吴国信任越国。我以为，恐怕韩国、魏国表面上谦语卑辞是为了免除灾祸，而实际上却是想欺骗秦国。

为什么呢？因为秦王对于韩、魏两国并无再世的恩德，却有累世的积怨呀！韩国人、魏国人中，父子兄弟接连死于秦国刀兵之下的，已近十代了。所以韩国、魏国只要不灭亡，终究是秦国的忧患。大王却要资助他们一起进攻楚国，这不是个大错误吗？况且，进攻楚国从何处出兵？大王是否准备向世仇魏、韩两国去借道？那样做，自秦兵出发之日大王就会担忧他们回不来。大王如果不向世仇韩、魏去借道，势必只有攻随水的西边，那里都是大河、山林、深谷，不毛之地，大王徒有征服楚国的名义而没有得到土地的实际利益，而且大王进攻楚国时，四国必然全部起兵响应大王，当秦国、楚国军队打得难解难分时，魏国就会趁机出兵进攻留、方与、湖陵、砀、萧、相等地，宋国旧地将尽入其手。齐国人也会向南攻楚，必然夺取泗上，这些都是四通八达的平原，肥沃膏腴之地。那样的话，天下的国家中将是齐国、魏国最强大了。我为大王考虑，不如与楚国亲善为好。秦国、楚国合二为一进攻韩国，韩国必然束手无策，屈服称臣，大王控制华山以东的险要，占有九曲黄河的利益，韩王必定成为您的关内之侯。这时大王再派十万大兵驻守韩都新郑，足使魏王胆战心惊，许、鄢陵两城被困后，上蔡、召陵也将与魏都大梁无法来往。那时，魏国就成了关内侯。大王一施行与楚国亲善的政策而使关内两个拥有万乘兵车的大国向齐国索要土地，齐国西部领土便垂手可得。大王的领土横贯西海、东海，扼制天下，于是燕国、赵国不能与齐国、楚国联合，齐国、楚国也不能与燕国、赵国相援助。然后大王再威逼燕国、赵国，直捣齐国、楚国，这四个国家不等到被痛击就会降服了。

秦王听从了黄歇的意见，令白起停止行动，辞谢了韩国、魏国军队，派黄歇归国，与楚国缔结亲善睦邻邦交条约。秦国能够如此潇洒自如，是以其强大的实力作后盾的。没有“战”的能力，就没有“和”的话语权，这历来是战争与和平的辩证法。

如果六国用贿赂秦国的土地来封给天下的谋臣，用来奉养那些后来奔赴秦国的奇才，齐心合力地对付秦国，那么，恐怕秦国人没有敢这么嚣张了。真可悲叹啊！天天割地，月月割地，以至于走向灭亡。

当然，这里有个特例，齐国开始并没有直接用土地贿赂秦国，可是终于也随着五国之后也灭亡了，为什么呢？因为齐国被蒙了，跟秦国交好而不帮助其他五国。五国已经灭亡了，齐国所有的土地也就全搭上了。

除了贿赂秦国土地以外，还有的诸侯国干脆贿赂金钱了。当初，韩国想要改善与秦国的关系，但又苦于没有经济实力。于是，不知谁给韩王出了一歪招，将他一个美丽的宠妃卖掉，出价三千金。那时候大家都很穷，只能是闻“色”兴叹。结果秦国财大气粗，一次性付款将这美女领了回去。而韩王拿着卖妃得来的钱又去贿赂秦王，这真是“赔了夫人又赔钱”啊！可见战国时期东方六国贿秦之风何等之盛。这种“物质贿赂”与“非物质贿赂”之中，行贿者往往通过感情联络、心理接近、思想沟通，使受贿者警觉逐渐泯灭、信仰逐渐变异，以至逐渐堕落。可是，秦国没有上当，他们将“糖衣”吃掉，而将“炮弹”扔了回去。这样贿赂秦国的结果，是使强者越强，弱者越弱。秦穆公时，已经“益国十二，开地千里，遂霸西戎”，到后来秦国拥有今天的陕西、甘肃、湖南、湖北、四川、重庆等地的大部，还有山西、河南部分地区，面积约100多万平方公里，人口大概500万，兵力100多万。

秦国人对得来的每一寸土地都十分珍惜，早在商鞅变法时期就制定了《为田开阡陌令》，到后来又制定了《田律》。更值得称道的是，秦国在对土地资源加强管理的同时，还十分注意加强对动植物资源的管理。据《孟子·梁惠王》记载，孟子曾向惠王提出建议：“不违农时，谷不可胜食也；数罟不入洿池，鱼鳖不可胜食也；斧斤以时入山林，林木不可胜用也。谷与鱼鳖不可胜食，材木不可胜用，是使民养生丧死无憾也。养生丧死无憾，王道之始也。”意思是，不耽误百姓的农时，粮食就吃不完；细密的鱼网不放入大塘捕捞，鱼鳖就吃不完；按一定的时令采伐山林，木材就用不完。粮食和鱼鳖吃不完，木材用不完，这就使百姓养家活口、办理丧事没有什么遗憾的了。百姓生养死丧没有什么遗憾，这就是王道的开始。

这些法律条文主要集中在《田律》中，其中规定：春天二月，不准到山林中砍伐木材，不准堵塞水道。不到夏季，不准烧草作为肥料，不准采伐刚发芽的植物，或捉取幼兽、鸟卵和幼鸟，不准……毒杀鱼鳖，不准设置捕捉鸟兽的陷阱和网罟，到七月解除禁令。这倒很像现在有的地方的“禁捕”、

"禁猎"、"禁伐"令一样，主要是为了保护林业、渔业等副业生产，防止水土流失、保护自然环境和维持生态平衡。这客观上对秦国的经济发展和人口增长起了很大的促进作用，从而为战争提供了不竭的兵源。

不仅如此，对于用各种方式得来的土地，秦国采取多种政策扶持开发。秦惠文王时期，秦国的南方有两个国家，蜀国，即现在的四川地区，还有和巴国，即现在的重庆地区。公元前 316 年，秦惠文王派司马错为将率兵攻打蜀国，司马错一举灭掉了蜀国，而后又乘胜灭掉了巴国。公元前 256 年，秦昭襄王命令水利专家李冰作蜀郡太守。由于这个地方地处盆地的东边，被玉垒山阻隔，岷江的水流不过去，又常常闹旱灾。所以，李冰决定在灌县城郊凿通玉垒山，引水分洪。在此同时，还在这段江中筑坝分流，将江水引到东边，灌溉东边的大片农田。为了实现这个伟大的计划，李冰还动员自己的儿子一起干，组织了数十万民工，开山凿石，修堰开渠，经过好多年的艰苦奋战，最终建成了在中国历史上有名的都江堰水利工程。

而郑国渠的修建，情况有些复杂了。关中是秦国的基地，为了增强自己的经济力量，以便在兼并战争中立于不败之地，秦国决定发展关中的农田水利，提高秦国的粮食产量。值得一提的是，修建郑国渠，其实是一个政治事件的结果，属于误打误撞。当时韩国靠近秦国，国力弱小，采取了所谓的"疲秦"的策略。派水利工程人员郑国到了秦国，游说秦国在泾水和洛水间穿凿一条大型灌溉渠道。这表面上说是发展秦国农业，真实目的是要耗竭秦国实力。秦国采纳了这个建议，虽然最后发现了这一政治企图，但是将计就计，坚持把全渠修好，后来为秦军吞并六国发挥了很好的后勤保障基地的作用。

随着变法精神的深入人心，又有强大的经济基础作保障，秦国各项事业可谓如虎添翼，前途一片光明啊！

战国初期，秦国常备军不足百万，战车千辆、战马万匹。到战国中期以后，秦国参战的军队数量大大增加，虽然死伤也多，但很快得到了补充。这主要得益于土地的不断增加，能够供养得起更多的人丁，作战时所有适龄农民乃至世族人员都有可能被强迫编入军队，一场大战，往往轻而易举地动用几十万人，你还敢在它的面前不听使唤？乖乖地割地吧！

不可否认，秦国对内“重农重战”，对外“远交近攻”，国策方略是对头的。而六国只顾眼前，不计长远，为了一时的利益，不惜将土地拱手相让，得过且过，只能是砸子孙的饭碗，虽然一时避祸太平了，却成了以后几代人的痛苦记忆。

结盟是把“双刃剑”

时间到了战国中期，七国就是处在“合纵”与“连横”之间的对抗和较量的旋涡中，或为扩张，或为自保，人类生存之道的哲学在这一刻得到了最好的诠释。

当初，魏国在与齐国争夺中原霸主地位之时，由于战略战术的失误，失利于马陵之战，失去了超级大国的地位，不能再和齐国对抗了，只能退居二流国家。而秦国，经商鞅变法，由西陲小国一跃成为有实力问鼎中原的泱泱大国，当时的战国形成了秦、齐两极争霸的局面，而韩、魏、赵、燕、楚五国只能夹在秦、齐之间，或与秦国“连横”攻击他国，或与其他几国“合纵”以求自保。各国之间交相呼应、互相制衡，局势达到了高度平衡的状态。强大的秦国虽有一统山河之志，却无力打破当时这种平衡的局面，其东扩之路遇到了瓶颈时期。韩、魏、赵国东邻齐国，西靠强秦，为求自保提出了“合纵”，而秦国为求东扩提出了“连横”。“合纵”、“连横”这两个联合作战的概念就是在这样的大时代背景下被纵横家提出来的。

有意思的是，制定和实施这两个战略方案的，都曾师从于鬼谷先生，“合纵”的代表人物是苏秦，“连横”的代表人物是张仪。

“合纵”与“连横”战略是一种典型的冷战思维，也是那个时代的必然产物。从历史主义的高度看，这是整个人类文明史上第一次由精英之士个人推动实现的外交大战略。

根据《史记》的记载，张仪这个人早期的人生之路走得并不如意。

他跟公孙衍一样，也是魏国人，最大的特点就是穷。因为出身卑微，张仪没有得到魏惠王的赏识，就跑到楚国，投奔到时任楚国宰相的昭阳门下。有一次举行宴会，昭阳把楚王赏赐的一块美玉掏出来，向大家显摆。门客们争相传看，传过来传过去，赞赏之声不绝于耳，可是玉没了！

谁这么大胆子，敢在宰相眼皮子底下浑水摸鱼？

由于当时没有监控摄像头，无法立此存照，门客们只能通过推理来破案。说来也好笑，那个推理逻辑真很荒唐，要么看长相，要么看贫富。宰相门下的人，应该没有长得贼眉鼠眼的，所以大家一致断定：谁穷就是谁干的！在这些门客当中，要比穷的话，谁都比不过张仪，所以张仪稀里糊涂地就被抓了起来，被看管人员严刑拷打。

张仪本来就是被冤枉的，加上他还有点知识分子的“臭脾气”，打死也不承认。毕竟没有真凭实据，负责此案的昭阳也怕整出人命来不好向楚王交待，最后只有不了了之，把张仪打个半死就给放出来了。

遍体鳞伤的张仪回到家中，他老婆也有意思，一见面就问他：你一个高级知识分子，以往都是周游列国骗吃骗喝，今天怎么混成这个德性？

张仪没有回答，而是嬉皮笑脸地反问道：“你帮我看看，我的舌头还在不在？”老婆说“在”。张仪这下放心了，并说这就足够了。伤愈之后，张仪带着那个自己的宝贝舌头离开了楚国。

公元前329年，张仪来到秦国谋事，但要想得到重用，就得先把公孙衍拱走。初来乍到，张仪就发挥了自己的特长，对秦惠文王说：如今的魏国四面受敌，大家都在“墙倒众人推，破鼓万人捶”。公孙衍倒好，让您老人家放着魏国这盘大餐不吃，去打西面的什么游牧地方。大家在中原吃“龙虾鲍鱼”，公孙衍却让您到野地里练长跑，他这不是别有用心是什么？

张仪还说，公孙衍这家伙，毕竟是魏国人，表面上给秦国服务，内心还是家乡情结难断，所以要帮着魏国人说话，他这是典型的“顾私利而忘公义”的家伙。

秦惠文王听了张仪的话，如梦方醒，原来一直被公孙衍这个混账东西耍了啊！秦惠文王当即任命张仪为客卿，并作为自己的“智囊团”骨干，从此疏远了公孙衍。

公元前328年，张仪随公子华讨伐魏国，在蒲阳取得重大胜利，逼着魏国老老实实地割让了上郡的十五个县，进一步蚕食魏国土地。同年，秦惠文王设立宰相之职，由张仪担任。曾经声名显赫的公孙衍哪里受得了这一“窝囊气”，一气之下拍屁股走人，灰溜溜地回到魏国。

张仪是主张“连横”的，也就是说，他这一辈子都在想尽办法帮着秦国攻打其他国家，首当其冲的就是他的故国——魏国。那时候各国的游侠人士很多，这些人满世界跑，唯一的目的就是想成就一番事业，实现自己的理想，至于服务的是不是自己的故国，并不重要。单从这个方面来看，这帮人颇有点现代职业经理人的味儿，不管给谁服务，只要给高薪都会兢兢业业、一丝不苟。

当时，战国七雄的态势是这样的：

秦国：制服楚国，威慑三晋，综合国力急剧膨胀，成为第一军事强国。

齐国：多年与楚国、秦国征战，武力强大，经济发展平稳，是仅次于秦国的军事强国。

赵国：是秦国的盟友，经过“胡服骑射”，军事实力大增，但战略意图主要集中在吃掉中山国。

燕国：邹衍、乐毅正在进行大规模变法，医治战争创伤，外交上采取韬光养晦的策略。

魏国：由于地处中原腹地，是秦、齐争霸的直接受害者，尤其秦国对它的威胁更大。

韩国：比魏国更惨一点。

楚国：刚被秦国打得满地找牙，生活不能自理，正在养伤恢复之时。

在整个“合纵”、“连横”的较量中，有过波澜壮阔，有过风平浪静，各种各样的较量从未停止过。有时候各国一直在僵持着、胶着着，凭的不仅仅军事实力，还有纵横家们力挽狂澜的卓越智慧，“一怒而诸侯惧，安居而天下熄”，便是对当时纵横家们的最好写照。

公元前318年，被气到魏国的公孙衍实在难以咽下秦惠文王、张仪之辱，发动魏、赵、韩、燕、楚五国合纵伐秦国，由楚怀王牵头，任纵约长。联军实际只有魏、赵、韩三国参加，并在函谷关被秦国击败。第二年，他不服气地再次攻秦，结果又失败了。

公元前313年，秦国联合韩、魏国，与齐、楚、宋国作战。秦国利用魏国挡住了齐、宋的攻势，迅速出师帮助魏国反击到濮水，虏齐将声子。秦军又在丹阳大败楚军。次年秦楚战于蓝田，韩、魏袭击楚国后方，迫使楚国撤兵。

公元前303至前299年，齐国挟韩、魏国攻楚国，在垂沙之役中大胜楚军，杀其将唐蔑，攻占了楚国宛、叶以北的大片领土。

公元前298至前296年，齐国与韩、魏国联军大举攻秦，初破函谷关，迫使秦国求和，并归还以前侵占的韩、魏两国的河外、封陵、武遂等地。

公元前288至前287年，齐国主持五国讨伐秦国。迫于其声势，秦国未敢应战，再次退还给三晋之地，以求息兵。宋国也被齐国灭亡。

嫩草怕霜霜怕日，恶人自有恶人磨。

公元前285至前284年，秦国得到韩、魏国的附从，出兵攻占齐国的地九城，又操纵五国联军讨伐齐国，打败并严重削弱了齐国，使之彻底退出了与秦国争霸的行列。

那时候中国就像一个大的斗牛场，七雄之间斗得你死我活。由于力量悬殊，秦国充当的角色往往就是那头容易被斗牛士群起而攻之的公牛。起初，它很不强大，只要一个像魏国那样斗牛士就可能搞定。后来，它强大了，不那么容易对付了，于是一个斗牛士叫来其他同伙，共同对付他。

秦国在这场战争中采取的战略手段是相当灵活的，当三种态势出现时，它会果断地采取相应的措施：当军事手段能够取胜时，秦国毫不犹豫、速战速决，以迅雷不及掩耳之势战胜对手；当六国“合纵”使秦国在军事上处于劣势时，秦国则采用外交手段以退为进，寻求暂时妥协，而谋取长远利益；当秦国和其他几国形成强强对峙时，秦国则善于采取联盟手段，寻找盟友以增强自己实力，同时瓦解敌方联盟。

这里，又要说到那个靠小嘴吃饭的张仪了。也许上帝一直在瞅着他在红尘中的所作所为，“报应”这只无形之手一直在揪着他呢。当初，他不顾个人安危，只身赴楚国，买通宠臣靳尚和夫人郑袖，使楚王改变了对自己的态度。之后，他向楚王提出，他可以向秦王建议不要黔中之地，两国太子互为人质，永结亲盟。楚王对此十分高兴。就这样，楚国背离了“合纵”而与秦国结盟了。

张仪回秦之后，马上又出使其余几国，使他们纷纷由“合纵”抗秦转变为“连横”亲秦。他也因此被秦王封为武信君。秦惠文王死后，因为即位的秦武王在当太子的时候就不喜欢张仪，现在落到他的手上，同样也采取他老子那套手腕，迫使张仪出逃魏国。就这样，张仪踏上了他老对手公孙衍的老路，带着三十乘兵车，离开了秦国，向魏国出发了。

暮色苍茫，张仪回望咸阳，心中有一丝后怕过后的轻松，也激起了阵阵的眷恋。这是个卧虎藏龙的凶险之地，也是他的大舞台，曾经叱咤风云，风头出足。在这里，他纵横捭阖，将诸侯玩弄于股掌之上，他的奇谋伟略，成就了千古传奇。现在就要离开这里了，未来将归于平淡，一肚子的计谋可能没有任何买家了，那绝不是他张仪的理想人生。此一时彼一时，现实就是现实啊！现实要他必须离开了，已经别无选择了。到达魏国一年后，张仪便抑郁而死。

张仪的成功是一个草根的神话，而他的失败却是一个赌徒的悲剧。他与同时代的许多曾风光一时的游士、客卿一样，在荣誉的巅峰之后遇到飞来横祸，客死他乡。

说到“合纵”与“连横”这两出大戏，尉缭也是一个绕不开的人物。他是魏国人，精通兵法，相当能干。此人很有性格，做事认理不认人，甚至天皇老子也不怕。

有关史籍上有他与嬴政这样的记载：嬴政第一次见他时，恭恭敬敬地称呼他先生，请他坐上座。尉缭也毫不客气，只是对他拱手为礼，并不下拜。此后，嬴政尊其为上宾，与他平起平坐，穿一样的衣服，吃一样的饭菜，遇到什么问题，嬴政还会给他下跪，请他指教。谁知，这位尉缭并不买账，反而到处说他的坏话。他说：这嬴政长着长眼睛，高鼻子，鸷鸟胸，豺狼声，虎狼之心，不顺利时低三下四，得意了就会吃人。我是个普通百姓，他对我谦卑恭顺，一旦真得了天下，天下人都会成为他的奴虏。尉缭可不想当奴虏，就想偷偷跑掉。谁知这一动向被嬴政知道了，派几路人马把他追回来，还拜他为国尉，相当于参谋长联席会议主席的职务，拜托他主持全国的军事工作。这下子这个尉缭兄没脾气了，只能老老实实帮他出谋划策。

当时，嬴政最发愁的一件事情是，东方六国动不动就联合起来组成盟军来攻打他们，关键的是怎么能把他们拆开？尉缭告诉他：这很好办。六国中拿主意做决策的人，全都是些见利忘义的家伙。只要给他们钱，你要他们干什么都行。拿出三十万两黄金，大约相当于今天的好几亿人民币，肯定能打乱他们的决策，六国也就成了您的郡县了。嬴政听后似乎茅塞顿开，大喜不已，立即下令照办。结果，这些事情都让尉缭说中了。

尉缭的办法其实也很简单，就是利用方东六国的矛盾，分而化之，各个击破，或携楚国攻韩国，或携魏、韩国攻楚国，手段变换不断，层出不穷。别看是这样一紧一松的或联盟合作或打击，却极其有效地分化了六国的力量，激化了六国内部的矛盾，一盘散沙散到了无法收拢的地步。

张仪的老同学兼老对手，“连横”战略的创始人苏秦也是在这个时候粉墨登场了，并且富于点传奇色彩。

有关苏秦的事迹源于《战国策》和《史记》等书。他是个苦人家出身，《史记》说他是东周洛阳人，曾到齐国受业于鬼谷先生，后出游好几年，一无所获而归，遭到家人的讥笑。于是他发愤用功，苦读《阴符》，领会出如何方能投上峰所好的奥秘。他最先面见秦惠王，想游说秦王豪取天下，哪知秦国刚刚处死了变法的商鞅，已经对谋略之士极为厌恶，因而没有理睬苏秦。于是，苏秦十分恼怒，你看不起老子，老子就给你点儿厉害看看，便一下子先后游说燕、赵、韩、魏、齐、楚国，请求六国联合起来西向共同抗击强秦，由苏秦挂六国相印回到赵国当了联盟军的“总参谋长”。

可是，人都有人性的弱点。“温饱思淫欲”，可以说是人的原始弱点之一，中国人还又有着一个“贵易交，富易妻”的千古积习。尽管“贵易交，富易妻”是在汉朝的时候才流传开的“谚语”，但这个“苏总参谋长”早就已经实践了，并且做得实在有点出格了。这个苏老兄有了地位后，什么样的女人搞不到呢？可他偏偏对燕王的母亲一往深情。这或许是燕王的老妈款款深情打动了他，或是燕王老妈风韵犹存，或是苏秦这个出身于草根的“穷二代”被燕王的老妈高贵气质所镇住了，反正两个人搞到一块了。

苏秦生活作风不够检点成为了公开的秘密，大家对这样的“领头大哥”内心是厌恶的，加上他挂帅的这个“合纵”小联合国是一个松散式的组织，只是东方六国为求自保而组成的联盟罢了。尤为重要的是六国之间矛盾和冲突的根本是利益的冲突，都为了各自的利益而不惜发动一场战争，所以他们之间也就没有信义可言了。这个联盟看似声势浩大，实则貌合神离，各国之间彼此都有很深的间隙，但迫于强敌当前，勉强与自己的仇敌结成联盟，只是救急的应景之策。

韩、燕两国都是战国七雄中较为弱小的国家，因此在整个战国时期常常充当配角。在那个多极的化体系中，实力较弱的国家往往采取结盟的方式来维护国家安全和对外扩张。韩、燕两国就这样采取与强国联盟的手段来自保。当时，申不害对韩昭侯是这样说的：“夫先与强国之利，强国能王，则我必为之霸；强国不能王，则可以辟其兵，使之无伐我。然则强国事成，则我立帝而霸；强国之事不成，犹之厚德我也。今与强国，强国之事成则有福，不成则无患，然则先与强国者，圣人之计也。”意思是说，先帮助强国会得到好处；强国能称王，则我必可称霸；强国不能称王，则可避开他的战祸，使他不会攻打我。强国大事成功了，我可依靠他的帝业而成就自己的霸业；如果强国的大事不成，它仍然会深深地感激我。现在帮助强国，强国大事成功了，就会有福，大事不成功，也不会有祸。如此说来，先帮助强国，这是圣人的计谋。

韩国在结盟中的角色变换十分复杂，最先参与三晋联合对外扩张，后与魏、齐等国合纵攻秦而失败。之后，韩国和魏、秦国结盟与齐、楚国对峙，再后是齐、魏、韩等国形成联盟。总之，由于现实利益的需要，韩国参与的结盟对象经常发生变化。

应当说，韩国这样相对弱小的国家参与结盟对外扩张无疑是比较明智的选择。然而，弱国参与联盟往往是形势所迫，被强国所左右，难以得到预期的利益。韩国并没有因为结盟而使力量得到增强，反而因为结盟对象选择上的错误，导致扩张的失败，而逐渐耗损了国力。

结盟也是燕国曾用来保障国家安全，进行对外扩张的一种主要手段，然而燕国地处北方、国小民弱，在结盟中往往充当配角，加上外交手段难以有所作为，因此结盟手段也没有给燕国带来实质性的利益。燕国在对外扩张中采取间谍手段，曾使它在战国的政治舞台上显赫一时。燕昭王派苏秦到齐国成功游说齐王进攻宋国，从而形成了天下诸侯联合伐齐的局面，这场伐齐行动差点使齐国亡国，其中苏秦间谍工作的成功是这次伐齐行动得以实现的关键因素。

东方六国在结成同盟的同时，还在时刻提防自己的盟友有异心，甚至各怀鬼胎，互不信任，有时想通过出卖自己的盟友而获得利益的最大值。秦军虎狼之师一来，它们紧紧地苟合在一起，警报一旦解除，眼前的威胁不存在了，便会如鸟兽散，根本不会再承担协防的义务和责任了。它们之间的间隙及互相之间不信任，加上它们之间利益的不均衡，导致了后来六国在战略决策上出现连连失误。而秦国则很好地利用了它们之间的这些不确定因素，通过“远交近攻”的战术，对六国进行各个击破。

齐、赵两国本来有较强的军事力量可以和秦国单独较量，无奈两国盛极而衰，在实施军事手段时，外交手段难以发挥应有作用，以至于被秦国利用它们之间的矛盾，逐个将其削弱。

外交是要靠实力讲话的，没有实力作后盾，再巧妙的外交手段也只是个游戏。

当年，秦、赵两国在长平苦战时，赵国向齐、楚两国求援。秦国对付一个赵国就已经相当吃力了，面对齐、楚两国可能前来增援赵国的形势，秦国做出的决策是：如果齐、楚两国来增援赵国，那秦军就撤军回国；如果齐、楚两国不来支援赵国，那就继续打下去。

这时赵国的粮食储备已基本耗尽，紧急向齐国请求借粮。而此时的齐国一则是被秦国吓破了胆，不敢得罪秦国，二则齐国内部的大臣很多被秦国收买，在为秦国说话，于是拒绝了赵国借粮的请求。

当时在齐国担任客卿一职的苏秦对齐国上下的短视和愚蠢痛心疾首，向齐王进谏："应该借粮给赵国啊！只要赵国得到了粮食就能继续抵抗秦国，假如咱们不借粮给赵国，那才正中秦国的下怀。齐、燕两国并不与秦国接壤，中间隔着赵国，所以说赵国是齐、燕两国的屏障啊。齐、燕两国力保赵国，就好比是齿之有唇，唇亡则齿寒。如果今天赵国完蛋了，明天就该轮到齐国和燕国了，对齐国来说没有比救赵国更紧迫的事情了。救赵不但能凸显齐国抑强扶弱的大义，而且还能获得打败秦国的威名，这样一举两得的事情我们不做，却因为舍不得粮食而眼睁睁地看着赵国灭亡，实在是不应该啊！"

最后，齐国还是没有借粮给赵国，没有粮食的赵国被迫下令军队全线出击以图速战速决，结果却中了秦军的埋伏。

六国在结盟与外交等战略手段的运用上经常出现失误，致使在兼并战争中不断被削弱。公元前 259 年，自从魏、楚国合纵解救赵都邯郸之后，秦国暂时缓解了对六国的进攻。然而，六国并不因此而发奋图强，明确主要对手，而是忙于相互攻伐、互相兼并土地。燕、赵两国连年大战，魏、燕、楚、齐等国也连年混战，这使得秦国得以寻找机会，利用他们之间的矛盾，陆续歼灭之。

战国晚期，燕、赵、楚、魏四国准备进攻秦国，秦王也担心四国联兵的军力过盛，于是用了老办法，派遣姚贾携带重金，贿赂四国君王，从而达到了“绝其谋，止其兵，与之为交以报秦”的效果，最终使得四国联盟瓦解。到了战国末年，原本赵国尚有李牧、司马尚、廉颇等名将可以抗衡秦军，然而赵王宠臣郭开被秦国收买，致使李牧被杀，廉颇、司马尚被弃之不用。甚至，齐国的相国后胜也由于收受秦国的贿赂，而充当秦的业余间谍。

苏秦最后的命运也是没有善终，比张仪下场更惨。由于他风头出得太多了，显才毫无节制，使得齐国大臣与他争宠，并派刺客刺杀他。苏秦在伤重将死时还对齐王说：“苏秦是为了燕国而在齐国作乱的”，并请齐王处死自己，这样就可以抓住前来领赏的刺客了，齐王照办了。苏秦用自己最后一口气作为武器，也给他的政敌们最后一击。这一招果然管用，齐王把抓住的刺客当即处死了。

苏秦最后活到了 53 岁，干出了惊天动地的大事，留给后人的是一个永恒的传奇和一段荡气回肠的历史。他一生的荣华富贵都是靠嘴说出来的，被处死的那一刻，他该笑还是该哭，没有人知道了。

“合纵”也罢，“连横”也好，实质上都是中国古代版结盟形式，企图借力打力，以最小的代价取得最大的安全效益。可是，这并不是好玩的活儿，弄不好“一着不慎，全盘皆输”，被打得鼻青眼肿是小事，搞不好会小命也会搭上的。在那个乱云飞渡的年代里，需要各国掌舵人的脑子急转弯足够快，以“一变应万变”。秦国是这方面的典范，翻脸起来连自己也不知道是翻脸，可谓翻手为云，覆手为雨，但是它有一点是始终不变的，那就是变法事业。

人心隔肚皮啊！你想利用别人，别人也正想利用你的时候，大家有利益的共同处，无论强弱与否，结盟可能会显示出其“合力”的效能。当想法不一致，各方利益相背时，即使表面上结盟，实质上是互相利用，最终是“树倒猢狲散”。这棵树，就是利益之树。

“结盟”就是这样的“双刃剑”，就看各国如何挥舞了。

第九章

靠的就是眼光

“欲穷千里目，更上一层楼。”

这是盛唐之时著名诗人王之涣所作的《登鹳雀楼》中的诗句，后来成为了一句流行甚广的名言。它直接意思是，若想把千里的风光景物看够，那就要登上更高的一层城楼。它隐喻的是，想要取得更大的成功，就要付出更多的努力；要想在某一个问题上有所突破，应该在一个更高的角度审视它。

战国时期各诸侯国的变法争雄，谁能笑到最后，的确与其自身的客观条件有着很大的关系。这是无法选择的境地，一时也难以改变，仅有实施变法的眼光长短属于自己。眼光长远者与时代同行，傲立潮头；反者，则为大浪所弃，瞬间成为历史。这是兴衰成败的铁律。

号准社会的脉

天地具有无限的美丽却不用言语表达，四时运行具有显明的规律但不会自己加以表达，万物的变化具有现成的定规却无声无息。时代的发展，犹如四时的序列，万物的荣枯，那都是由于“惛然若亡而存，油然不形而神”的本根，也就是自然的伟力所致，上升到哲学层面，叫做：道。

历史的车轮辗过战国这个门槛的时候，由于农业经济得到了长足的发展，整个社会结构和社会面貌在这种悄无声息的沉默之境中发生了巨大的变迁，犹如“天地有大美而不言”。

那么，战国的天地大变的“根”在哪里呢？在于：

铁制工具广泛使用。进入战国后，无论农业还是手工业，都已离不开铁制工具。《孟子》里已提到铁耕。《管子・轻重十四》篇里亦云：“一农之事，必有一耜、一铫、一镰、一耨、一椎、一铚，然后成为农。一车必有一斤、一锯、一缸、一钻、一凿、一銶、一轲，然后成为车。一女必有一刀、一锥、一箴、一鉥，然后成为女。”这意思是，当时一个农夫的生产，必须有犁、大锄、镰、小锄、短镰等工具，然后才能成为农夫。一个造车工匠，必须有斧、锯、铁钉、钻、凿、钵和轴铁等工具，然后才能成为车匠。一个女工，必须有刀、锥、针、长针等工具，然后才能成为女工。早在公元前503年，晋国在国都征收“一鼓铁”为军赋，说明民间的铁器已为数不少，晋国铸造刑鼎更是当时一件轰动各国的大事，表明了铸铁技术得到广泛应用。

畜力耕田得以推广。除了牛耕外，还有马耕。牛马替代了人力，使耕作的地区更为广泛，耕作技术有了进步。随之，识别土壤、施肥技术逐步成熟起来。现在算来，这比欧洲早了一千多年。由于各国土壤、气候等不同，种植的庄稼也不同，粮食作物品种也有所不同，但总体上粮食产量都有了很大的提高。一年两熟制普遍推广，大大提高了单位面积的年产量。李悝曾估计当时的粮食产量说，一亩地（约当今 1/3 亩）在平常年景，可以产粟一石半（约合今 41 公斤），大、中、小丰收时可以达到六石、四石半、三石，遇到歉收的年景也只能打七斗左右。农民平均每人每月需口粮一石半，五口之家，一年食用九十石，平常年景一家种地百亩所产粮食，如果不被国家额外强行征收和地方政府敲诈勒索，基本够全家一年半食用。

水利灌溉技术迅速发展。各国重视农业的一个具体措施就是注意水利的兴修，或者靠河筑堤防以邻为壑，或者开凿运河修建人工灌溉渠。这里，既有利于农业灌溉，又有利于交通。当时人们已认识到“水利是农业命脉”的道理。于是，“修堤梁，通沟浍，行水潦，安水臧，以时决塞，岁虽凶败水旱，使民有所耘艾，司空之事也”。

对土地进行了有效的开发。各国都兴起了垦辟之风，将一处处荒地，纷纷变成了农田。像现在河北中部平原黄河下游漫流经过地区，春秋时期有宽约七八十里的渺无人迹的地带，到战国时期的地图里，这一带空白地带已被新出现的几十个城乡所填满。《战国策・魏策》讲到当时的魏国是“庐田庑舍，曾无所刍牧牛马之地。人民之众，车马之多，日夜行不休已，无以异于三军之众”。

对农业技术有了规律性的认识。《吕氏春秋·辨土》曰："所谓今之耕也，营而无获者，其早者先时，晚者不及时，寒暑不节，稼乃多菑实。"人们对土壤的知识也丰富了，《管子·地员》把土地分成上，中、下三等，每等又分若干级，对什么土质宜于种什么作物也有记载。战国时百家争鸣中有"农家"，其代表人物为许行。据说农家的书有《神农》二十篇，《野老》十七篇，后佚亡了，但在《吕氏春秋》中有"任地"、"上农"、"辨土"、"审时"等专题论文，有人认为这些著作，可能来自《后稷农书》。

由于有了这样的生产工具和生产知识，人们对付自然的而能力增强了，大家不用像过去那样整族或成百上千地在大田集中协同劳动，而可以独立地从事其他方面的经营了。这样，劳动力逐渐富余了起来，冶铁、冶铜业、丝麻织物技术有了很大的进步，由此带来了经营方式的转变。战国的手工业，一部分为官府经营，一部分属民营。官府手工业的历史可以上溯到商、西周时期，战国时不过继其余绪而已，但在经营的门类、规模以及技巧方面都有新的发展。民营手工业开始于春秋末，进入战国后获得很大发展。盐、铁等重要门类中，有不少民营作坊。

这些都在客观上使私营经济迅速抬起头来，只要"市价倍蓰"，就有人敢于去冒险经营。一些原先不占重要地位的私营经济，在时变和机谋中日渐发展壮大，有的实力派还得到了煮盐、冶铁之类的经营权。

史籍有载，"猗顿用盬盐起，而邯郸郭纵以铁冶成业，与王者埒富"。盐场主猗顿、铁场主郭纵都与帝王一样富有。一个名叫"清"的寡妇，是一位朱砂矿的业主，先辈几代都从事朱砂的开采。清寡妇能够继承发展祖业，家产不计其数，后来秦始皇"筑亭怀清"，加以褒扬。可见，那时中国就有了女强人、女企业家。汉初的大工场主，其先辈在战国时也都是工场主。例如，“蜀卓氏之先，赵人也，用铁冶富”，“宛孔氏之先，梁人也，用铁冶为业”，等等。

手工业和商业的发展，促进了城市的繁荣，各国的都城自然成了各地的商业中心，当然也是更重要的政治中心、军事堡垒。《战国策》中说：“古者，四海之内，分为万国，城虽大，无过三百丈者；人虽众，无过三千家者……今千丈之城、万家之邑相望也。”《史记》则载，战国时齐国临淄城住户多达七万户。有人据此测算，临淄那时人口有四十多万之众。

当时，临淄、邯郸、大梁、洛阳、咸阳和郢都等城市面积都很大，游说大家苏秦曾对临淄有如下之描绘：“临淄之中七万户……临淄甚富而实，其民无不吹竽、鼓瑟、击筑、弹琴、斗鸡、走犬、六博、蹋鞠者。临淄之途，车毂击，人肩摩，连衽成帷，举袂成幕，挥汗成雨。家敦而富，志高而扬。”这表明公元前 300 多年，蹋鞠已经成为齐国的文化娱乐活动之一。这是我国史书对“蹋鞠”最早的记载。

另有记载，临淄由大小两城组成，大城周长 21433 米，约合 43 华里，城壕宽阔，市中有六处冶铁、铜、铸币、骨器作坊。小城在大城的西南角，是宫廷百官及百姓的住地。还有，燕下都为燕国后期都城，位于今天的今河北易县，分东西城，宫殿、手工作坊和官民住东城，东城的北垣外可见巨大的宫殿台基，西城可能是战国晚期扩大建造的。两城东西全长 16 里，南北 12 里，周长在 40 华里以上。

铁器时代基本上与个体小农生产方式相适应，这样一种经济结构一直维持到近代社会转型之际。那么当时的社会到底属于怎样的性质呢？那时候的人谁也说不清了。因为社会性质的变化毕竟是经济制度新陈代谢导致政治形态的变化，这样的过程注定是渐进式的，偶然的因素层出不穷，似乎没有人能够准确捕捉到那只扇了一下翅膀而导致一场暴风雪的蝴蝶。

个体小家庭出现意味着社会血缘组织的崩坏。它们脱离了原有的宗族组织，不再具有对各级宗法贵族的依附关系，也不再因此而在各级贵族所领有的大大小小的“藉田”上进行无偿劳役，而是作为一个个独立的经济单位直接隶属于国家和新大夫之家。这种生产关系的调整，使中国在此之前是贵族分权的时代，此后是封建专制、皇帝集权的时代；在此之前是王国林立的时代，在此之后是帝国一统的时代；在此之前是公有的井田制时代，此后是土地私有化时代；在此之前仍然是血缘社会，此后虽然仍有浓重的血缘色彩，但转向了地缘社会；在此之前华夏民族尚未形成共同的文化，此后共同的汉文化形成了；在此之前汉民族尚未形成，此后汉民族形成了。

从社会结构的角度看，战国时期中国发生的变化是一个族氏组织不断分化的过程，原来的宗族容纳不下不断壮大的新兴氏族，新的氏族把老的宗族撑破了。从战国时期建立的一系列政治制度可以看到，君主集权的专制制度已经开始在各国建立，将相制、郡县制、封君制、俸禄制、玺符制、上计制等制度的宗旨只有一个，取消贵族的特权，使独立的贵族变成听命于君主的官员，把原来通过分封赋予贵族的权力集中到君主一个人手中。

政治上的集权意味着君主权力的强化，但由于血缘纽带依然非常强固，君主依然是族长。政族合一是中国古代社会的又一个特点，它给中国社会蒙上了一层温情脉脉的面纱。然而，这个亲情的社会却是专制的和不平等的。因为，在金钱面前人与人是平等的，在上帝面前人与人也可以平等，但在祖先和族长面前人与人却是不平等的，辈份与年龄是天然的等级和不可逾越的差别。当人与人的亲属关系、宗族关系和社会关系、政治关系重叠在一起的时候，社会不平等与政治专制就变得像论资排辈和长幼有序一样天经地义和理所当然了。中国的独裁者不需要教皇给他加冕，除了战争因素之外，他只要是族长就够了。

不久，“皇帝”的出现并非偶然，也不是秦始皇个人心血来潮的行为，而是战国几百年兼并与集权的合乎逻辑的结果，它标志着分封王国时代的结束和专制帝国时代的开始。

在族长变成帝王的同时，臣服者的族长变成了大臣，而他们的族人都逐渐沦为编户齐民。政府编户的目的是要有效地掌握人口，编户的基础在于民众身份的齐等。造成编户的因素相当复杂，与赋税之增长、贵族之崩溃皆有关联，但其中最主要的推动力是扩大征兵。这一变革的步伐自春秋中晚期以后逐渐开始并日益加速，到战国以后，编户齐民逐渐成为中央政府的新基础。

从民族关系的角度看，战国时期中国发生的变化是一个夏商周部族融合为华夏族和华夏族进一步与蛮、夷、戎、狄融合的过程，经过战国时期的融合同化，到秦汉时期汉民族形成了。

民族的形成意味着文化的趋同，而文化的传承具有极强的保守性。是什么力量如此强大，能够打破传统的文化、迫使不同的文化融合，并且趋于一致呢？一个是战争。战国时期频繁而又激烈的兼并就像一双硕大无比的巨手把诸夏各国各具特点的文化糅合到了一起。另一个是通婚。晋国地处北边，直接与戎狄接壤，所以晋国君臣与戎狄通婚者最多。

从文献中可以得知，各国之间互相通婚是常见的。华夏族奉行“同姓不婚”的原则，也促进了异姓之间的通婚。在烽火连天的战国时期，联姻又是一种重要的外交手段。民间的族际通婚虽然没有史书记载，但是上行下效，一定不成问题。这样，民族不仅在文化上趋于统一，而且在血缘上也合而为一了。

这一切的变化，都源于土地制度的变化，战国时期中国发生的变化是一个从名义上王有、实际上公有，向名义上国有、实际上私有转变的过程，土地的私有化使收税权最终从贵族手里转到了国家手里，从而大大加强了国君的力量。从齐国的“相地而衰征”，到晋国的“作爰田”、鲁国的“初税亩”、楚国的“量入修赋”、秦国的“初租禾”，各国普遍实行了“履亩而税”的制度。

连同春秋时期一起，在这漫漫的 5 个半世纪中，中国社会经历着一个新生命分娩前的阵痛，同时也怀着新生儿降临的惊喜。因此，这无疑又是一个政治、经济、意识形态结构发生剧烈变革的时代。在社会演进过程中，新结构逐步替代旧结构，社会经济因生产关系逐步得到调整，生产力得到解放，获得进一步发展。的确，从大处而言，一种重大政治制度的长久建立，大多是当时当地生产力发展和各种社会需要的综合成果，而不会仅仅出于个人私欲。否则，为什么人类所有重大的古文明都会必然地进入帝国时代?

许多历史教科书都说，商鞅变法维护了新兴的地主阶级的利益，是社会进步的重要标志。对变法是社会进步标志的说法，尚可承认，但说是维护地主阶级的利益，就有点离谱了。因为，在当时秦国地主阶级尚没有大规模形成。尽管秦国在确立私田法律地位的同时允许土地的买卖，但商鞅变法后的相当一段时间内秦国的土地兼并尚不严重，加上对雇工的限制，新兴地主阶级还没有强大到能左右政治，推动社会发展的地步，当时社会发展主要的推动力量是被解除了人身依附但被牢牢固定在土地上的自耕农。

由此，从战国时期的经济结构和生产关系来看，那是一个地地道道的“半奴隶、半封建”社会。

对历史方位进行判断，一个基本要求就是深刻认识当时国家所处的历史阶段，深入分析当时面临的国内外环境。这样，才能做到既不割断历史又不迷失方向，既不落后于时代又不超越发展阶段。商鞅当时是否从理论上号准战国社会性质的脉，现在不得而知，史籍也没有这方面的记载，但他客观上是这样去做的，因而在较短的时间、以较小的代价，实现富国强兵的目标。

看准了就痴心不改

奴隶制的丧钟送走了黎明前的黑暗，新社会的朝阳在变法中喷薄而出。面对着急剧变化的社会环境，能否敏捷地抓住机遇，准确地把握住变法的切入点，进而将变法往深推进，就看变法者的的眼力见儿了。

此时，有的变法者善于透过现象看本质，摸准了这个时代的特征，着力对现存制度进行变革与创新，促进了战国时代的历史进程，改变了国家制度，创新了新兴地主阶级国家体制中各项政治、经济制度，实现“欲穷千里目”的愿景，创造“草枯鹰眼疾”的壮举，收获“一览众山小”的辉煌。有的并没以锐利的眼光瞄准和把握时代特征，抓住社会的主要矛盾，没在关键的具有决定意义的时期深化变法，却陶醉于那时纸醉金迷的生活，恋于宗法体制的温床，做一天和尚撞一天钟，不仅错失机遇，而且将过去变法累积的成果逐渐消弥。还有的乐意当“鸵鸟”，对时代潮流视而不见，到了后期对变法不能深入一步、递进一层。

由此，各国的命运开始分道扬镳。这真正如孙中山先生所说的：“世界潮流，浩浩荡荡，顺之者昌，逆之者亡。”

任何时代的特征，并不是生活在那个时代的人说了算的，哪怕他是一个一言九鼎的独裁者。而那时却有这样一批人物，他们有敏锐的感知能力、快速的判断能力、周密的联想能力、有效的操作能力。

面对浩然的社会发展潮流，秦孝公胸中的变法路线是十分明确的。第一阶段在求变图存，第二阶段在变法强秦，第三阶段在雄霸天下。其志向也是逐步明确的。就他眼光的长远性，远超了此前的越王勾践。西汉贾谊在《过秦论》中评价他说：“秦孝公据崤函之固……有席卷天下，包举宇内，囊括四海之意，并吞八荒之心。”同时，他的忍耐力可分为两个时期、两种表现：第一时期，压制复仇欲望，疏导复仇浪潮；第二时期，疏导朝野变法阻力，斡旋变法带来的必然动荡，同时引领秦国闪避列强灭秦之灾难。这种忍耐力，经受着内心的种种巨大冲突与煎熬。

秦孝公作为战时领袖，很少深入军旅，历经沙场，但他的勇略是其威望的第一根基，充分显示了他战时领袖的特质。他的勇略表现三个层面：其一战场勇略，敢死敢言；其二救国勇略，明耻敢变；其三人生勇略，在生命最后关头的冷静清醒。三勇表现层层递进，直达人的生命状态的最高峰。

可见，对于君王来说，要想取得变法的实质性进展，治理好自己的国家，在千年变剧面前能够“泰山崩于前而不变色”，最关键的不是小恩小惠的仁爱，不是过于的节俭，不是已成习惯的小德，而是眼光、手段、胆略。能不能抓住战略机遇期，就看变法能否有实质性的推进。如果缺乏长远的战略眼光和足够的变法勇气、智慧和魄力，机遇期就可能失去。

从一定意义上讲，一个国家与民族的发展和进步与其领袖看问题、分析问题、解决问题的“眼力见儿”是分不开的。因为有了这种“眼力见儿”，便看到了努力的方向；因为有了这种“眼力见儿”，产生了前进的动力；因为有了这种“眼力见儿”，就有了追赶的对象。

眼光长远的人往往能走在时代的前沿，能看见别人所不能看见的东西，掌握事物发展的未来趋势，能先行一步。在战国那个竞争日趋激烈、变法显得很艰难的时代里，这是成功不可或缺的元素。战国后期，六国的君王和大臣们眼光短视，只能迎接失败，即便他们曾经拥有过很优越的条件。他们往往被眼前的利益所迷惑，在透支享受今天的同时，忘记或忽略了给明天播种，最后只能被明天抛弃。这就像下棋一样，技高者能看出五步七步甚至十几步棋，低能者只能看出两三步。高手顾大局、谋大势，不以一子一地为重，以最终赢棋为目标；低手则寸土必争，结果在辛苦中屡犯错误，以失败告终。

身处乱世，作为一国的变法主持人，商鞅有自己非同凡响的抱负、纵横天下的才华，也有自己临危不惧的胆魄，洞微烛幽的眼光。他等待过，迷茫过，徘徊过，犹豫过，挣扎过，痛苦过，反思过，最后毅然决然地离开了强大一时的魏国而奔赴了积弱积贫的秦国，并且在秦孝公的大力支持下，完成了旷世伟业。

这里有这样一个故事，说明了商鞅的眼光，以及看准了问题决不拖泥带水的工作作风。

当初，商鞅表示愿意和赵良交朋友，但赵良对一人之下万人之上的首相的友好提议，明确予以拒绝。商鞅怀疑赵良对他治秦的丰功伟绩不予认同，很得意地总结了他变法的几大功劳，并问赵良，我和五羖大夫相比，哪个更贤能？五羖大夫就是秦穆公时的贤臣百里奚，辅佐秦穆公跻身于春秋五霸行列。赵良看来是个实话实说的人，不怕犯颜罹祸，对商鞅长篇大论地说了一番话。这番宏论，太史公很生动地写在《史记》里：

> 五羖大夫原本是楚国的乡下人，听说秦穆公贤明，特意跑来投奔。但因缺少路费，只得给秦国客商打工，穿着破衣喂牛。过了好些年，穆公听说有这么个人，于是把他从牛棚里请出来，予以重任，当时秦国民众都不相信他真的有能力。但他治理了秦国七年，秦国就强大到可以打败郑国，三次俘虏晋国国君，还解了楚国一次大围。由于五羖大夫的德政，巴人前来朝贡，八个戎国也臣服。由余听说他的贤明，主动前来投奔。
>
> 五羖大夫治理秦国时，再累也不坐车，再热也不打伞。在国内视察工作时，从来都是轻车简从，坚决不要武装警卫。他治理秦国的成就，丰盈的国库可以作证；他施行的仁德，后世永远铭记在心。五羖大夫去世时，秦国男男女女痛哭流涕，连小孩子也因悲哀

而不再唱歌，舂米的人伤心得拿不动木杵。这都是五羖大夫感天动地的德政啊。

如今你晋见秦王，靠的是秦王的嬖臣景监的推荐介绍，这是很拿不上台面的事。你治理秦国，不关心民生，只顾修建楼堂管所，这些都算不走正路。

你为了打击政敌，把太子的两个老师，一个割掉鼻子，一个脸上刺字，随意用严刑峻法伤害老百姓，你这不是执法严明，而是在给自己积蓄祸端。传统道德对老百姓的潜移默化，要远远超过政府的法令；老百姓对清白正直官员的效仿，也要强过政府的三令五申，但现在你却排斥传统道德，用旁门左道的东西来约束百姓，这不是教化民众的法子呀。你被封为商君，位高权重，动不动就把秦国贵族投进监狱。《诗经》上说："相鼠有体，人而无礼；人而无礼，何不遄死？"以《诗经》的观点看，你这种做法，注定你很可能不得好死。

公子虔被你割了鼻子，已经杜门谢客八年了，你不但不反思，反而又杀了祝懽，还对公孙贾处以黥刑。《诗经》说："得人者兴，失人者崩。"你这种做法，非常不得人心啊。你每次出行，后面都跟着几十辆车子，里面都是全副武装的甲士，和你同车做你的贴身保镖的，都是身强力壮的大力士，手持长矛的步兵跟着你的车亦步亦趋。这几样东西只要少一样，你就坚决不出门。《尚书》说："恃德者昌，恃力者亡。"

你现在的危险处境，就像早晨的露珠随时都可能被太阳晒干一样，你难道还想得到善终吗？依我看，你现在最好的办法就是把十五座封邑还给国家，隐居到乡下去种菜自食。

你还应该劝劝秦王，做好几件重要事情：任用那些被埋没的有才之士，抚恤那些无依无靠的孤老孤儿，敬爱长辈，善待功臣，尊重有道德的高士。如果这样的话，你可能会稍微安全一些。你想想自己的处境，难道还要贪恋封地的富有，贪恋掌握秦国的话语权，以此来激化老百姓对你的怨恨吗？一旦秦王百年之后，秦国人民难道真的会原谅你，不把你投进监狱吗？我看那个日子离现在已经不远了。

赵良的这一席话，说得好尖锐啊！并且也不无道理。没过几年，历史也证明了这一点。但是，如果畏于自己的安危，不图国家的未来，那就不是他商鞅了。五羖大夫治国用的仁政，可他还是没有将国家推上持续发展的轨道，照样积重难返。显然，商鞅是不会听他的。这除了他性格因素外，还有他眼里看到的与别人不太一样，正像他变法之初就向秦孝公引用过郭偃的话表示自己的决心：成大功者不谋于众。要想干一番轰轰烈烈的大事业，就不要听其他人聒噪；从眼光的角度而言，他早就说过，“治世不一道，便国不法古”，而且为秦国的农耕经济发展绘就了蓝图。

商鞅的心中时刻秉承着这样一个想法：“上壹，官无邪，则民平，民平则慎，慎则难变，难变则草必垦。”这并不是说商鞅要学习孔老夫子的保守派思想，认为只有回到公元前 11 世纪的西周奴隶制社会才能让天下大治，也不是要学习黄老学说，无为而治。他所要实现的目标是通过“治”而“不治”，通过“变”而“不变”。治，是为法治，法治到位了，自然民众服，也不用统治者操心太多，故而“不用治”；变，是为变法，通过这次深入的变法，祛除秦国国内腐朽落后的经济政治制度，制定新的稳定的政策，从而使长时间混乱的秦国稳定下来，让人民安心耕战，一心对外，从而国内“不变”。

说到这里，读者也不难看出，商鞅是一个多么有眼光而敢作敢当的人。他不像后世的中国统治者，拆了东墙补西墙，到头来只能问“还拆哪儿”，而是看准了问题后，便以铁腕的执政手段并与最高统治者秦孝公的密切配合，一次性为秦国未来 120 多年的发展做好了基础准备。

世上不变的事物是不存在的，如果毫无目的地为变而变则是可笑的。商鞅深知这个道理，不求多变，而求“精”变。一是小农经济要发展，主要依靠的还是农耕，而农耕则是要靠稳定。统治者制定的政策明确统一，百姓对此心知肚明，不钻空子；二是国家的经济制度明确，法制健全，官员只能完成自身本职工作，却无法盘剥百姓，无形中形成了社会相对公平；三是国家机器运作平稳，农民有田可耕，收入明确，衣食温饱无忧，故而甘愿为国家耕种、缴纳税款、完成义务；四是国家大政方针从不随意更改，而是在发展中进行补充性修订，民众按照既定的国家轨道生活，代代相传。

以上四点“精变”，是商鞅垦令实行、秦国繁荣富强的不二法则。《商君书》中也有这方面的体现：“上不非上，中不苦官，壮民疾农不变，少民学之不休，则草必垦矣。”也正是这样的理念，让秦国从战国中期起始终走在社会发展的前列。

眼光不仅看未来、看别人，还要看得清并利用好当下的正负能量。商鞅非常明白，就是那些为人所不齿的野蛮习性，在战国时代反而成了优势和长处。玩刀弄枪本来是一种不文明的举动，可是到了战国时代，这种所谓的铁血政策反而大行其道，所向披靡，无往而不胜，成了解决一切问题的法宝。

事实上，无论古今中外，力图预见未来命运的种种预测方式，都极大地影响着决策者们的行为理念，甚至直接决定着当权者的现实抉择。在自然经济的古典社会，这种影响更大。客观地说，力图解释、预见自然与社会的种种神秘文化，都是古典文明的有机构成部分，一味地忽视这种历史现象，只能使我们的历史叙事简单化，最终必然背离历史真相。

成功的变法者用未来的观念做今天的事情，失败的变法者却用昨天的经验做今天的事情。

国家危在旦夕了，东方六国的君王们还陶醉在自己的盛世里，他们可能曾想到过王朝鼎革的周期律，想到过世间所有的变幻与无常，想到过去的时间都到哪里去了，却无论如何也不可能想到眼前这般“天翻地覆慨而慷”的巨变。

说到底，六国很大程度上是输在眼光上。

六国的庙堂里没有敏锐的眼光，没有真正认识到当时的天下总趋势是由混战走向统一。那时的世上，一边是秦国处心积虑地执行通天大计，而一边是六国形势危机时合纵抗秦，待到缓和时相互厮杀。可惜的是东方六国并未因此认识到“合纵”的重要性，取而代之的是新一轮的相互攻伐。六国没有唇亡齿寒的辩证思维，继而也没有“相互制衡方能长治久安，否则一国独大则他国灭亡”的战略目光，甚至竟连“决不向秦国奴颜婢膝、决不耻而赂秦”都做不到。

反观秦国，自商鞅变法以后就坚持以法治国的信念，痴心不改。在国策上，以统一天下为己任，逐步并西蜀吞巴郡，远交近攻，连横诸国，各个击破。一个缺乏长远眼光的人尚且难以发展，更何况是一个国家呢？加之，军队号称虎狼之师的秦国，怎会生怜悯之心去呵护不让他们永远安逸生活下去的异邦呢？

一个将梦想传递几代人，坚持求索100多年的国家，还有什么实现不了的梦想呢？只有这样追逐梦想的国家，才有资格享有这么大的荣誉和成就。

即便是有了长远、敏锐的眼光，也得醒得早、起得早。否则，一切都是白搭。战国时期封建生产关系已在奴隶社会的母体内逐渐形成，经济基础发生了质的变化。与此相联系的是阶级关系上的大变化，如“国人”与“野人”界线的逐渐消失和个体小农的出现、“工商食官”格局的打破与个体工商业者的活跃。然而，在上层建筑领域，世卿世禄制度依然存在，卿大夫世代把持国家政权、把住高位的现象仍然比比皆是；以周礼为代表的传统思想，仍然禁锢着卿大夫们的头脑。也就说，战国末期六国的上层建筑基本上依然还是奴隶制的上层建筑，这同新的经济基础很不相适应。因此，改变旧的上层建筑，便是战国变法在所肩负的伟大历史使命。

可惜的是，他们中的许多变法主持者曾一瞬间有过这样的眼光，后来没有与时俱进，就难以为继。像魏国的李悝、楚国的吴起、韩国的申不害、齐国的管仲、赵国的孙仲连、燕国的乐毅等，对当时的社会发展状况看得一清二楚，深知问题的症结到底在那里，而且对秦国这个虎狼之国不是没有戒备之心，只是有的“有想法而没有办法”；有的变法运动中途夭折，出现了“出师未捷身先死，长使英雄泪满襟”的悲壮一幕；有的眼光因功利的遮蔽而慢慢地迟钝了，到了“老眼昏花”的地步。

人心是最大的战场，无论谁想折腾你，无论折腾得多么厉害，只要你自己的心不动，就能放远自己的眼光。心态一变，眼光随之就变了。眼光决定未来。一个国家、一个民族、一支军队，不仅要具有长远眼光，还要动脑筋、想办法，力求改善乃至根本改变所处的落后环境，而且要善于从当下开始谋划未来，力争赢得未来发展的主动权。用前瞻的眼光来研究新问题，是一个成功的变法者必须具备的思想方法和工作方法。社会变革，风急浪高，形势逼人，不进则退。只有立足当前，谋划长远，方能赢得未来。

一个国家的发展振兴，就像是马拉松比赛，谁先到达终点，谁就是胜者，谁就是英雄。没听说过有什么人可以在不断采摘路边野花的同时获得冠军。而且，过程是为目标服务的，再美妙的过程如果得到的是苦果，也不会有太大的意义。

养成始终目视前方的习惯，不要被眼前的小利所迷惑，这才是一个国家、一个民族变法的至为要紧之处。

等死也要半途而废

战国中后期，围绕如何变法问题，各种利益群体不断角力和博弈，变法者面临复杂局面和多难选择：想变法但又怕变法，说变法但不变法，要变法但变不动。这一切证明，深化变法进入了一个蹚“深水区”的阶段了。

到了这个时候，变法能否继续进行下去，就得看各国君王和变法主持者的眼光、勇气、智慧和手腕了。事实上，那时候他们都在不断琢磨着这件天下头等难事，知道变法既不可能一蹴而就，也不可能一劳永逸；再变下去，可能会引发社会动荡，如果望而却步，就会产生“温水煮青蛙”的效应。

若欲安全，必先强国；若欲强国，必先深化变法：对战国中后期的七雄而言，这是金科玉律。秦国的可贵之处，就是在于它没有停下变法的脚步，接着进行了第二次变法，保住了变法的渐进性，确保变法始终在“可驾驭的环境中”进行。

商鞅秉承的法家思想，源于那种纤尘不染的洁净，让他多了一种超理性。公元前 350 年，他征衣未解，又开始了新的变法，主要采取的措施可以归为十二个字：“重农抑商、重奖军功、以法立威。”要说第一变法最大的成效，就是告诉东方诸国，咱秦国不再是半耕半牧的“戎狄之邦”，秦国人民从此站起来了，而且具备与东方诸国一争高下的资质。那么第二次变法则可以说走“有秦国特色”的强国之路，针对时弊的刀下得更准，力用得更猛，把“深化”的文章做足做够。

第一，开展土改运动。废井田，开阡陌。商鞅下令：为田开阡陌封疆，把田制以 240 步为一亩，实行一户给 100 亩土地这样的授田制度。同时还规定，国家分配给大家的土地可以终身使用，使土地私有合法化，从制度上解决了秦国当时地多人少的矛盾，保障了土地和劳动力的紧密结合。这一招不仅给大家吃了“定心丸”，而且提高了土地和劳动力的使用效率，激发了农民生产的积极性。

第二，公平赋税。为了改变各地农民赋税负担不太合理的状况，商鞅决定“訾粟而税”，按粮食产量来核算田税，以粟来交纳。这项公正公平的措施的效果很显著，老百姓所承担的赋税相对地均平了，更加有利于经济的发展和国家赋税收入的增加。

第三，把度量衡统一起来。商鞅着令工匠制造了标注度量的衡器，并且全国以此为标准。商鞅亲自督造的铜方升，以它为全国唯一的标准。还有丈、尺、权、衡，全国都照此办理。

第四，全面推行了县制。在全国设立了31个县，有的史书记载是40余个县。尽管说法有争议，可见县制到了普遍的程度。

商鞅正是看到了分封制的巨大隐患，因此在第二次变法中提出在全国范围内建立县制，建立一个中央集权政府，彻底打破由分封制形成的政治怪圈。他把许多乡、邑、聚（村落）合并为县，设县令等地方官吏治理，而县令是由中央政府直接任命的。同时，巩固县以下原有的基层组织，在县之下已有乡、里、聚（村落）或连、闾等基层组织，在县城和乡里中都有伍、什的编制，五家为一伍，十家为一什。各级组织也有相应的官吏。县令的职权也是由国君来规定的，除了日常的行政事务外，最重要的就是为国家征税和征兵。县制的推行，一方面加强了王权，另一方面也适应了以自耕农为主的新的社会架构。从国到县，从县到乡，中央的权力有系统地分布到每一个角落，层层控制着整个国家。商鞅通过县制将地方上的政权、财权和军权掌握在中央政府的手里，防止了大夫因为权力过大而对国君形成威胁的情况，初步形成了中央集权的统一的政治体制。这种政治体制特别适合战争体制下的国家。在后来秦国消灭楚国的战争中，正是由于这种中央集权的体制，能在短时间内举国动员起 60 万人马，让秦军反败为胜。

第五，迁都咸阳。原来秦国的都城在雍，也就是现在的陕西凤翔附近。公元前 350 年，商鞅将都城迁到了东面 150 公里左右的咸阳。这次迁都既有经济上的意义，更有政治上的考虑。当时的雍临近林区和耕地的交界，也临近畜牧区和农业产区的交界，受生产类型之制约，适合农牧兼营，农业发展水平相对低下，而咸阳则是农业区的中心。迁都咸阳的行动就是一个政治宣言，既是在告诉秦国的官员民众，秦国的立国之本在于农业而非其他，同时也告诉东方诸国，秦国不再是半耕半牧的诸侯国了，而是具备与东方诸国一争高下的强国了。客观上，第一次变法以后，秦国对魏国的军事上已经开始有所收获，都城东迁可以将秦国的军事力量相应地东移，对秦国向东继续用兵以图中原更加有利，可以从政治、后勤上为东进提供坚强有力的保证。

第六，开展移风易俗。商鞅下令，禁止父子兄弟同室居住，一家如果有两个以上成年儿子不分开居住的话，将被加倍地征收户口税。这样一来，就使得过去同财共居的大家庭逐渐瓦解，出现了千百万个一夫一妻制的小农家庭。

在经济和军事变法取得成就的同时，商鞅能够将变法延伸到政治领域，这是非常难能可贵的，后世的经验不止一次地证明，如果想长期保住经济变法的成果，政治制度的变法必须跟上。大家从商鞅两次变法的内容可以看出来，它是从政治、经济、军事各方面对奴隶制进行了一次扫荡，促进了封建制的发展。经过这二十多年大张旗鼓的变法，秦国完成了由奴隶制向封建制的过渡，因此也由原来的落后转变为富强。

后来的李斯也这样评价商鞅变法："孝公用商鞅之法，移风易俗，民以殷盛，国以富强，百姓乐用，诸侯亲服，获楚、魏之师，举地千里，至今治强。"这一段话的意思就是，孝公推行商鞅的变法之策，改变了秦国落后的风俗，人民因此殷盛，国家因此富强，百姓甘心为国效力，诸侯各国归附听命；又大败楚、魏两国的军队，攻取了千里土地，至今还巩固地统治着。就充分说明了，秦朝经过变法以后，真正富强起来了。

商鞅的这项措施是对所有制实行的根本变革，也是秦国得以富强的根本保证。

与此同时，东方六国经过一次变法后好像得了"变法疲劳症"似的，再也没有变法的精气神了，没有什么引擎来发动新一轮的变法运动，无论是在体系上，还是在力度上都无法与商鞅相比。他们或是囿于既得利益的阻力，或是担心不可掌控的风险，或是陷入不稳定幻象，变法的"渐进"逐渐退化为"不进"，"积极稳妥"往往变成了"稳妥"有余而"积极"不足。

东方六国的变法不得深化，至少有这样三个阻力：

首先，一些极端社会思潮干扰变法的方向。这些错误思潮形形色色，有怕出乱子的，有担心触动祖律的，从而导致了一个共同特点，就是心胸狭隘的群臣、权贵裹挟君王，使变法决策陷入双难之局，加之他们没有及时辩证利弊、有效引导，对深化变法大局非常不利。

其次，一些君王担心改革风险大、难度大，怕自身能力不足，或出于自身利益的考虑，惧怕改到自己头上。可见这时最怕的不是变法本身，而是怕君王们不表态、不支持。

第三，部分利益阶层担心变法触动现有利益格局，而不愿变法。因为在世卿与新贵之间有自由进出的“旋转门”，还有权力寻租的市场，有“特供”的保障，使贵族身份不断被固化。在一种利益固化的形势下，对于变法需要根治的顽症，民众企盼多年争取予以破除但终未成功。

面对这些顽症，他们不是不想再变法，而是不敢再变法。他们都十分清楚，他们的国家的危机已经到了什么程度。正是这种可怕的“怪病”吓倒了他们。失去旧轨，眼前就有颠覆性危险；没有新轨，未来肯定会有颠覆性危险。

当时，齐国的建、楚国的负刍、燕国的喜、韩国的安、赵国的迁（其兄嘉逃到代地称代王）、魏国的假这些末代君王放弃了富国强兵的努力，再也不提变法之事了，一心想追求或回归自己那个“爽借清风明借月，动观流水静观山”的生活。

韩国变法后虽有“劲韩”之名，马陵之战后致力于以权术外交腾挪出生存空间。这当然无法改变列强对韩国的蚕食，但韩国庙堂宁可丢土失地，也不愿抛弃阴谋权术之道。韩非子对国家弊病洞若观火，总结了秦国的经验，提出了一套新的变法理论，但天下大势已定，韩王就是打算再变法，也为时已晚了。

到了如此危险的境地，西边的秦国正忙于第二轮变法之际，东方的六国不思进取，这些君王们对扭转国家大势丧失了信心，只是希望用打仗这支“强心剂”来挽救病入膏肓的庞大躯体。存在进入“倒计时”，他们的“守成”与“法祖”已经升华到每天机械地生活着，能挺到明天就是最大的奢望了。官员们不敢过问国家存亡和百姓的死活，不敢言变法和创新，只能终日揣摩上意，歌功颂德，唯唯诺诺，俯首帖耳当奴才。

眼界的狭窄，限制了思维的空间，思维的局限带来的必然是行动的愚钝。魏国那时的情况，正如后来商鞅分析的那样："魏国朝野已经被表面强盛所迷醉。连同魏王，没有人会想到魏国的实力正在日渐萎缩，更没有人想到魏国需要第二次变法，第二次登攀。"忧患意识曾令魏国人致力于求贤变法，而多年的优势地位又让魏国人失去了忧患意识。假如魏国能率先发起二次变法的话，战国时代就直接简化为魏国统一战争史，就没有后来大秦帝国那些事了。可叹的是，在人类改革史上，最强大的国家往往失去了求变创新的动力，变得越来越僵化。

这一可怕的"僵化"，是破解六国灭亡秘密的内在密码。

楚国不愿再变法，导致了政治上的恶性循环：排斥贤人，政治愈趋腐败，而这些又成了变法的最大阻力，国力由此不断削弱，战争接二连三地失败。楚怀王听信上官大夫的谗言，将屈原放逐，致使新法未能出台。对屈原来说，既然自身能量一不能化作长矛、盾牌之力，二不能化为施政之策，便只有一股脑地注入了诗词，化作《离骚》。

国家没有了再生动力的引擎，各种社会矛盾没有在发展中解决，而是不断发酵、暴发，庄蹻农民起义就是这种大背景下揭竿而起的。《论衡·命义》上说：当时"庄蹻横行天下，聚党数千"，并一度攻入郢都。后来，由于形势的不利，起义军无法在郢都地区立足，便另外打开一条生路，向统治力量比较薄弱的西南地区转移。这场大起义祸起萧墙，对楚国的综合国力无疑是雪上加霜。不再变法，真是害死人啊！

无论是通观人类社会历史，还是中国社会自己的几千年历史，我们一定能看得出这样的一个必然性：任何一个社会，其社会矛盾迟早都是要解决的，这一代人混过去了，下一代还是要爆发出来的；任何一个社会，如果不肯变法，又不肯解决问题，总是把社会病淤积到社会暴力革命的程度，让后代人通过刺刀、炸弹、火、血与死人的路径去解决问题，那是整个民族的愚蠢选择。

“人不同，政不同”，必然会出现的一种情况是用“变法”的名义进行非变法原本目标的变法，产生的后果将是：永远都在变法，永远都没有成功的迹象，最终会产生“变法疲劳症”。当出现“变法疲劳症”的时候，民众势必对变法之初画的“饼”形成非理性判断，要么漠不关心，要么认为“变法”是假的，这就很容易走回头路而返回原点。

古往今来，每个时代都有一批精英，依靠长远务实的眼光，凭借历史和社会提供的大舞台，导演了一幕幕威武雄壮、气势磅礴的活剧，达到了“兴天下之利，除天下之害”、“以通天下之志，以定天下之业，以断天下之疑”、“立德，立功，立言”之境界，但是，变法只有进行时，永远没有结束时。停止了变法，就等于停止了发展的动力，那么整个社会将是死水一潭，已经取得的成果也将会功亏一篑。而不断写好变法的下篇文章，必须具有长远眼光。因为这个眼光远投的过程，就是运筹帷幄的过程，就是检验智慧、胆略的试金石。

盛衰自有定数，任你强权倾世，也终逃不过一场败亡。能否走出这个“怪圈”，走出这个“死胡同”，就看他们的眼光了。眼光能有多远，变法的强劲势头就能维持多久。越到后来，六国君王们对扭转国运大势丧失了信心，做君王已经成了做一天君王撞一天钟。再到后来，他们守成“祖法”已经升华到了每天都死按实录办事的地步。

东方六国的君王们在漫天的火焰和憔悴的花朵里消失了，带着杜鹃啼血一般的哀痛，无法在后人的记忆里永远定格。他们日暮般的苍凉，几千年后依旧在人们心里隐隐作痛。

第十章

历史并不如烟

“人不哄地，地不欺人。”

这是山东一些地方老农们常挂在嘴边上的一句话，十分形象而又朴素地诠释了“一分耕耘，一分收获”这个千古不覆的道理。老天是最公平的，大地是最实在的，乾坤朗朗，时光无情，人们所做的一切，都会在这两个维度里得到检验。

战国七雄变法无论是出于何种考虑，动力和支点摆在哪里，战略决策是否得当，气魄与胆略能否领上时代风骚，一句话，就是变法是否切合要领，最终在嬴政横空出世后都最终见了分晓。当历史老人踏上战国后期这条艰辛的道路上时，各国按照自己变法中已注定的命运渐行渐远了。

横扫六国试锋芒

早在秦始皇统一六国之前的100多年，各国都在为统一中国做着积极的准备。这当然不仅仅是口头上的宣誓，而是表现在实实在在的各种变法行动上。

开始，秦国与东方六国的力量对比并不像后期那样悬殊，但历史所给出的这个答案却是让人大跌眼镜——为什么秦成了战国七雄中最后的胜出者？正如那部科幻电视剧《寻秦记》所描绘的，现代人通过时间隧道回到了战国初期，告诉当时的人们七国争雄的最终结局，估计一大多半人目瞪口呆：统一天下的竟然是秦国！

战国254年间，国家不分大小，力量不分强弱，都进行了不同规模的变法运动，都有过浓墨重彩、可圈可点的瞬间，曾使国家气象万千。同时，他们都有过失误，或使变法陷入泥潭，或是半途而废。在这条披荆斩棘的道路上，留下了他们无数的自豪，也有无数的遗憾。

经过五个半世纪的风雨兼程，秦国的权力终于传递到嬴政的手里。那一年是公元前246年，距离天下一统，只剩下26年。

战国末期的战争，密得透不过气来。嬴政从其老子那里接过班来，到中国统一的26年间，共发动31次战争，平均每年1.19次。秦与东方六国的生死存亡，就看变法打的底子了。

那是一个战争给历史定义的时代。战争让他们在变法的这个赛跑道上，终于分岔而行了。

嬴政亲政之前，他的先辈经过不懈努力，已灭了150万六国军队，据有天下三分之一的土地，十分之六的财富。他承袭下来的，已经是一份相当庞大的资产。加之，政治史中的嬴政，可以有很多的词汇来形容他：机警、阴险、偏执、勤奋……从遗传学上讲，嬴政在当时可谓典型的“混血儿”，先天的优势使他亲理政务后，很快消灭了内祸，将权力集于一人之手。

正是靠着商鞅变法开始打下的家底，秦国的羽翼终于丰满了，有了一份与超级大国相匹配的狂傲与自信，敢于跟强敌掰手腕了，正式走上讨伐六国的征途。由此，一场轰轰烈烈的统一战争开始了。变法面前，国国平等。这是历史的无情，也是历史的结果啊！

那时，东方六国的又是怎么样的安全形势和综合实力呢？

韩国在七国中为最小，而所处地位却最重要。秦始皇初年，经过秦国的多次打击，韩国的疆域日渐缩小，只剩下都城阳翟与其周围10多个中小城邑。于是韩国向秦国表示愿为藩属。

齐国向来是东方之强国，但到秦始皇初年，齐政权传至齐王建时，齐威王时期建立起来的霸业早已成为历史的陈迹，实已徒具东方强国的虚名。齐国政治落后，经济发展缓慢，国无贤臣良将，军无奋进战斗之志，面对秦军即将发动的并灭六国的战争，竟毫无准备，坐以待毙。

魏国据有河东、河西、河内、河外广大地区，疆域之内山河纵横，形势险要，多年均为秦国的首要对手，但自魏惠王以来，不断被秦国打败，疆域日渐缩小。秦始皇初年，正值魏安釐王晚期，国势更加衰弱。本来信陵君窃符救赵国，尤其是联合各诸侯国合纵抵抗秦国，取得河外大捷，大大提高了魏国的威望，完全可以乘胜恢复魏之疆域，然而安釐王昏聩无能，不但不借机复国，反而听信秦国离间挑拨，罢黜信陵君，失去了东山再起的可贵时机。

赵国方圆 2000 里，也是北方强国。自赵武灵王死后，赵国屡被秦兵攻伐，国君还听信谗言妄加诛黜，已经到了昏庸至极的程度，公信力已经接近冰点了。

燕国到燕王喜当政时期，非但不与近邻赵、齐两国修好，而是常常发动混战，劳民伤财，国力损耗巨大，成为六国之中略强于韩国的弱小之国。

楚国到了战国末年仍领有疆域 5000 里，军队尚有百万，粮食储备可用 10 年，在诸侯国中是具有相当实力的大国。自秦将白起攻陷楚都后，楚国势力大大减弱，国都被迫迁于陈地，以后又再迁于巨阳与寿春。都城多次被迫迁移，大大挫伤了楚国的民心士气。楚考烈王当政的前后，楚国实际上已徒具强楚之名，远远无法与秦国相匹敌。

让时间之舟驶回 2244 年前的港口，人们一定看到了这样的场景：秦国的战车带着强大的惯能从黄土高原上俯冲下来，越来越快，连驾驭者都不能控制这种速度了，战争的密度越来越大，想停都停不下来。相反，六国势力弱小，在战略上又不能联合，各自为战，根本不能阻挡秦国的进攻。

在这场中国历史上的第一次大规模的统一战争中，嬴政全面分析了当时的国际局势，并将自己国家与东方六国的综合国力作了逐个比较，经与参谋班子的再三权衡，决定先拿当年瓜分老晋国的韩、赵、魏三家开刀。

历史的发令枪由此猛然打响。

遥想公元前403年，也是周威烈王二十三年，周天子初次册命晋国大夫魏斯、赵籍、韩虔为诸侯。司马光老先生对此痛心疾首，认为是周天子丢了“名分”，竟然册立乱臣贼子为诸侯，以至于他以此事作为皇皇巨著《资治通鉴》的开篇，并且发表了很长一段评论。战国的乱局是由这三家拉开序幕的，现在要由强秦在他们那里拉上帷幕了。

有时候历史终点往往出现在历史的原点上，历史这个老人的想象力，超过任何一位政治家。

公元前230年，嬴政派内史腾率军突然南下渡过黄河，攻入韩国首都郑，即今天的河南新郑。大军一到，韩王安吓得尿裤，立即率领大臣出城投降。平心而论，韩国不是不想抵抗，而是实在打不过秦国这个大块头，“儿童团”无论如何也干不过正规军的。就这样，韩国被轻而易举地拿下了。秦国军队政权意识很强，可不是像后来的李自成那样的流寇，他们稍加安顿，便在韩地设置颍川郡，建郡治于阳翟，就是今天的河南禹州。

在对赵作战时，嬴政可是费了一番周折。苏洵在其《六国论》中曾指出：“赵尝五战于秦，二败而三胜。后秦击赵者再，李牧连却之！”意思是说赵国曾与秦国五次大规模交战，三次胜两次败，后来秦国的不断进攻被赵国名将李牧接连击退，赵军战斗力可见一斑。当时，虽然他们内部政治反复折腾，经济也不是很景气，但毕竟“瘦死的骆驼比马大”啊。这就决定了赵国是并不容易对付的主顾。

嬴政在发动进攻赵国之前，即依李斯、尉缭之谋，以间谍挑拨活动挑起燕、赵两国之间的战争，待燕、赵两国战起，秦军即可借口援燕抗赵，开始对赵国发动进攻。公元前236年，即秦始皇十一年，就是那年的冬天，燕、赵两国正在酣战之际，嬴政派王翦率军进攻太行山的战略要地阏与，将这个早为秦国垂涎的战略要地一举拔除，从而打开了从西面进攻邯郸的通道。至此，秦军已推进到邯郸之南，仅与赵都邯郸相隔一条漳水和少数城邑。各路秦军虽有 30 万之众，但由于受到赵国 20 万大军的顽强抗击，在攻占上述地区后，即被阻于当地。后来，经过连续作战，嬴政将原来南北 3 支攻赵部队，编为 1 个独立作战单位，由桓齮统率。过了两年，这个新编部队再度向赵国南部进攻。两军于平阳展开激战，赵军被击破，损失 10 万人，赵将扈辄阵亡。随后，赵王启用北部边疆名将李牧为统帅。这个李将军改变了战术，出其不备地率军回赵，同秦军交战于宜安肥下地区，给秦军以几乎全军覆灭的沉重打击，只有统帅桓齮带领少数护卫突围逃走。

公元前 232 年，即秦始皇十五年，赵王迁四年，秦国一不做，二不休，又出动南北两路大军对赵国发动进攻。但此战并不顺利，李牧指挥的赵军机动灵活，风驰电掣，先给进攻番吾的秦军以沉重打击，然后跟踪追击，驱逐秦军退出赵境，立即回师南进，声势所及，锐不可当，漳河沿岸秦军闻讯，不战而走，上党等地秦军也纷纷撤退，不敢应战。此时，赵军虽然在李牧统率指挥下一再战胜，可是兵力损失后难以补充，单凭现有兵力无法对秦国持久作战，必须立即寻求外援。秦国也察觉了赵国的这一企图，便立即派遣一批策士到齐进行游说活动，极力破坏齐、赵的联合，孤立了赵国。

到公元前 231 年，即秦始皇十七年、赵王迁七年，秦国咬着赵国这根“骨头”不放，再度发动对赵国大举进攻。秦军派出南北两路大军并抽调一些少数部族兵员参加作战，赵军则在大将军李牧、副将司马尚指挥下，继续对秦军作战。双方虽经苦战，但胜负未分。

就在这关节眼上，赵国就被老天爷狠狠地阴了，真是天助秦国也。公元前 231 年，赵国发生了 8 级以上的大地震。根据史书记载，这次强震破坏力惊人，从赵国的乐徐到平阴，大部房屋建筑倒坍，地面产生的裂口达几十米，百姓死伤无数。次年，赵国又发生了大面积旱灾，大部分农田颗粒无收，一时间饿殍遍地、谣言四起。

雪上加霜的赵国，真的到了生命的倒计时了。

天灾无法防，偏偏人祸又接踵来。赵国在这个时候内部还出了奸细，使其灭亡的故事平添了几分悲剧加闹剧的色彩。赵国的国君有一个宠臣名叫郭开，深得国君信任。这家伙一个人就收了秦国一万多两金子，差不多相当于今天的近两千万元人民币。郭开收了秦国的钱后，和几个见利忘义的坏蛋一起，编出个故事，硬说李牧心怀不轨，企图谋反。结果，李牧还真的在他们设的局中被干掉了。内奸郭开被秦国收买，甘心为他们效劳，多方劝赵王投降。赵公子嘉则坚决反对，主张战斗到底，率领宗族、宾客参加了首都邯郸的保卫战。但赵王丧失斗志，任由内奸郭开摆布。到了公元前 228 年，邯郸这座名城落入秦军之手。不久，出逃的赵王迁被迫献出赵国的地图降于秦国，使建国 250 年的赵国终于灭亡了。

据说，赵国亡国之后，这位内奸郭开把受贿和聚敛来的钱财装上几十辆大车往家乡运送。半路上遇到了一群大盗，被抢得精光，连人也被杀了。有人说，这是嬴政派人干的。

这种举动，对有着浓厚“道德洁癖”的中国人来说是不可想象的。其实，发生在兵不厌诈的战国的年代，也没有什么奇怪，秦国几代英君谁的权杖上不是阴魂不散？谁的王冠上不是血迹斑斑？在统一天下的旋涡中，不耍手腕连自存都难，更不必谈实现政治抱负。

对于赵国的国君来说，实在是有点冤。孔子说“君子喻于义”，就是说，作为一个君子，他应该首先考虑道德价值问题，否则就是小人。小人喻于利，小人只讲得失、成败、利害。

历史上许多钢铸铁浇般的政治家、军事家最终悲怆辞世的时候，最痛恨的不是自己明确的政敌和对手，而是曾经给自己唱过很多赞歌而最终还说不清究竟是敌人还是朋友的那些人物。

当他们处于弥留之际，往往颤动着嘴唇艰难地吐出一个词：“小人……”

赵国被秦国灭亡后，嬴政立即想南下灭了楚国，但中间尚相隔一个魏国。魏国此时虽然已只剩下国都大梁附近的一些城邑，但终属秦进军楚地之障碍。本来魏处于“天下之枢”，具有优越的战略形势，但由于战争频繁，实力大削。公元前225年，即秦始皇二十二年、魏王假三年，秦国派兵进攻魏国首都大梁。秦国战地统帅王贲认为大梁城垣坚固，很难在短期内攻拔，于是引大沟之水冲灌大梁城。经3个月战争，城垣崩塌，魏王假出降，被王贲所杀。魏国灭亡后，秦国立即在其地建为东郡，设立地方政府。

在东方六国之中，魏国灭亡的原因最没有秘密性、最没有偶然性、最没有戏剧性。也就是说，魏国灭亡的原因最清楚、最简单、最为人所共识。后世史家对魏国灭亡的评论揣测很少，原因在于魏国被灭亡的必然性最确定。

至此，老晋国的地盘全被嬴政收了自己的囊中，并且用绳子将袋口扎得牢牢地。接下来，就是对付剩下的三个“老牌诸侯”国了。

下个目标，直奔楚国！

当时楚国仍为中国南方大国，尚有对秦国作战所需要的实力。公元前

224年，在决定对楚国开战后，不知嬴政哪根神经搭错了，革了王翦的兵权，交给了一个名叫李信的家伙。

当时，他问年轻的将军李信：打楚国大约需要多少兵马?

李信相当轻率地回答：二十万人足够了。

嬴政又问王翦，王翦回答说：至少需要六十万人。

嬴政不大高兴，说：看来将军是老啦，要不然怎么这么胆小呢?看来还是李将军有胆略和能耐。于是拜李信为帅，给了他二十万人，让他去征伐楚国。王翦很知趣，立即以身体不好为理由，辞职回到乡下的老家休息去了。

结果，李信在取得一些小的胜利之后，遭遇了一次大败。七个将军战死，几乎全军覆没。并且楚军乘胜追击，直朝秦国杀来。这时，嬴政有如挨了当头一棒，不得不放下身段，亲自跑到频阳乡下王翦的家里，几乎声泪俱下地向王翦道歉，并且请求他：将军，您虽然生病了，可看在先王的份上，难道您真的忍心抛弃我吗?请王翦回来主持工作。

此时的王翦也摆起架子了，嘴上答应出山，但却坚持要六十万军队，并且向嬴政提出索要大批良田和庄园作为奖励。嬴政答应给他六十万军队，但不同意给那么多的赏赐。嬴政的理由是：只要打了胜仗，还愁得不到富贵吗?王翦的回答相当坦诚与惊人，他说：给大王打仗，反正有功也不能封侯，我要趁着大王现在用得着我，给子孙后代留下一点好处。嬴政听后大笑不已，觉得这个“直肠子”是那么可爱。

此后，王翦带领大军出发了，可在途中一口气派出五拨信使去见嬴政，不谈公事，就是替他请求田园赏赐。弄得边上的人都替他难为情，劝他别这么掉价。结果，王翦说出了一番更加惊人的话来：大王本来就是个多疑的人，如今几乎将全国之兵都交给了我，我不这样做来加深他的信任，难道要让他怀疑我吗？

最后，王翦只用了一年多一点时间，就干净利索地把楚国给收拾了，在楚地设九江郡。那是公元前 223 年的事了。

看来，王翦并不是只会打仗的职业军人，还是一个政治家，也是一个心理学大师。他的要价源于他对战争胜负的准确把握。战争，对于王翦而言，就是兴奋剂。史上有不少雄才大略的将军喜欢这种大贬大荣的游戏，他们在这种游戏中感受着权力收纵的乐趣。

早在秦军在攻打赵国时，大兵已迫近燕国边境，嬴政已经对它虎视眈眈了，只是考虑到自己手上的兵力还没有多到四处出击的程度，便暂时再“养”它几天。那时，燕国自身兵力微弱，无力阻挡。为了阻止秦军的进攻，太子丹派荆轲出使到秦国，企图乘机劫持秦王，要还被侵占的土地，如果秦王不允，就杀死他，再乘秦国无君内乱之际出击。临行之时，送别的人全都着白衣。易水河边，高渐离击筑，荆柯应歌：

风萧萧兮易水寒，壮士一去兮不复还……

风声伴着歌声，格外悲壮激昂。荆轲唱罢，扬鞭西去，头也不回。

嬴政起初并没有看透太子丹这一阴毒之招，果然亲自接见荆轲，让他捧图来看。当地图展到最后，一把匕首露出来，荆轲抢过匕首，抓住嬴政衣袖向他刺去。幸亏嬴政眼明手快，挣断了衣袖，立即脱身避开。最后荆轲身单势孤，被剁成肉泥。嬴政差点死在荆轲之手，不禁勃然大怒，立即命将军李信领兵攻打燕国。公元前 226 年，秦军攻下蓟城，就是今天的北京市，燕国不得不杀了太子丹向嬴政谢罪。

后来，秦军追击燕残部到辽东，由于地方偏远，对全局关系不大，即把兵力转用于对楚国作战。又过了3年左右时间，随着秦军对楚战争胜利结束，又派王贲将军率军进攻辽东。燕军无力应战，燕王喜被秦军俘虏。此时，风起云涌般的马蹄声永远回荡在耳边，令人沮丧的战报不断从前方传来，什么办法都想过了还是没有办法，除了失败感就是屈辱感，这就是燕国。

在秦军并灭赵、韩、魏、燕、楚的战争的过程中，齐国一直置身事外，坐视各国灭亡，好像与自己毫不搭界似的。

齐王建继位四十余年，三晋、楚、燕国与秦国战争连绵不断，齐国由于与秦国没有接壤边界，未被攻击，上下晏然，长期处于和平环境，不备兵革，不修战备，政治上达到惊人的麻木程度。齐王建本人昏庸无能，相国后胜又是一个贪财无厌之徒，秦国多年来用重金贿赂后胜，后胜就为秦国“远交近攻”的策略效劳，终日规劝齐王建臣服于秦王，朝野上下已无丝毫斗志。尽管强秦灭六国时，齐国还拥有70余座城邑，但仍不堪一击。

公元前221年，即秦始皇二十六年，秦国王贲统帅的军队由燕地南部对齐国北部边境突然进攻，直指齐都临淄。齐国军队曾经也算很强悍的，但在战国这样的年代里，竟40年不打一仗，沉浸在歌舞升平里，充斥着靡靡之音的军队，还能是军队吗？这支军队在农耕文化中“养晦”了几十年，被大米和美食喂养得像绵羊一样怯懦，早已失去了炎黄游牧先祖的血性，不仅猎性无存，反而成为强秦猎取的对象。最后，后胜这个吃里扒外的家伙力劝齐王投降，建也就不战而降。秦军取得胜利后，一点也不感谢建这个对统一战争客观上起过帮忙作用的齐国末代君王，而是将他送到一个叫共的地方，饿死于松柏之间。

嗨！世人都只看到君王无比风光的一面，看到他们权力无边，享尽荣华富贵，当代电视剧极力渲染帝王们的丰功伟绩和浪漫生涯，人们便以为每个君王都想再活五百年，何曾去想还有多少苦命的君王。谁让他贪图享受、丧失国家呢，这是应有的下场。有人说过："时间是沙漏，无论你怎么放置，它总是流逝。"当然，每个君王都有自己的命运，正如每个常人一样。

顺便说一句，在兼并六国的统一战争进程中，不得不肯定似乎来自人质与舞女的遗传因子给了嬴政不小的帮助，使他很会判断货色的好坏，并且随机应变，特别懂得怎样做才能使自己的利益最大化。

至此，一轮血红的落日为东方六国画上了一个句号。同时，我国历史上第一个强大统一的封建大帝国——秦国，在刀光剑影中诞生了。

从周天子东迁算起，中华大地经历了500多年的战火硝烟，无数生灵涂炭，终于实现了第一次天下的大一统！这其中不仅仅有自然的，还有许多是人为的。毕竟，政府兴替是以社会支付巨额成本为前提的，而这往往以战争的形式表现出来。

这回，这个牧马人的后代可真的要称帝了。

早在公元前307年，也就是周赧王八年，赵武灵王通过"胡服骑射"，使赵国的军事实力大为增强，成为秦国向东发展的新障碍。秦昭王为了打击赵国，派穰侯魏冉到齐国，约齐闵王与秦昭王同时称帝，齐国在东方，称"东帝"，秦国在西方，称"西帝"，尔后联合其他国家进攻赵国。当时，齐闵王被说得心里直发热，感到此等好事何乐不为呀。可游说家苏秦识破了秦昭王的阴谋，经反复劝告，齐闵王才放弃帝号。

此时的嬴政可以高枕无忧地称帝了，再不用像他的先人那样要什么心眼。不仅如此，嬴政还觉得只是“帝”字不足彰显其尊贵，还把另一个称号“皇”拿出来，和“帝”放在一起，称为“皇帝”，就是比“皇”和“帝”都尊贵的意思。自此，才有“皇帝”这个词。至此，千百万黎庶和士兵的躯体被绞成齑粉，榨出成百吨的血浆，才染红了嬴政头顶上的皇冠。

秦国统一六国绝不是天赐，六国的逐一灭亡也绝非偶然。秦孝公重用商鞅变法，最初虽然遭到保守势力的反对，但最后终于赢得了这样的可喜局面。事实面前，一切违之的道理和争辩都是苍白的，事实说明一切，这是自古以来的“真理”。

魏、楚、韩、齐、赵、燕六国在变法中曾辉煌一阵，但政府的腐败与不思进取的惰性，实在透支了人们太多的耐心，以至于他们那时已经没有多少缓冲的空间。对此，东方六国的君王与将相们可能至死也不明白。

历史总是雄辩地证明，摧毁一个腐朽的政府，或许只需要一根微不足道的稻草，但要建立一个新社会，却堪比“蜀道之难，难于上青天”。后面的故事大家都很清楚，在此无须复述了。

千年余响

在中国数千年历史上，大大小小的改革数量还真不少，然而按其类型来归纳，社会转型式的改革屈指可数，只有商鞅变法和戊戌变法，因为后者是开启面向现代化的改革，但成功的只有商鞅变法。

战国变法运动自上而下地完成了中国社会由奴隶制向封建制的过渡，其兴起之强劲、历时之久长、根源之深厚、内容之丰富、成效之卓著、使命之重大、经验之深刻，实为中外历史所少有，是人类历史上一场罕见的社会革命。变法内容涉及经济、政治、军事到文化、社会习俗的方方面面，可谓是坚决而彻底。

那么，战国变法运动到底给后世留下了什么呢?

正是那场变法运动，使中国基本完成了向封建化、集权化转型的历史进程，奠定中国自秦朝以后2000多年封建时代在政治、经济、文化和社会方面的基本制度与发展模式。前面讲到，中国自夏朝以来的五千多年历史可以分为前后两大阶段，春秋特别战国时期就是这两大阶段之间的分水岭。这一切，源于变法。

现在看来，这一说法的确不无道理。

战国之前，尽管“人猿相揖别”已历经了一百多万年了，但人类摆脱蒙昧的时间好像还不是很长，幼年的胎记还比较明显。那时，人的血缘意识、鬼神观念很强。比如，西周土地制度是以原始血缘宗法做为指导原则，表现为血缘贵族的宗族土地所有制。战国之后虽然仍有浓重的血缘色彩，但转向了地缘社会；在此之前是封建诸侯、贵族分权的时代，在此之后是专制独裁、皇帝集权的时代。这个转型的结果虽然早已成为历史事实，并通过历史将这个事实转化为中华民族的最终选择，但这种选择模式由此成为中国文化的深层内核，而且通过文化的因循性对现实社会起着潜移默化的影响。

商鞅变法使秦国的社会制度实现了急剧转型，打造出了中央集权统治模式。正是这种社会转型所焕发出来的巨大生产力，极大地增强了秦国的综合国力，只用20年的时间就彻底改变了国家的落后面貌，为后来的秦始皇兼并六国、统一中国奠定了雄厚的物质基础。

古老的中国无论多么分崩离析，始终有统一的冲动。黄河与长江仿佛两条丝带，把华夏捆绑成一个整体。

秦始皇在公元前221年建立统一的封建大帝国后，在国家制度建设上，总体没有超过商鞅之法。据史书载，他无非来了这样几个“大手笔”：改“王”为“帝”，创造了“皇帝”这个称谓；“诏”、“朕”等词成了只有皇帝能使用的专利品；建立了“三公”、“九卿”中央政府官僚体制；在全国建立了郡、县行政机构和乡、里基层组织；进一步确立了土地私有化的法令；书同文、车同轨，统一全国的文字与度量衡；焚书坑儒，“以愚黔首”。纵观这些开天辟地的改制，除了“皇帝”一词是秦始皇首创外，其他基本上都是商鞅变法条文的延续和完善。

从此，中国封建社会中一个接着一个的王朝，长者二三百年，命短者十几年、几十年，兴亡交替，不暇稍息。那么多的亡国之君，有哪一个是真命天子、嫡传龙种呢？一旦国破家亡，或身首异地，成为无头冤鬼；或楚囚相向，朝夕以泪洗面，光景好不凄惨。王安石说过：“霸主孤身取二江，子孙多以百城降。”没有一个封建专制王朝能够长治久安，更枉谈万世一系了。

各个王朝的兴亡交替，总是伴随着周期性的社会治乱、国势盛衰进行的，这种周期性再现的治乱兴衰就是中国封建社会的整体特点，也是中国封建社会特殊的运动方式。从此，古代中国的王朝兴替，基本上定格在战争洗牌的这一条道路上，变得更加血腥而又诡谲。许多文人墨客对此伤感咏怀：

“伤心秦汉，生灵涂炭，读书人一声长叹”，“六朝如梦鸟空啼”，“千古兴亡多少事，悠悠。不尽长江滚滚流”。抚今追昔，发出了“不知江月待何人”的慨叹，留下一抹淡淡的悲哀。循环反复，周而复始，与西欧相比，中国跨入封建时代的门槛早了近 700 年，可走出这一门槛晚了近 400 年，在封建制度的天朝梦境里整整多待了 1100 年。

中国历史的发展，如同陀螺的运动，不停地旋转，一圈又一圈，周而复始。在这种周期性的运动中，有某种恒定的东西，始终保持不变，那就是改革精神。人们不是常说吗，只有改革才有出路，改革之势不可逆转。这是建立在对历史规律深刻洞察基础上的断语，有着极为丰富的思想内涵，仿佛已注入了中国知识阶层的文化基因。从商鞅的“徙木立信”走到今天的电子表决，其间文明史上的每一次进步与腾飞，无不与改革精神休戚相关，尤其那些制度的转型，质变的内核力量是知识精英与草根阶层的改革思想。

战国变法以后封建时代的改革虽然规模有大小，成效也有大小，改革的制度取向却是脉络清晰、前后相继的。但历代王朝改来改去，万变不离其宗，基本上是秦汉模式的再现。在今天看来，如同是一个模板里刻出来的。

商鞅彻底改变了战国乃至后来中国的政治生态，甚至以两千年的历史跨度而论，商鞅的基本治国理念被顽强地延续了下来，他的核心经济理念被众多的后来者所沿袭。

中国现有的行政体制的格局源于商鞅。在春秋时期，县还没有建立，当时最主要的政治体制是分封制和封邑制，比如周王把亲属和功臣分封到一些地方成为诸侯，诸侯又把自己的土地再分封给家臣成为卿或大夫。在政治权力及组织结构上，以皇帝为首的“三公”、“九卿”的官僚体制和郡、县、乡、里、什、伍的政治组织结构，从秦代开始一直延续到清末，即使有变化，也是新瓶里装陈酒，只是改个名称而已。比如，“三省六部制”是在魏晋南北朝和隋朝时期逐渐形成的，但在战国时期已经出现了。到了唐代的中枢机构中，尚书省是执行机构，中书省是决策机构，门下省是审议机构，尚书省下设吏、户、礼、兵、刑、工六部。“三省”制的名称在以后朝代有所变化，而“六部”制则一直沿袭到了清末，连名称都没有什么变化。

在经济上，战国以后的中国一直恪守以农业为主体和以一家一户为生产单位的小农经济模式，商品经济始终被视为不务正业的“左道旁门”和“奇技淫巧”。那时，各国先后实行按户授田的制度，造成国家规模的小农经济的生产方式。正因为劳作者摆脱了农奴的枷锁，能够比较自由地安排生产和生活，能够拥有所需的财物，能够在一定程度上得到法律的保障，因而生产的积极性比较高，从而造成社会经济的繁荣，使得这种小农经济的生产方式具有强大的生命力而长期留存，从此成为两千多年君主政权的经济基础。

任凭时光荏苒到了清朝，所有的重要经济制度都是沿袭战国时代的成就而有所发展，“重农抑商”的经济政策丝毫没有变化。我们可以从雍正的一段话中，看出其中的一斑。他说：“朕观四民（指士、农、工、商）之业，士之外，农为最贵。凡士工商贾，皆赖食于农，以故农为天下之本务，而工贾皆其末也。……市肆之中多一工作之人，即田亩之中少一耕稼之人。”这就说明，雍正内心深处一直是这样认为的：在社会众多的行业之中，除了当官者之外，从事农业者为最高贵的职业，因为凡是从事工商的人吃食都依赖于从事农业的人，所以，农业为天下之根本，而工商只是在它的后面，市场商肆多一个工作的人，则在田亩中会少一个耕种庄稼的人。中国的小农生产方式及小农社会，仿佛在时光隧道中凝固了一般。

实事求是地说，这种小农经济的生产方式在当时是先进的，所有保护和发展这种小农经济的经济制度和政治制度也是进步的，因而能够促使社会繁荣、人口增长和文化发达。但是秦汉以后，历代统一王朝始终保持着这种小农经济的生产方式，沿用着战国的制度，就不免要转化为落后，造成人口、资源、粮食供应之间的矛盾。如果人口增长而资源不足，地主豪族进行土地兼并，统治者加重赋税徭役，小农经济衰落破坏，引发饥荒，造成农民流亡，就不免要引起社会动乱，激发农民起义。两千多年来中国历史上多次出现“一治一乱”和大起大落的周期性的大循环，都是与小农经济的稳定繁荣和衰落破坏直接有关的。

至于思想文化上，战国变法运动进一步促进文化繁荣。百家争鸣奠定了中华文明的基石，四书五经铸造了后世中国人的价值观。如今两千多年过去了，中国人的思维方式似乎一直没有走出过那个时代圣人先贤们的思想边界，我们今天的生活习惯也与战国丝丝相扣：见面点头打招呼，是周礼作揖的简化；端午节吃的粽子，战国的时候就已经包好；指导今天中国农耕安排的农历节气，同样始于春秋战国；甚至我们的姓氏，赵钱孙李周吴郑王……也来自于那个兵荒马乱的年代。对于今天的中国人来说，已经过去的战国变法运动并未真正地过去，它是一个宝贵的资源库，其精神遗产和变法留下的余痕仍可凭依。战国变法给后人留下这么多的东西，可想而之，当时在秦国的变法力度之大、领域之广了。

当然，秦国能够迅速“武装崛起”，是商鞅给它吃了“速效救心丸”，但因为是用严刑峻法和愚民政策推行变法的，所产生的历史负作用也是广泛而深远的。这方面的情况，前面已有很多涉及，笔者不再重复，只从人性上说一点。

商鞅实施严刑峻法与愚民政策所带来的最大影响就是压制了创造性。民众没有一点自由与创造可言，只是生活在早已设计好的圈套里。因此，自商鞅变法后，窒息整个民族创造力的愚民政策基本上未变过。因为自秦以后的历代王朝都基本上遵循了“秦制”，而秦国的一切政治、经济等制度的创立又起于商鞅变法。中国人一直在“做稳了奴隶”和“想做奴隶而不得”的了无新意的一治一乱中挣扎，“奴隶性格”和“专制性格”日益发展成民族性格中相辅相成的两个突出特征。从这个意义上说，国民性劣化的第一个推手也是应当追溯到战国时代，问责到商鞅了。所以，郭沫若说：秦汉以后的中国政治舞台是由商鞅开的幕。

那时的措施一切为了战争，打来打去什么遗迹都没留下，战不是为了和，而是为战，通过战争获得更大的利。中国的历史，不缺刀光剑影的故事，缺的是“壮士断腕”的历史，所以制度创新的文明积累得较少，造成了人治一直强于法治的局面。

单从这讲一点上讲，商鞅变法中有些方面是黑色的，黑色的硝烟在人们内心深处经久弥漫不散；秦国的旗帜是黑色的，在历史的风风雨雨中悠悠地招展了两千多年。

一旦“奴隶元素”注入了国民的性格中，人文意义上的人种就会慢慢地变异。春秋时期的中国人个个强悍好战，连吴越地区都有非常尚武的风尚。当时的贵族下马能文，上马能武，侠人义士救危扶困，济人不赡；路见不平，拔刀相助；知恩必报，赴火蹈刃；受人之托，一诺千金。赵氏孤儿、聂政刺侠累、荆轲刺秦王，一个个动人心魄的故事，演绎了那个时候男人们的壮烈与决绝，告诉后代什么叫轻生重义、生死相许。到了明清，《三侠五义》中的侠客个个自称“罪民”，以向权力规则屈服为荣。如鲁迅所说，春秋时的侠客，是以“死”为极终目的，他们的结局也确实是一个个慷慨赴死而去，而明清小说中的侠客，却个个成了地主官僚，黑白两道都吃得开。到后来，许多中国人的“骨气”、“侠气”不知都去哪儿了。一个曾侵华的日本军人回忆，南京大屠杀时成千上万的中国士兵默然地经过如山的同伴尸群，走向死亡，而毫不反抗。那个日本人百思不得其解，是中国人太容易驯服，还是对死亡悟得太透？日军以百人小分队屠杀几千人，当时曾很担心中国人会反抗，但这种情况从来没有发生过。

春秋时期的知识分子大多是理想主义者，他们不迷信权威，也没有思想禁区，以君王的师友自居，将自己的“道”凌驾于君王的“权”之上，合则留，不合则去。等到秦始皇统一六国，各国的知识分子只能生活在一个皇帝的淫威之下，没有了选择的机会，也没有逃亡的自由，只能为这一个政权服务。在此后的两千年间，中国社会万马齐喑，死气沉沉，再没有出现一个可与先秦诸子比肩的大思想家，社会制度也没有出现一次大的创新和变革。

变法是一场深刻的社会革命，要达到的目的和使用的手段是什么，就成了变法者必须认真考虑的首要问题。如果真正以开启民智、富国强兵为最终目的，那么所使用的手段也必须围绕此而展开。可商鞅却将二者割裂开来，通过颁布严刑峻法，推行愚民政策为手段，以尊君、富国、强兵的形式来实行变法。

手段与结果往往会相互弥补、相互映照。以卑劣的手段获取的胜利往往是局部的，暂时的，难以持久的。粗糙的胜利仍然还是以最终的失落作结局，这是人类历史上常常得到证明且绝不鲜见的。伟大的文化和传统，有时候真的会孕育一次失败，但这并不是最终的结局。一个国家的命运如一盘棋，从最初的一枚棋子落下，直到最后的终局，胜负是一回事，留下的棋形又是另一回事。

变法不仅是对旧体制的根本性改进，也是对人们思维方式的变革和思想的革命。从商鞅变法的措施及其带来的影响中我们不难看出，在其巨大的成功背后的负面影响是显而易见的，不可忽视的。因此，只有充分认识到这一点，才能从前人成功的光环中走出来，冷静地反思历史文化。

在战国的战车辗压过的草原上，牧草黄了又青，青了又黄，如波涛一样在风中起伏的草原，遮蔽不了历史的所有痕迹。

功过任人评说

对“三七开”一词，上了一定年纪的中国人都很熟悉，它是一个比喻性的惯用语，说的是对历史人物功过的评价。此外，还有“四六开”、“五五开”的说法。其实，这些都是形象化的比喻，对历史人物的所作所为，很难用一个百分比来量化的，应当具体情况具体分析。

商鞅只活了 58 岁，就去了千古哲人揣摩不透的地方。那是各种宗教企图描绘的地方，也是每个人都会去而且不能回来的地方。相比百家之中其他门派的人，他要寿短得多。孔子活了73岁，荀子活了76岁，孟子、庄子都是84岁，墨子还活到了93岁。

在尘世已经失去了安慰，失去了故乡，地上已经没有他们的归宿，他们的故乡已经转移到了天上。因为在地上，他被强大的既得利益集团抛入万劫不复的深渊之中，只能化作一缕青烟飘荡而去。虽然他的肉体在58岁时就陨亡了，但后人仿佛看到在那“火药味很浓”的烟气中，一个真正的灵魂冉冉升起，那正是他的变法思想的升华。

尽管风沙吹老了岁月，但吹不老后人真切的思念。商鞅因自己的变法思想和无畏改革精神，被纳入了精神偶像的行列，存于时间的庙堂，被永恒所收藏。他的形象定格在他的事业中，他的功绩是历史性的、巨大的、完整的，中国版图就是他的纪念碑。

一代人有一代人的歌，一个时代有一个时代的旋律。两千年的风云变幻，带走了无数时代的痕迹，但是后人对商鞅的评述却始终没有停止。支持者盛赞之，反对者唾骂之，实践者借鉴之，理论者怀疑之。和他们相比，一些帝王更聪慧地隐匿在幕后，既显示了他的大谋无痕，又将后人的口水全部抛给了改革家。苏轼曾经叹息地说，对于商鞅主义，“世主独甘心焉，皆阳讳其名，而阴用其实，甚者则名实皆宗之。”

站在历史的墩子上极目远眺，在改革浪潮汹涌澎湃的年代里，改革家与非改革家的一个明显的区别，就是他是否真正为国家、民族做事。不可否定，商鞅使秦国及时顺应历史潮流的发展，不畏艰辛和强权，敢于向落后的旧势力挑战，甚至是不畏流血牺牲，表现出了极大的勇气和信心。

比较而言，与商鞅变法同时代的其他变法都是短命的。这些变法都没能把国家带上真正封建体制的轨道上，更没有带入富国强兵的行列。这些国家最终为秦国所灭亡。这里面，一个关键的原因就是变法不彻底，变法运动或者持续时间不长，或者因为支持变法的君主去世而失败，最后却因人亡而政息，或者因为系统性不够，头疼医头，脚痛医脚，缺乏预见性而不能持久。

历史上也有很多人肯定商鞅，比如王安石："自古驱民在信诚，一言为重百金轻。今人未可非商鞅，商鞅能令政必行。"这是在肯定商鞅的治国方略。

史学家夏曾佑深刻总结道："故中国之教，得孔子而立；中国之政，待始皇而后行；中国之境，待汉武而后定，……自秦以来，垂二千年，虽百王代兴，时有改革，然观其大义，不甚悬殊。"也就是说，封建时代的改革在性质上两千多年就没有变化过，改革无一例外地都是从政治、经济、军事、社会全方位地加强君主集权，无限集中权力于最高统治者。

集权是一种治国理政的手段。此一时彼一时，它并是一种"神丹妙药"，也不是永远正确的真谛。独裁者总是自觉不自觉地走进了一个永远也走不出的死局，无论是分封制——把国家直接交给自己的家人打理，还是集权制——把国家委托给官僚体系具体负责治理，都不能解决政权永远是我"家"的这个"始皇难题"。

有人作这样的梳理，自秦以后两千多年封建时代的改革绝大多数属于修补性、局部性改革。秦、汉大一统王朝时期的改革主要有秦始皇改革、桑弘羊改革、王莽改制；三国、魏晋、南北朝时期是历史在动荡中迂回前进的时期，主要改革有三国曹操改革和诸葛亮改革、西晋武帝改革、北魏孝文帝改革；隋、唐虽是两朝，但改革体现出了连续性，隋文帝的改革尝试，在唐代被大有作为的唐太宗、武则天所继承和光大，使大唐盛世成为封建社会的黄金时期，唐朝中后期又有“永贞革新”；五代、宋、辽、金、元、明各朝代及清朝中前期的改革，表现出封建时代由上升时期向衰落时期转化的特点。主要有后周世宗改革、宋朝“庆历新政”和王安石变法、金朝太祖改革和世宗改革、元朝世祖改革，明朝影响大的主要有张居正改革，清朝中前期较集中的社会改革在康熙、雍正、乾隆三朝，造就了封建社会最后的辉煌。而这些所有的改革，都无法与商鞅变法比肩。

在西汉时期，由于独尊儒术的缘故，对使用暴力手段进行速效改革的商鞅评价并不是很好，以至于千百年后的人们还称秦国为虎狼之国。这种大背景的变化，使人产对商鞅的评价出现了滑坡。司马迁在《史记·商君列传》中有曰：

> 商君，其天资刻薄人也。迹其欲干孝公以帝王术，挟持浮说，非其质矣。且所因由嬖臣，及得用，刑公子虔，欺魏将卬，不师赵良之言，亦足发明商君之少恩矣。余尝读商君开塞耕战书，与其人行事相类。卒受恶名於秦，有以也夫！

司马迁完全以一个历史判官的姿态，作出了这样的判断：商君，他的天性就是个残忍少恩的人，考察他当初用帝王之道游说孝公，凭借的是虚饰浮说，不是他自身的资质。再说凭靠着国君宠臣太监的推荐，等到被任用，就刑罚公子虔，欺骗魏将公子卬，不听赵良的规劝，足以证明商君残忍少恩了。我曾经读过商君开塞、耕战等书籍，其内容和他本身的作为相类似。但最终还是在秦国落得个谋反的恶名，这是有缘故的呀！

《资治通鉴》中也说：

> 夫信者，人君之大宝也。国保于民，民保于信。非信无以使民，非民无以守国。是故古之王者不欺四海，霸者不欺四邻，善为国者不欺其民，善为家者不欺其亲。不善者反之：欺其邻国，欺其百姓，甚者欺其兄弟，欺其父子。上不信下，下不信上，上下离心，以至于败。所利不能药其所伤，所获不能补其所亡，岂不哀哉！昔齐桓公不背曹沫之盟，晋文公不贪伐原之利，魏文侯不弃虞人之期，秦孝公不废徙木之赏。此四君者，道非粹白，而商君尤称刻薄，又处战攻之世，天下趋于诈力，犹且不敢忘信以畜其民，况为四海治平之政者哉！

司马光这段话的意思是，信誉，是君主至高无上的法宝。国家靠人民来保卫，人民靠信誉来保护；不讲信誉无法使人民服从，没有人民便无法维持国家。所以古代成就王道者不欺骗天下，建立霸业者不欺骗四方邻国，善于治国者不欺骗人民，善于治家者不欺骗亲人。只有蠢人才反其道而行之，欺骗邻国，欺骗百姓，甚至欺骗兄弟、父子。上不信下，下不信上，上下离心，以至一败涂地。靠欺骗所占的一点儿便宜救不了致命之伤，所得到的远远少于失去的，这岂不令人痛心！当年齐桓公不违背曹沫以胁迫手段订立的盟约，晋文公不贪图攻打原地而遵守信用，魏文侯不背弃与山野之人打猎的约会，秦孝公不收回对移动木杆之人的重赏，这四位君主的治国之道尚称不上完美，而公孙鞅可以说是过于刻薄了，但他们处于你攻我夺的战国乱世，天下尔虞我诈、斗智斗勇之时，尚且不敢忘记树立信誉以收服人民之心，又何况今日治理一统天下的当政者呢！

贾谊在《陈政事疏》中说商鞅“遗礼义，弃仁恩”，放弃思想文化的建树而专力于军事政治的进取，竟然导致“秦俗日败”，社会风习颓坏，世情浇薄。家族间的亲情纽带也为实际的利益追求所斩断。

东汉史学家班固说：“商鞅挟三术以钻孝公。”又说商鞅是“衰周之凶人”。就是说，商鞅是周朝后期的一个“凶”人。

唐代学者颜师古注《汉书》中引用了李奇的说法：“商鞅为法，赏不失卑，刑不讳尊，然深刻无恩德。”

朱熹也曾经批评：“他欲致富强而已，无教化仁爱之本，所以为可罪也。”

后人又说：“卫鞅入秦，景监是因。王道不用，霸术见亲。政必改革，礼岂因循。既欺魏将，亦怨秦人。如何作法，逆旅不宾！”

唐朝诗人杜甫：“秦时任商鞅，法令如牛毛。”

看得出来，商鞅对于文化的冷漠与摧残是毋庸置疑的，他崇尚暴力以严刑峻法治世，有“千古暴政教父”之称。他一改古代先贤重视道德的教化，是对儒家思想“为政以德”的极大否定，某种程度上也是对人性的践踏。

这些要么正面要么负面的说法者，似乎都有这样一个思维特征，就是历史上的重大人物要么是神，要么是魔。试想，如果没有商鞅、孝公的严苛的秦法秦政，没有秦国统一华夏，奠定中国一统的基础，真不敢想象后世中国华夏文明会怎么样：或被匈奴打败迁徙他方，就像犹太民族；或许被灭族；或许永远一盘散沙，被其他民族各个击破。无论商鞅有多少的过，其功是第一位的。他主导的变法运动是中国历史画卷中光彩夺目、激动人心的篇章。

世界上本来就不存在“神”与“魔”，只有有血有肉的“人”，“神”和“魔”是人造出来的。凡历史上的重大人物，无一例外地都要受到当时历史条件的局限，本身所处生存环境的局限，自身的认识水平的局限。后人对他们的评价也是受精神状态、研究态度、对史实收集与掌握的翔实与深浅程度的局限，特别是受当时政治、宗教集团利益的左右，因而不可避免地会发生这样那样的偏差、误解，乃至错定人物的历史地位。

过去人们常讲：“评价历史人物不能脱离这个历史人物所处的时代环境和时代背景。”许多人都能把这些背下来，但是背下来与真正理解不是一回事。

更有甚者，把商鞅说得一无是处，将其定位为历史反面人物。丑化者错在哪里？就是以当下的中国社会环境和社会背景去衡量商鞅的思想和行为，完全脱离了商鞅所处的历史环境和历史背景。

大家都知道，商鞅所处的历史环境是中国的战国时期，稍往前一点是春秋时期，再往前的是夏、商、西周，那种用现在的法律法规、是非标准、风土人情、民风民俗、社会习惯去要求商鞅怎么做，去衡量商鞅的人格，去评价商鞅的是是非非，那太脱离历史了。

任何简单化、机械化，甚至政治化、功利化的评价，不仅对商鞅是不公的，而且是一种对历史的粗暴。如果设身处地于商鞅的时代来评价商鞅，商鞅这个人应该是历史正面人物；如果脱离了商鞅所处历史去评价商鞅，以现代世界文明的标准来套他，那么商鞅这个人肯定是魔鬼。不管怎么说，后人应当对这位毁誉集于一身的历史人物的事业充满了敬意，但并不赞赏他所采取的一些手段。可能，他在当时也不得已而为之，这是那个年代的现实状况。

有哲人说，世界上没有两片相同的树叶，一个人不可能两次踏进同一条河流。自然界事物的变量很多，环境不同、时间不同，事物的形态就有可能发生变化。当然，从宏观意义上讲，我们可以把握事物变化的一般规律，从而达到改造自然，利用自然的目的。但这种把握是定性意义上的。

自然界的事物尚且如此，何况对更加复杂的社会实践的结果评价？社会的主体变量是人。谁能通过对社会实践的定量分析来确定社会实践的对错程度呢？那肯定是不可能的。如果一定要分析，我们也只能通过对社会实践定性的方式，来定量了解人对社会实践的满意程度，而不能用定量的方式来描述社会实践本身的对错程度。

角度，就是看问题的主要之点；立场，就是看问题的出发点。功过，就是要全面地看，抓住主流和主导方面，不能片面，更不能感情用事。如果评价的方式存在逻辑上的明显错误，那就是对故人的不负责任，是对故人所处的时代不负责任，更是对中国历史的不负责任。在没有弄清战国时代错综复杂的形势之前，针对改革家个人的结论往往是轻率的。

做一个“看戏”的人是很容易的，做一个“评戏”的人也不难，难的是做一个敢于“上台”的角色。

商鞅走后，不知他还会怀念人间吗？

历史是叫人明白的

战国之后的一千二百多年，唐代杰出文学家杜牧有鉴于那段历史，便在他那篇传世名著《阿房宫赋》中的结尾处大声疾呼：

> 呜呼！灭六国者六国也，非秦也；族秦者秦也，非天下也。嗟夫！使六国各爱其人，则足以拒秦；使秦复爱六国之人，则递三世可至万世而为君，谁得而族灭也？秦人不暇自哀，而后人哀之；后人哀之而不鉴之，亦使后人而复哀后人也。

这段话很有名，其意是：唉！灭亡六国的是六国自己，不是秦国啊。族灭秦王朝的是秦王朝自己，不是天下的人啊。可叹呀！假使六国各自爱护它的人民，就完全可以依靠人民来抵抗秦国。假使秦王朝又爱护六国的人民，那就顺次传到三世还可以传到万世做皇帝，谁能够族灭它呢？秦王朝灭亡得太迅速了，秦人还没工夫哀悼自己，可是后人哀悼他；如果后人哀悼他却不把他作为镜子来吸取教训，也只会使更后的人又来哀悼这后人啊。

这是多么深刻的一句话啊！战国之后，对当年东方六国的变法，有多少人能真正地哀之呢？对商鞅的变法，又有多少改革者真正能够鉴之呢？

那么，后来的变法者面对着商鞅变法这部中国改革伟业的“母本”，是如何借鉴的呢？

变法，古人称之为“鼎新革故”，即“布新猷，除旧政”，或者叫作“变法乱常”。用现在的话说，就是除旧布新，打破常规。它意味着对原有的权力配置、利益关系、社会制度乃至人们的生活习惯、思维方式、价值观念进行新的调整。改革往往会引发新的矛盾，因而，在改革过程中，及时化解新出现的矛盾，保持社会稳定，就是保证改革顺利进行、促进社会发展的必要前提和基础，是实现长治久安不可或缺的手段。这也是古人所说的要善于以“小变”求“不变”。

中国历史上的改革，大体上都是在生产力与生产关系之间的矛盾激化情况下发生的。在这种情况下，通过改革调整社会生产关系，就成为克服社会发展障碍的最常见、最有效的途径。改革一般产生在两种情况下。

第一种情况，是主动、自觉的改革。这些改革一般发生在封建王朝建立之初，往往是在大规模的、激烈的阶级斗争之后。每次大规模的农民起义犹如一场噩梦，经常闪现在从战争废墟上站起来的新王朝统治者的脑海中，驱动他们不断进行理性思考，不断总结经验教训，并不得不开始改造或调整治国理政的政策。较前代中后期，他们更加励精图治，把国家当成一个作品不停地进行修改，自觉以民为本，施行仁政，推进改革。

这些改革是从不断革新前一个王朝的政治、经济制度来入手，清除妨碍生产力发展的壁垒，打造一套能够顺应当时社会发展潮流的新制度，以此来缓和社会矛盾、克服危机。这些改革可以说大多数都取得了成功，它对于稳固新建立的政权都起了重要的作用。由此，中国历史上被冠以“盛世”的有6个、“治世”的有21个、“中兴”的有14个。

第二种情况，就是发生在某一封建王朝的中后期的改革。各个王朝一般到了中期和后期，各种社会矛盾逐渐激化，社会危机一触即发，封建王朝统治难以为继，处于极其危急状态。此时，封建统治集团内部的一些有识之君、有识之士，迫于农民造反的压力，为避免统治的覆亡，往往会推行一些针对时弊的改革，从不断完善封建政治制度和经济制度入手，企图缓和矛盾，克服危机。

这些改革都在不同程度上松动了封建生产关系中落后部分对生产力发展的束缚，调整了封建剥削中的分配与再分配关系，减轻了老百姓的某些负担，在一定程度上提高了直接生产者的积极性，推动了封建文明的进一步发展。如果说中国封建社会的形成与确立，是广泛的社会改革的结果，那么高度发展的中国封建文明，在某种意义上也是与历代王朝在政治上、经济上乃至文化上不断地进行改革分不开的。然而，其结果大多是"人存政举，人亡政息"。只要人在，改革就成功，能够深化；人不在了，改革就失败了。所以，这种改革往往以失败而告结束的。

可以这样说，第一种改革是"突破型的变法"，第二种改革是"修补式的变法"。突破型变法成功的原因在于采取增量改革的方法，突破现有体制，使新生力量涌现出来，而这些新生力量就是抗衡守旧派的生力军，依靠这些新生力量抗衡守旧派，突破现有制度，形成新的激励机制。而修补型改革只是为了修修补补，无法解决深刻的社会、政治、经济矛盾，一旦改革转变为政治斗争，就注定会失败。这种改革往往成为一场黑色的、血腥的、倒退的改革。

改革，总是伴随着阵痛，自古以来都如此。成功的条件往往是独特的，不能抄袭；失败的原因则往往是共通的，可供参考。这是一条被以往历史反复证明而且还将继续证明下去的变法规律。

回观中国的改革史，一场场声势浩大的变法运动毁于一旦，源于一些与生俱来的“顽疾”。这是一种体制的不幸，也是一种文化的不幸，此乃后人真正的“所哀”之处。

一是既得利益集团总是“蛰伏”于变法的全过程。从某种意义上说，改革就是重新洗牌、重新开始，引入了“竞争”机制，并且实行了“市场”运作。而要推动进一步的改革，逻辑只有一个，就是向社会再开放。只有一个开放社会才能克服既得利益的阻力。一个持续开放的社会才会是一个可持续发展的社会。如果不开放，无论是对既得利益者还是非既得利益者来说，都不是最优选择。相反，“上车后不想停车再上人”的既得利益者人格，不能确保既得利益，反而会陷于困境。历史上无数次的事件证明，既得利益者，总会设置种种障碍，防止后来者重复他们的路子，获得相同的利益或取而代之。但历史上无数的事实也证明，这些既得利益者无法将所有的路子都堵死，一旦有所疏忽，则将成为对他们的致命一击。

唐后期私盐贩的兴起是刘晏盐法改革的一个直接结果。唐代宗时，刘晏为了解决濒于崩溃的财政危机，改革传统的官制官运官销的盐铁专卖制度，推行政府与商人合作的官制商运商销的就场专卖制度。这次改革实际上是一次产权的重新划分和财富的重新分配。唐政府通过重新分配食盐产权，分割食盐的经销权给商人，实现了与商人在盐铁专卖制度下的合作。唐政府仍然掌控了盐铁等重要经济资源的最终支配权，商人只有紧紧依赖政府才能获得经销食盐的权利，分享食盐的高额垄断利润。这种不完整的产权直接造就了商人对官僚政治依附性的特征。刘晏盐法改革为商人提供了分享财富的机会，但其制度本身却暗含着财富分配不平等因素。能够合法分享这次产权重新划分和财富重新分配的只有那些家资丰厚的富户大贾，他们以家资入籍成为盐商，“自关以东，上农大贾，易其资产，入为盐商”。父子相承为官府粜盐，获取厚利，成为与政府合作的体制内的商人。那些没有家资入籍的中小商人和贫苦农民自然被挡在大门之外，成为体制外商人。因此，刘晏盐法的另一个直接后果就是导致商人阶层的分化和财富占有的两极分化。到唐后期，由于政府管理失控，盐商凭借着政治、经济上的特权，操纵利权，最大限度地释放了刘晏盐法改革潜在的不平等基因，进入体制内的盐商凭借自身拥有的政治、经济资源优势，成为唐后期最为显要的商人阶层，而那些徘徊在体制外的中小商人和自耕小农则陷入贫困的境地。

盐税是唐后期中央财政的主要支柱，占整个财政税收的半壁江山。走私泛滥严重影响了国家的财政收入，破坏了正常的经济秩序。唐政府采取严厉措施打击走私，甚至采取残酷的连坐之法，一人走私，邻里家人都要受牵连。在严厉打击下，私盐贩走上了武装走私的道路。“如闻江淮诸道私盐贼盗，多结群党，兼持兵仗劫盗及贩卖私盐”。私盐贩在与唐政府的长期对抗中发展壮大起来，王仙芝、黄巢、王建、钱镠等私盐贩在唐末政治舞台上扮演了非常重要的角色。王仙芝起事后自称“天补平均大将军兼海内诸豪都统”，王建、钱镠等人通过参军进入国家体制内，在镇压黄巢起义过程中脱颖而出，最终建藩称王。

由此可见，改革过程中所引发出来的革新与守旧的矛盾，不仅会使改革失败，而且还会导致社会重新陷入动乱之中。

改革者往往忽视这个社会有多种多样的力量存在，而不是只存在政府一种力量这样的基本事实，包括既得利益集团中的各股力量都可以分化、利用起来。如果“一根筋”地认为所有的事情都只按照政府的意愿发展，以为在社会舞台上只有自己是唯一的演员，并按照自己编排的剧本演出，而其他所有人都不过是看客，那么永远是孤家寡人。改革的伟力在于民众之中，只有把他们中的优秀分子遴选出来，并大胆地让他们走到改革的前台，才能立于不败之地。独角戏演出时间一长就要栽跟斗，要为自己对事实的漠视付出代价。

二是改革过程中一些“饿狗”随时都会窜出来扑食。他们不是饥肠辘辘地饿，而是“狗嘴虽小，却想吞食天上的月亮”。政治欲望就是他们的狗嘴，只要有能力、有办法使它高倍数扩张，它们最终就会想蚕食一个月亮、蚕食一个王朝。如果出现社会重大不稳定情况，历史就这样进入了下一个轮回，时局又一次期待着英雄。商鞅变法的重要内容之一，是“海内为郡县，法令由一统”，将地方权力最大限度地集权于中央，形成“内重外轻”的局面。西汉初年吸取秦二世而亡的教训，改革地方行政体制，实行郡国并行制，封了若干诸侯王。由于矫枉过正，诸侯势力坐大，又形成了“外重内轻”局面，导致吴、楚七王之乱的发生，使社会重新陷于动乱之中。此外，像西晋的八王之乱、唐后期的藩镇割据等，也都是中央与地方关系失调所造成的恶果。

就拿隋王朝来说，刚刚建立不久就出现江山摇摇欲坠的危局。手握重兵的武将功臣们无不摩拳擦掌，准备逐鹿中原，天下又陷入大乱。虽然有志于天下者不止万千，但他们无论从军事实力还是个人能力上都有很大不同，究竟谁能够收服群雄、使得四海归一，成为下一位坐拥江山的开国帝王，还是一个谜。雄心勃勃的人们各自根据不同的背景，谋划着不同的方案，建立着不同的功业，同时也在等待着不同的结局。当时，隋朝世袭的唐国公李渊一面明哲保身，防备着表弟隋炀帝的猜忌，一面却在蛰伏中暗暗筹划，窥测着时局，等待一个最完美的时机。他一面装作胸无大志的样子，沉湎酒色不理政事，另一面又暗中授意长子李建成在河东地区广交才俊，命次子李世民在晋阳拉拢农民起义军首领。建成和世民两兄弟很了解父亲的苦心，无不尽心竭力，广纳豪杰。就这样，表面上不思进取的李渊秘密地积蓄着自己的实力，只等待时机到来的那一天。

这一天，他是终于等到了。可到了唐朝中期，他的后代又等到了同样是封疆在大吏的安禄山与史思明，是他俩把大唐江山撕得变了形，社稷从此一蹶不振。政权稳定，“饿虎”就会被老老实实关在笼子里，否则就可能随时窜出来。

三是“蛋糕”好做却难分。改革就是要打破陈规陋习，不同利益集团之间的利益配置关系的变化也容易引发出新的矛盾。忽必烈建立元朝之后，推行“附会汉法”的政治体制和经济体制改革，革除了大蒙古国时期奴隶制的统治方式和剥削方式，改变了蒙古贵族所推行的杀掠、屠城、强占农田为牧场以及变俘虏为奴隶的政策。一部分守旧的蒙古奴隶主贵族认为这样严重损害了他们的利益，于是引发了以忽必烈为代表的中原地主阶级与西北地区蒙古奴隶主贵族之间的矛盾，最终导致长达四年之久的阿里不哥叛乱。

到了元朝后期，土地高度集中，蒙古贵族已完全成为封建的大地主，各自占有大量的田土。泰定帝也先帖木儿在其即位以前，曾献给政府 7000 顷土地；顺帝时，公主奴伦陪嫁的土地由政府转拨给大臣伯颜的也有 5000 顷。

献纳和拨给的土地尚如此之多，占田的实际数量当然更多。元朝皇帝为了笼络蒙古王公，一登帝位，就把金银和田土分赐给他们。元世祖时，政府赐大臣田一次不过百顷，以后增至千顷、万顷。以前赐田多在北方，后来更转向江南苏州等膏腴之区了。大部分蒙古贵族把从农民那里收夺来的土地，再以苛刻的条件租给农民，用租佃的方法进行剥削。武宗时，“近幸”为人请田1230顷，每年收租50万石，平均每亩要收4石，这样苛重的剥削，必然要陷农民于死地。

在朝廷和蒙古贵族的影响下，汉族地主兼并之风也与日俱增。史载，福建崇安县有田税人户共450家，纳粮6000石，其中50户“大家”即纳粮5000石，占全县纳税户九分之一的地主大户，竟占有六分之五的土地。在江南地区，田主除向佃户征租外，还随意向佃户征收丝料，勒派附加粮，甚至迫使佃户代服差徭。有的地主还用飞洒、诡寄等办法躲避差役，赋役不均的现象非常严重，其结果是“大家收谷岁至数百万斛，而小民皆无盖藏”。在北方地区，由于赋役不均，也是“富者愈富，贫者愈贫”。

结果，一场声势浩大的元末农民大起义，“忽如一夜春风来，千树万树梨花”，“大蛋糕”的重新切分的任务历史地交给了朱元璋，但有个先决条件——天下已经归他了。

四是“帮手”寥寥无几，“看客”总是不少。在每次规模较大的变法运动中，庙堂里总是看到只有几个人在忙碌着，大多数人在旁边观察、在看风头。如果决策失误，则“墙倒众人推”，不仅会导致改革的失败，而且还会使社会陷于动乱之中。西汉末年王莽的改革，就是一个典型例子。由于土地兼并的高度发展，形成了“强者规田以千数，弱者曾无立锥之居”的局面。

富商大贾，“上争王朝之利，下锢齐民之业”，官、私奴婢人数激增，导致阶级矛盾日趋尖锐，饥民与官徒起义时有发生。为了克服严重的社会危机，王莽作出了“托古改制”的决策，下令恢复古代的“井田制”，借以实现“一夫一妇田百亩，什一而税”的理想；通过恢复三代主要是西周的礼乐制度，确保宗法地主势力的统治和宗法封建贵族的世袭地位；又仿照古代“工商食官”的制度，下令实行“五均六管”，垄断工商业和高利贷。同时，他还假托古制，实行公、侯、伯、子、男五等爵制，更改官制，授爵封官，滥改行政区划与建制等等。王莽的一系列“复古”决策，严重违反了社会发展和经济发展的方向，不仅没有解决西汉所积累的社会矛盾，反而成为农民起义的催化剂。当绿林、赤眉等农民起义风起云涌之时，王莽身边没有几个顶用之人，而闻风择路者倒是不少。

自秦至清，统治集团为谋求万年江山的长治久安，一直在不断总结前人经验，也从来没有停止过改革，包括政治改革、军事改革和财政赋税改革、文化改革等。这些改革是否真正延长了其统治时间都是个问题，有的改革与其说有利于统治，还不如说有害于统治。一个王朝可能有一百种死法，谁也不能事先预计它到底是以哪种方式结束自己。

当然，中国历代改革家也积累了丰富的处理各种社会矛盾的经验，留下了弥足珍贵的变革文化。这份非物质文化遗产，值得后人不断借鉴。

其一，把改革作为一系统工程来抓，任何“单打一”改革是难以成功的。树立全局眼光和战略思维，重视改革的顶层设计和总体规划，明确改革优先顺序和重点任务。金世宗完颜雍的改革与元世祖忽必烈的改革，可以说是成功的例子。金世宗的改革，不仅促进了金朝由奴隶制向封建制过渡的最后完成，而且保存并促进了中原地区的封建文明的发展，出现了“群臣守职，上下相安，家给人足，仓廪有余”的安定局面。金世宗也因此赢得“小尧舜”的美名。元世祖忽必烈“附会汉法”，不仅使北中国从成吉思汗、窝阔台汗、贵由汗、蒙哥汗的四汗时的疮痍满目逐渐走向大治，而且迅速统一了全国，实现了“廪有余粟，帑有余财”，使元王朝成为当时世界上最强大的国家。

然而，历史上也有不少次改革，并没有针对时弊配套进行，只是出于某个方面考虑，“单打一”式地推进制度改革，结果无法克服当时日益积累的社会矛盾，甚至导致国家四分五裂。唐德宗任用宰相杨炎推行的改革，就是突出的例子。众所周知，中唐以后，唐王朝陷于严重的社会危机之中。一方面，藩镇割据与唐中央统一的矛盾，是当时社会危机的主要表现之一。在中央与地方的关系问题上，初唐为控制地方所设置的监察区性质的“道”和军事防御区性质的“道”等中央派出机构，到唐中朝互相结合，演变成拥有一方行政、军事、财政大权的割据势力，造成藩镇割据，并且导致了有名的“安史之乱”。到唐德宗时，又爆发了成德节度使李维岳、魏博镇田悦、淄青镇李纲、山南东道节度使梁崇义联合起兵抗唐的“四镇之乱”。另一方面，由于地主土地所有制的发展，导致了均田制的破坏，贫富更加悬殊，大量均田农民破产，变成流民，“天下户口，什亡八九”。这样，自初唐以来一直实行的按丁征课丁税的赋役制度——租庸调制，再也实行不下去了。

由于国家控制的户口骤减而使国家收入减少，造成严重的财政危机。这是当时又一重要的社会矛盾。在这两种危及社会安定和国家统一的矛盾面前，唐德宗没有实行相应的配套改革，而是只抓钱袋和粮袋，由杨炎主持两税法的改革，即按田地、资产征收夏秋两税。两税法的实行，使赋役负担趋向合理，政府也因此增加了收入。固然，这在中国税制史上是一次重要的改革，简明易行，历代相沿，至明初而不改。尽管税制这个单项改革很成功，但却不可能化解政治上的藩镇割据与中央统一的矛盾，致使社会动荡不已，唐王朝国力日渐衰败，最终导致五代十国分裂割据局面的出现。

其二，改革一定要逐步推进，心急吃不了热豆腐。著名的商鞅变法，就是分步进行的。商鞅两次变法的结果，使原来落后的秦国，在短短二十年间由弱变强，从而为其后统一六国奠定了基础。由于急功近利导致失败的例子，则以清末的维新变法最为典型。中庸之道在国人头脑中根深蒂固，形成了一种传统思维模式："以中为上"，"过犹不及"，"木秀于林风必摧之，石出于泉水必湍之"。因此，国人几千年来循规蹈矩，陈陈相因，不敢越雷池一步，形成一种历史传统惰性。正如鲁迅先生讲的那样：一群猴子被关在只有一扇天窗的笼子里，倘若有一只猴子站起来想打开天窗逃出去，其他猴子便群起而攻之，把它咬死。这种历史传统惰性使得保守势力空前强大，这是国情，也是事实，历史上有些改革失败于此。

其三，改革的过程中要有"妥协"精神，争斗到底不符合辩证法。统治的安全不取决于严防死守，而取决于对抗力量的发展。放弃部分统治权力，是释放社会对抗性压力最有效的措施。反之，就像围棋新手不懂得放弃，当然，他的结局只有一种，就是输掉整盘棋。在改革过程中，不同地区、不同阶层，如果贫富严重不均，会造成犯罪增加，使社会重新陷于不稳定状态，甚至引发动乱。吕思勉有一句话："治天下不如天下安，安天下不如与天下安。"汉武帝任用桑弘羊进行改革，实行边郡屯田政策，分军屯和民屯两种，规模相当大。边郡屯田，有很多优惠政策，收到很好的效果，出现了"长城以南，滨塞之郡，马牛放纵，蓄积布野”的繁荣景象。魏孝文帝针对北魏初年土地高度集中，贫富分化严重的现实，颁行均田令，限制土地兼并的发展，并通过给无地或少地农民分配一定数量的土地，把大量豪强地主的荫附人口吸收过来，使其重新转化为国家编户。清雍正皇帝实行“摊丁入亩”的税制改革，把人丁徭役等各种税项归入田亩，地丁合一，丁银与田赋均以田亩多少作为征税原则，让富人代替穷人缴纳部分赋役，从而减轻了对贫苦农民的剥削。诸如此类，都是改革过程中，注重协调不同阶层之间均衡发展的具体例证，对促进当时的社会稳定起到了一定的作用。

人类是由野兽变来的，本来有兽性，人身上都有很不好的东西，人人如此，因此要有意识克制自己。如果中国人能在自己精神中剜去“非白即黑”的成分，再在这个精神家园里移植一棵妥协的思想树苗，让它与儒家的和平主义、重视教育等传统相结合，重塑国民性格，那我们的改革道路会坦然得多。

其四，把改革权威牢牢地掌握在自己的手里，这点没有任何的商量余地。中国历史上的历次改革，都是在君主专制政体下自上而下推行的，但改革过程中无不遇到朝野上下守旧势力的阻挠与破坏。革新与守旧两种势力的斗争，往往贯穿于改革的全过程。改革的成败，很大程度上取决于主持或支持改革的最高统治者是否真正拥有实权和他所依靠的官员是否得力，即中央权威是否稳固。如果中央权威被削弱，失去调控能力，或中央与地方关系处理失当，地方势力坐大，成尾大不掉之势，则改革必然进行不下去。秦始皇、汉武帝、魏孝文帝、金世宗、元世祖、清雍正帝的改革，之所以成功，就在于中央有权威。而王莽、王安石、清光绪帝等改革之所以失败，就在于中央没有权威。

“后人复哀后人”，不正好反映了中国历史在变中保持不变的特点吗？这是一种规律，有人称之为历史定律。近来年看到不同的学者，针对不同的历史事实，从不同的角度，阐释不同的“历史定律”。这其中有黄炎培的“其兴也勃焉，其亡也忽焉”定律；柏杨的“瓶颈定律”；秦晖的“黄宗羲定律”；吴思的“血酬定律”；杨光的“传统权力合法性定律”，以及“水能载舟，亦能覆舟”定律；“得道多助，失道寡助”定律；“分久必合，合久必分”定律；“兔死狗烹”定律；“成王败寇”定律；“家族盛衰循环定律”；等等。各种各样的说法，是否都能称之为“定律”？不管什么样的“定律”，中国的历史信奉这样一条既是“潜规则”但又是“显规则”的东西：世界上的许多事情，是只看结果不看动机和过程的，不管你动机多么高尚、计划如何美好，如果你能够搞定，效果好，那一切都好；如果你搞不定，效果不好，甚至产生副作用，那一切都不好。一句话：成王败寇。

战国变法运动过去已经近 25 个世纪了，正如孔子曰：逝者如斯夫，不舍昼夜。草根在地下，草叶一岁一枯荣。柳丝绿了又黄，黄了再绿，岁月也被这缕阳光抹上了一层淡金的光泽。我们穿越千年的烟霭，去体会那个时代的激情、喜悦，体会那片大地上的悲哀、痛楚。这种带着凄美的隽永的韵味，在国人的心里已经流动数千年。

不说这些了。最后，摘引古今中外几位导师、巨匠、泰斗的名言。他们学贯古今、学富五车，对历史里的那些事的认识远比常人要深刻得多。

- 唐弢在《只是过剩》中有云：“历史是不能容纳谎言的。”
- 恩格斯在《自然辩证法》中有云：“人离开狭义的动物愈远，就愈是有意识地自己创造自己的历史。”

● 高尔基在《克里姆·萨姆金的一生》中有云：“比起大自然来，历史对人类的感情更严酷，更残暴。大自然要求人们仅仅满足于天赋的本能，而历史却要强制人的理智。”

● 塞万提斯在《堂·吉诃德》中有云：“历史孕育了真理；它能和时间抗衡，把遗闻旧事保藏下来；它是往古的迹象，当代的鉴戒，后世的教训。”

● 陈衡哲曾这样大声疾呼：“历史不是叫人哭的，也不是叫人笑的，乃是叫人明白的。”